공자의
인생 수업

논어 論語

공자의
인생 수업

논論
어語

차주환 옮김

을유문화사

공자의
인생 수업
논어

발행일
2015년 10월 30일 초판 1쇄
2015년 11월 25일 초판 2쇄

옮긴이 | 차주환
펴낸이 | 정무영
펴낸곳 | (주)을유문화사

창립일 | 1945년 12월 1일
주   소 | 서울시 종로구 우정국로 51-4
전   화 | 734-3515, 733-8153
팩   스 | 732-9154
홈페이지 | www.eulyoo.co.kr
ISBN 978-89-324-7326-0 03140

서문

    오래전에 '동양의 지혜'라는 제목을 붙여서 『논어(論語)』·『맹자(孟子)』·『중용(中庸)』·『대학(大學)』 사서(四書)의 역주(譯註)를 단권으로 을유문화사의 「세계문학전집」에 끼어 발간한 일이 있었다. 이 사서의 역주가 의외로 큰 환영을 받아 각계의 독자들에게 널리 읽혀졌다. 이 것은 근 연래로 고조된 우리 독서계의 동양의 고전에 대한 관심의 소 치라고 볼 수 있는 동시에 구래에 원문으로 읽혀 오던 한문 고전의 현 대어 번역이 절실하게 요구되고 있음을 입증하는 것이라 할 수 있다. 이번 『논어』의 역주를 새롭게 발간하게 된 것도 우리 독서계의 그러 한 요구를 더욱 효과 있게 충족시켜 주자는 의도에서 나온 것이라 하 겠다.

    『논어』는 공자(孔子)와 그의 문인(門人)들의 언행(言行)에 관한 단편 적인 기록을 정리한 것이고, 또 인간적인 문제만을 다룬 글들이므로 읽는 데 별로 큰 부담도 느끼지 않게 되고 또 읽으면서 곧 자기 및 자기가 처해 있는 사회와 대조하여 거기에 담겨진 예지에 찬 깊은 뜻을 터득할 수 있게 되므로, 유난히 바쁘고 유난히 성급한 우리들 현대인에게는 아주 적합한 읽을거리라고 할 수 있다.

"자기의 마음을 살펴보고 흠잡을 데가 없으면 대체 무엇을 근심하고 무엇을 두려워하겠느냐?(「안연(顏淵)」)", "자기가 원하지 않는 것을 남에게 베풀지 말아라(「위영공(衛靈公)」)", "선한 사람을 보고는 그와 같아지기를 생각하고, 악한 사람을 보고는 안으로 자기를 돌아볼 것이다(「이인(里仁)」)", "아는 것을 안다고 하고 모르는 것을 모른다고 하는 것이 아는 것이다(「위정(爲政)」)", "만약에 주공(周公)에 못지않은 아름다운 재능을 지녔으나 교만하고 인색하다면 그 나머지는 볼 게 없다(「태백(泰伯)」)", "자기 몸을 바로 갖는다면 정치에 종사하는데 무슨 힘든 일이 있겠는가?(「자로(子路)」)", "인자한 사람은 근심하지 않고, 지혜로운 사람은 의혹에 빠지지 않고, 용감한 사람은 두려워하지 않는다(「헌문(憲問)」)", "많은 사람들이 미워하면 그것을 반드시 살펴야 하고, 많은 사람들이 좋아해도 그것을 반드시 살펴야 한다(「위영공(衛靈公)」)", "남의 악(惡)을 말하는 사람을 미워하고, 용맹스러우면서 무례(無禮)한 사람을 미워하고, 과감하면서 막힌 사람을 미워한다(「양화(陽貨)」)." 이상은 간단한 대목을 몇 가지 적어 본 것이다. 다 평이하고 당연하면서도 무한한 힘을 가지고 깊이 파고드는 말들이다.

역주는 『동양의 지혜』 본(本)의 그것에 다소 개정을 가하는 데 그쳤다. 본래 평이하고 명확한 번역을 시도한 것이기는 하나 그래도 되풀이 읽어서 음미해야 진의(眞意)를 파악하게 될 대목이 없지 않을 것이다. 그리고 몇 차례 되풀이 통독할 수 있다면, 비록 번역을 통해서라

6

할지라도 큰 희열을 얻게 될 것이다. 『논어』를 내면서 우리 사회에 『논어』를 읽은 인구가 많아지게 되기를 바라 마지않는다.

차주환

논어서설(論語序設)

주희(朱熹)

『사기세가(史記世家)』²에는 다음과 같이 적혀 있다.

---

1 『한서(漢書)』「예문지(藝文誌)」에 "『논어』는 공자가 제자들 및 당시 인사들과 응답하고, 제자들이 서로 이야기하고 또 공대부(孔夫子)로부터 들은 말[語]이다. 당시 제자들이 각기 기록해 둔 것이 있었는데, 공부자가 세상을 떠나게 되자 그들이 서로 기록들을 모아 가지고 논찬하였기 때문에 '논어'라고 하는 것이다"라고 하였다. '논(論)'은 따져서 사정(邪正)을 가려내는 뜻으로 쓰인 말이다. 공자와 그 제자의 언행은 제자서(諸子書)에도 많이 나오나 논찬을 겪지 않은 것이므로 허황한 것이 많이 들어 있다. 『논어』는 결국 제자들의 기록을 정리하여 편찬한 책이다. 정씨(程氏)의, 『논어』에 증삼(曾參)과 유약(有若)만이 자(子)로 호칭되어 있는 것을 가지고 『논어』가 그 두 사람의 문인의 손에서 나왔다고 한 것은 논거가 박약하다. 그들의 기록이 『논어』의 일부로 편집된 것이라고 봄이 타당할 것이다. 다만 『논어』가 공자의 재전제자(再傳弟子)들이 편성한 것임에는 의심을 둘 여지가 없다. 주희는 『논어』와 『맹자』의 집주에는 자기의 말을 하나도 쓰지 않고 다른 사람의 글에서 독자에게 꼭 필요하다고 생각되는 것을 뽑아서 열기(列記)하여 서설(序說)로 삼았다.
2 사마천(司馬遷)은 공자의 경술(經術)의 위대함을 존경하여 공자의 전기(傳記)를 제후(諸侯)를 다루는 세가(世家)의 하나로 열입(列入)하여 상세히 다뤘다. 여기에 인용된 「공자세가(孔子世家)」는 원문이 아니고, 주희가 12제후년표(十二諸侯年表)와 대조해 가며 연대순으로 중요한 것을 적기(摘記)한 것이다.

공자(孔子)[3]의 이름은 구(丘), 자(字)는 중니(仲尼), 그 조상은 송(宋) 나라[4]사람이었다. 부친은 숙량홀(叔梁紇),[5] 모당(母堂)은 안씨(顔氏)로 노(魯) 배공(襄公)[6] 22년 11월 경자일(庚子日)에 노나라 창평향(昌平鄕) 추읍(陬邑)[7]에서 공자를 낳았다. 아이 적에 놀 때는 늘 조두(俎豆)[8]를 늘어 놓고 예모를 차리고는 하였다. 자라서 위리(委吏)[9]가 되어서는 회 계(會計)를 맡았고, 사직리(司職吏)[10]가 되어서는 가축(家畜)을 번식시 켰다. 주(周)나라에 가서 노자(老子)에게 예(禮)를 물었고,[11] 돌아와서 는 제자들이 더욱 모여 들었다.

소공(昭公) 25년, 공자 나이 35세 때 소공이 제(齊)나라로 망명하여 노나라가 혼란해졌다. 그래서 제나라로 가 고소자(高昭子)의 가신(家

---

3 공자(기원전 551년~기원전 479년)의 공은 성, 자는 남자의 미칭(美稱), 사람으로 태어난 보 람이 있음을 찬미하는 뜻이라고도 한다. 노나라에 있는 이구산(尼丘山)에 기도를 드리 고 공자를 얻었는데, 공자의 머리가 이구산처럼 가운데가 들어갔다고 해서 이름을 구 (丘), 자(字)를 중니(仲尼)라고 하였다고 한다. 공자는 형이 있었으므로 백(伯) · 중(仲) · 숙 (叔) · 계(季)로 장유(長幼)의 차서(次序)를 칭하는 데 따라 자(字)에 중자(仲字)를 쓴 것이다.
4 공자의 조상인 공부가(孔父嘉)는 송나라의 공족(公族)이었는데, 화독(華督) 때문에 송 에서 죽고, 그 족속은 화씨(華氏)를 피해서 노나라로 망명하였다고 한다.
5 숙량홀(叔梁紇)은 추읍(陬邑)의 대부였는데(제3의 15 참조), 공자를 낳을 때는 대단히 연 로하였고, 안씨(顔氏)는 그의 후처로 이름은 징재(徵在)이며 아주 젊었다.
6 공자의 생년 노 배공 22년(기원전 551년)에 관해서는 이설(異說)이 전무한 것은 아니나 대체로 받아들여지고 있다. 동년(同年) 11월 경자일(庚子日)을 양력으로 환산하는 데는 제설(諸說)이 일치하지 않는다. 최근 대만 정부에서는 종래 8월 27일로 정했던 것을 민 국(民國) 41년 9월 28일로 개정 · 공포하였다.
7 추(陬(鄹 또는 鄒))는 노나라의 읍. 지금의 산둥 성 곡부현 동남에 있는 추현.
8 조두는 제기(祭器).
9 양곡 창고를 관리하는 관원.
10 희생에 쓸 가축 기르는 것을 관리하는 관원.
11 공자가 노자를 찾아가 예를 물었다는 것은 도가(道家) 도당(徒黨)이 허구(虛構)한 것 으로 보고 사실 무근이라고 받아들이지 않는 학자도 있다.

臣)**12**이 되어 경공(景公)에게 통했다. 경공은 이계(尼谿)의 전지(田地)로 공자를 봉해 주려고 했는데,**13** 안영(晏嬰)이 반대하여 경공은 그 말에 넘어갔다. 공자는 그 길로 노나라로 돌아갔다. 정공 원년에, 공자의 나이는 43세였는데, 계씨(季氏)가 강폭(強暴)하고 참월(僭越)하게 굴었고, 그 가신 양호(陽虎)**14**가 난동을 일으켜 정사(政事)를 전단하였다. 그래서 공자는 벼슬을 살지 않고 물러나서 『시경(詩經)』과 『서경(書經)』과 『예경(禮經)』과 『악경(樂經)』을 연구하였는데, 제자들이 더욱 많아졌다. 동(同) 9년, 공자의 나이 51세 때 공산불뉴(公山不狃)**15**가 비읍(費邑)을 근거지로 하여 계씨에게 반기를 들고 공자를 불렀다. 가려고 하였으나 끝내 가지 못하고 말았다. 정공이 공자를 중도재(中都宰)를 시켰는데, 1년이 되자 사방에서 그를 본받게 되어 마침내 대사구(大司寇)**16**를 시켰다. 동 10년에 정공이 협곡에서 제후를 만나는 것을 보좌하였는데, 제나라 사람들이 침략한 땅을 노나라에 반환하였다. 동 12년에 중유[仲由, 즉 자로(子路)]를 계씨의 가재(家宰)로 하여 삼도(三都)를 공략시키고, 그곳의 무비(武備)를 몰수하였다. 맹씨(孟氏)는 삼도성(三都城)을 지키려고 그곳을 포위하였으나 이기지 못했다. 동 14년, 공자의

---

12 공자가 고소자(高昭子)의 가신이 되었다는 것은 연대상으로 보아 있을 수 없다고 주장하는 학자도 있다. [간조량(簡朝亮), 『논어집주보정술소(論語集注補正述疏)』]

13 「미자」편(제18의 3) 참조.

14 「양화」편(제17의 1) 참조.

15 「양화」편(제17의 5) 참조.

16 공자는 노나라의 사구(司寇)였지(『맹자』에도 보임) 대사구(大司寇)는 아니었다고 하는 설이 지배적이다. 지금의 산둥 성 태안에서 청석관(青石關)을 지나 치천(淄川)·박산(博山)에 이르는 험애한 곳이 이른바 협곡이다. 공자는 노(魯) 정공(定公) 10년(기원전 500년)에 정공이 협곡에서 제(齊) 경공(景公)과 회맹하는 자리에서 정공을 보좌하여 제 경공의 만심(慢心)을 꺾어 그가 침탈했던 문양(汶陽)의 땅을 반환하게 만들었다.

나이 56세 때 국상(國相)의 일을 섭행(攝行)하여 소정묘씨(少正卯氏)를 처형하였다. 국정(國政)에 참여하자 3개월 만에 노나라는 매우 잘 다스려졌다. 제나라 사람들이 여자 악사(樂士)들을 보내서 그것을 혼란시키려 하였는데,[17] 계환자(季桓子)가 그 여자 악사들을 받고, 교사(郊祀)[18]를 지내고서는 또 대부(大夫)에게 제육(祭肉)을 보내지 않아서 공자는 떠나갔다. 위(衛)나라에 가서 자로(子路)의 동서(同婿)인 안탁추(顔濁鄒)의 집에 기거하게 되었다. 진(陳)나라로 가는데, 광읍(匡邑)을 지나자 광읍의 사람들이 양호(陽虎)라 생각하고 그를 구금하였다.[19] 구금이 풀리자 위나라로 돌아와 거백옥(蘧伯玉)의 집에 기거하게 되었다. 그곳에서 남자(南子)[20]를 만났다. 거기를 떠나 송나라로 갔는데, 사마환퇴(司馬桓魋)가 그를 살해하려고 하여 또 거기서 떠나 진나라로 가서 사성정자(司城貞子)의 집에 기거하게 되었다. 3년 동안 그곳에 있다가 위나라로 돌아갔는데, 영공(靈公)은 그를 등용하지 못했다. 진(晋)나라의 조씨(趙氏)의 가신인 필힐(佛肸)이 중모(中牟)를 근거지로 반기를 들고 공자를 불렀다.[21] 공자는 가려고 하였으나 역시 가지 못하고 말았다. 조간자(趙簡子)를 만나려고 황하(黃河)에까지 갔다가는 되돌아와서[22] 또 거백옥의 집에 기거했다. 영공이 전진(戰陣)에 관해서

---

17 「미자」편(제18의 4) 참조.

18 교사(郊祀)는 천제(天祭). 제사가 끝나면 대부에게 파육[膰肉, 제육(祭肉)]을 보내 주는 것이 예(禮)이다. 그것을 하지 않은 것은 예를 소홀히 한 것이다.

19 「자한」편(제9의 5) 참조.

20 위군(衛君)의 총희(寵姬).

21 「양화」편(제17의 7) 참조.

22 공자는 조간자(趙簡子)를 만나러 떠났으나 진의 현대부(賢大夫)인 두명독(竇鳴犢)과 순화(舜華)를 죽였다는 소식을 듣고 만나러 가기를 그만두고 되돌아왔다.

묻자 대답하지 않고 바로 떠나 다시 진나라로 갔다. 계환자23가 세상을 떠났는데, 유언으로 강자(康子)에게 일러 반드시 공자를 부르도록 하라 하였으나 그의 가신이 그것을 말렸다. 강자는 그래서 염구(冉求)24를 불렀던 것이다. 공자는 채(蔡)와 엽(葉)으로 갔다. 초(楚) 소왕(昭王)이 서사(書社)의 땅으로 공자를 봉하였으나 영윤(令尹) 자서(子西)가 반대하여 그만두었다. 다시 위나라로 되돌아갔다. 그때 영공은 이미 세상을 떠난 뒤로 위나라의 국군(國君) 첩(輒)이 공자를 얻어서 정치를 하려고 하였다. 그런데 염구가 계씨의 장수가 되어 제나라와 싸워서 공을 세워 강자가 공자를 불렀던 것이다. 그래서 공자는 노나라로 돌아갔다. 그때는 실로 애공(哀公) 11년이고, 공자의 나이는 68세였다. 그러나 노나라에서 마침내 공자를 등용하지 못하고, 공자 역시 벼슬하기를 원하지 않고, 『서경』과 『예기』를 편차(編次)하고, 『시경』을 산정(刪定)하고 음악(音樂)을 바로잡고 역(易)의 단전(彖傳)·계사전(繫辭傳)·상전(象傳)·설괘(說卦) 및 문언(文言)을 서술하였다. 제자가 3천 명이었고, 그중에 자신이 육예(六藝)에 통효(通曉)했던 자가 72명이었다. 동 14년에 노나라에서는 서부(西部)에서 사냥하다가 기린을 잡았다. 공자가 『춘추(春秋)』를 지었다.25 그 이듬해 신유(辛酉)년에 자로(子路)가 위나라에서 죽었다. 동 16년 4월 기축일(己丑日)에 공자가 세상을 떠났다. 나이는 73세였다. 노나라의 도성 북쪽 사수(泗水)가에 장사 지냈다. 제자들은 모두 3년 동안 심상(心喪)을 입고서는 떠나갔다.

---

23 노나라의 집권자.
24 공자의 제자.
25 『춘추』는 편년사(編年史)인데, 노나라에서 기린을 잡은 데서 끝났다.

오직 자공(子貢)만은 무덤가 여막(廬幕)에서 거처하기를 무릇 6년 동안이나 하였다. 공자는 이(鯉)를 낳았는데, 그의 자(字)는 백어(伯魚)이며 먼저 세상을 떠났다. 백어는 급(伋)을 낳았다. 자는 자사(子思), 『중용(中庸)』[26]을 지었다.

하씨(何氏)[27]는 이렇게 말했다.

"노론어(魯論語)는 20편이다. 제론어(齊論語)는 그 밖에 문왕(問王)·지도(知道) 두 편이 더 들어 있어 도합 22편이고, 장(章)과 구(句)가 노론(魯論)보다 퍽 많다. 고론(古論)은 공자 고택(古宅)의 벽 중에서 나왔는데, 「요왈」편(堯曰篇)의 하장(下章) 『자장문(子張問)』 이하를 갈라서 1편으로 독립시켜 두 「자장」편(子張篇)이 있어 도합 21편이고, 편차(篇次)가 제(齊)·노론과 같지 않다."

정자(程子)께서 말씀하셨다. "『논어』라는 책은 유자(有子)와 증자(曾子)의 문인(門人)에 의해서 편성되었다. 그래서 그 책에는 그 두 사람만을 자(子)로 호칭한 것이다."

정자께서 말씀하셨다. "『논어』를 읽는데, 다 읽고 나서도 전혀 아무렇지도 않은 사람이 있고, 다 읽고 나서 그 가운데 한두 구(句)를 얻고

---

26 자사(子思)가 송나라에서 곤액(困厄)을 당해 발분하여 『중용』을 지었다고 한다.
27 하씨(何氏)는 하안(何晏), 삼국시대(三國時代) 위나라 사람. 『논어집해(論語集解)』의 주 편자. 이 글은 주희가 『논어집해』에서 추린 말이다. 논어는 노(魯)·제(齊)·고(古) 3종이 있었는데, 종래 노론어(魯論語)를 편장(篇章)의 기준으로 삼아 온 것이 지금에 와서는 그것만이 전하게 되었다.

기뻐하는 사람이 있고, 다 읽고 나서 그것을 좋아할 줄 알게 되는 사람이 있고, 다 읽고 나서 그냥 손이 덩실거리고 발이 들먹거리는 것도 모르는 사람이 있다."

정자께서 말씀하셨다. "요새 사람들은 책을 읽을 줄 모른다. 만약에 『논어』를 읽어서, 읽지 않았을 때에 그러그러한 사람이 다 읽고 나서도 또 단지 그러그러한 사람이라면 그것은 읽지 않은 것이다."

정자께서 말씀하셨다. "나는 17~18세부터 『논어』를 읽었는데, 그때 이미 글의 뜻을 알았다. 그것을 읽는 것이 오래될수록 그저 의미심장함을 느낀다."

論語序説
原文

朱熹

史記世家曰: '孔子, 名丘, 字仲尼, 其先宋人. 父, 叔梁紇 母, 顔氏, 以魯襄公二十二年庚戌之歲十一月庚子生孔子於魯昌平鄕陬邑, 爲兒嬉戲, 常陳俎豆, 設禮容. 及長爲委吏, 料量平 爲司職吏, 畜蕃息. 適周問禮於老子, 旣反, 而弟子益進. 昭公二十五年甲申, 孔子年三十五, 昭公奔齊, 魯亂. 於是適齊, 爲高昭子家臣, 以通乎景公. 公欲封以尼谿之田, 晏嬰不可, 公惑之. 孔子遂行, 反乎魯. 定公元年壬辰, 孔子年四十三, 而季氏强僭. 其臣陽虎作亂傳政, 故孔子不仕, 而退修詩·書·

禮·樂. 弟子彌衆. 九年庚子, 孔子年五十一. 公山不狃以費畔季氏, 召孔子, 欲往, 而卒不行. 定公以孔子爲中都宰, 一年, 四方則之, 遂爲大司寇. 十年辛丑, 相定公會齊侯于夾谷, 齊人歸魯侵也. 十二年癸卯, 使仲由爲季氏宰, 墮三都, 收其甲兵. 孟氏不肯墮城, 圍之, 不克. 十四年乙巳, 孔子年五十六. 攝行相事, 誅少正卯, 與聞國政, 三月魯國大治. 齊人歸女樂以沮之, 季桓子受之. 郊又不致膰俎於大夫, 孔子行. 適衛, 主於子路妻兄顏濁鄒家. 適陳, 過匡. 匡人以爲陽虎而拘之. 既解, 還衛, 主蘧伯玉家. 見南子. 去適宋, 司馬桓魋欲殺之, 又去適陳, 主司城貞子家. 居三歲而反于衛, 靈公不能用. 晉趙氏家臣佛肸以中牟畔, 召孔子. 孔子欲往, 亦不果. 將見趙簡子, 至河而反, 又主蘧伯玉家. 靈公問陳, 不對而行, 復如陳. 季桓子卒, 遺言謂康子必召孔子. 其臣止之, 康子乃召冉求. 孔子如蔡及葉. 楚昭王將以書社地封孔子, 令尹子西不可, 乃止. 又反乎衛, 時靈公已卒, 衛君輒欲得孔子爲政. 而冉求爲季氏將, 與齊戰有功, 康子乃召孔子, 而孔子歸魯, 實哀公之十一年丁巳, 而孔子年六十八矣. 然魯終不能用孔子, 孔子亦不求仕. 乃敍書傳, 禮記, 刪詩, 正樂, 序易象·繫·象·說卦·文言. 弟子蓋三千焉. 身通六藝者七十二人. 十四年庚申, 魯西狩獲麟, 孔子作春秋. 明年辛酉, 子路死於衛. 十六年壬戌, 四月己丑, 孔子卒, 年七十三, 葬魯城北泗上. 弟子皆服心喪三年而去. 惟子貢廬於冢上, 凡六年. 孔子生鯉, 字伯魚, 先卒. 伯魚生伋, 字子思, 作中庸.

何氏曰: '魯論語二十篇. 齊論語別有問王知道, 凡二十二篇. 其二十篇中, 章句頗多於魯論. 古論出孔氏壁中, 分堯曰下章子張問以爲一篇, 有兩子張, 凡二十一篇, 篇次不與齊·魯論同.'

程子曰: '論語之書, 成於有子·曾子之門人. 故其書獨二子以子稱.'

程子曰: '讀論語, 有讀了全然無事者, 有讀了後其中得一兩句喜者, 有讀了後知好之者, 有讀了後直有不知手之舞之, 足之蹈之者.'

程子曰: '今人不會讀書. 如讀論語, 未讀時是此等人, 讀了後又只是此等人, 便是不曾讀.'

程子曰: '頤自十七八讀論語, 當時已曉文義. 讀之愈久, 但覺意味深長.'

1. 학이(學而)

편목(篇目)을 구별하기 위해 각 편의 첫 장에서 두 글자씩을 따다가 편명(篇名)으로 삼고 있다. 「학이」 편은 16장, 배우는 사람이 먼저 힘써 해야 할 기본이 되는 일이 많이 다루어져 있다. 당(唐) 육덕명(陸德明)은 『경전석문(經典釋文)』에서 『논어』에 "배우는 일을 가지고 첫머리를 삼은 것은, 사람은 반드시 배워야 함을 밝히기 위해서이다"라고 하였다.

···

1. 선생님께서 말씀하셨다. "배우고 제때에 그것을 복습하는 것은 또한 기쁘지 아니하냐. 벗들이 먼 곳에서 오는 것은 또한 즐겁지 아니하냐. 남이 자기의 실력을 알아주지 아니하여도 노여워하지 않는 것은 또한 군자답지 아니하냐."

子曰: 學而時習之, 不亦說乎? 有朋自遠方來, 不亦樂乎? 人不知而不慍, 不亦君子乎?

解説　먼저 깨달은 사람으로부터 배워, 되풀이 익히는 동안에 철저히 알게 되어, 그것이 완전히 자기의 것으로 될 때에는 마음속으로부터 우러나는 희열을 느끼게 된다. 이것은 배우는 사람 하나하나의 경우를 말한 것이다. "벗"이라 함은 여기서는 한 스승 밑에서 공부하는 사람. 자기가 받드는 스승의 명망이 높아서 먼 곳으로부터 그에게 배우러 찾아드는 사람들과 학문 성취에 뜻을 두고, 같이 공부하게 되는 것은 즐거운 일이다. 이것은 배우기 위하여 한곳에 모여든 여러 사람의 경우를 말한 것이다. 배우는 것은 자기 향상을 위한 것이므로 자기의 실력을 남이 알아주는가의 여부에 신경을 쓸 필요는 없다. 그런 것에 신경을 쓰지 않는 것부터가 자기의 향상을 의미하는 것으로 군자의 풍도(風度)를 엿보게 한다. "선생님"은 공자를 가리킨 말이고(下同), "군자"는 인격이 갖추어져 행위가 올바른 사람, 그 반대어는 '소인(小人)'이다. "또한"은 그 밖에도 기쁨·즐거움·군자다움의 조건이 많을 것이나, 여기에 말한 것 역시 그러하다는 주의를 환기시키는 뜻으로 쓴 것이다.

...

2. 유자(有子)께서 말씀하셨다. "사람됨이 효성 있고 우애스로우면서 윗사람의 권위를 무시하기 좋아하는 사람은 드물다. 윗사람의 권위를 무시하기 싫어하면서 난동을 일으키기 좋아하는 사람이란 여태껏 나와 본 일이 없다. 군자는 기본 되는 일에 힘쓰거니와, 기본이 서야 도(道)가 생겨난다. 효성과 우애란 것은 인(仁)을 실천하는 기본일 게다."

有子曰: 其爲人也孝弟, 而好犯上者, 鮮矣 不好犯上, 而好作亂
者, 未之有也 君子務本, 本立而道生 孝弟也者, 其爲仁之本與.

解説　유자는 공자의 제자로, 그 이름은 약(若)이며, 노나라 사람
으로 공자보다 33세 연소하다. 유약(有若)을 유자(有子)라 존칭한 것으
로 보아, 이 장은 유자의 제자가 기록한 것임을 알 수 있다. 도의 본뜻
은 길인데, 방법·원리·이치 등의 뜻으로 확대되어 쓰이게 되었다. 여
기서는 실천 방법·활용 방법 정도의 뜻으로 이해된다. 인은 공자의
윤리관에 있어서의 최고 이념으로, 사람답게 사는 데 요구되는 온순·
친절·선량·자애 등 모든 덕성의 결정으로서 제시된 말이다. 우리말로
는 '어질다'로 풀이하는데 '지더리다'는 뜻을 풍기므로 적합하다고는
할 수 없다. '사랑'이라고 풀이해도 반드시 일치하지는 않는다.

…

3. 선생님께서 말씀하셨다. "약빠른 말과 좋은 듯이 꾸미는
얼굴엔 인(仁)이 드물다."

子曰: 巧言令色, 鮮矣仁.

解説　"약빠른"의 원문은 "巧言令色(교언영색)", 『서경』 「고요모(皐
陶謨)」에 나오는 말이다.

…

4. 증자(曾子)께서 말씀하셨다. "나는 매일 나 자신을 세 가

지로 반성한다. 즉, 남을 위해 의견을 제시해 주는 데 있어 전력을 다하지 않았는지? 벗들과 사귀는 데 있어 신용 없이 굴지 않았는지? 가르쳐 받은 것을 복습하지 않았는지?"

曾子曰: 吾日三省吾身 爲人謀而不忠乎? 與朋友交而不信乎? 傳不習乎?

解説 증자는 공자의 제자. 이름은 삼(參), 자는 자여(子輿). 노나라 무성(武城) 사람으로 공자보다 46세 연소하였다.

...

5. 선생님께서 말씀하셨다. "천승(千乘)의 나라를 다스리는 데는 매사를 조심해서 해 나가고, (국민들에게) 신용 있게 하며, 비용을 절약하고, 사람을 아끼며, 적절한 시기를 택해서 국민을 동원해 쓸 일이다."

子曰: 道千乘之國, 敬事而信, 節用而愛人, 使民以時.

解説 승(乘)은 수레를 세는 말. 중국의 고제(古制)로는 면적의 단위로 혁거(革車, 군용차)를 징발하였는데, 천승의 혁거를 징발할 수 있는 것은 공후(公侯)의 봉국(封國) 같은 큰 제후국이다. 혁거 일승(一乘)을 징발하는 면적의 단위에 관해서는 제설(諸說)이 분분하다.

...

6. 선생님께서 말씀하셨다. "학생은 집에 들어오면 효성 있게

굴고, 밖에 나가면 우애 있게 굴고, 삼가고 신용 있게 굴고, 널리 여러 사람을 아끼고 인자한 인물을 가까이 하고, 이러한 것을 실천하고 여력이 있으면 그 남은 힘으로 글을 배운다."

子曰: 弟子, 入則孝, 出則悌, 謹而信, 汎愛衆, 而親仁 行有餘力, 則以學文.

…

7. 자하(子夏)가 말했다. "재능 있는 인물을 존경하고, 여색(女色)을 멀리하고, 부모를 섬기는 데 자기 힘을 다할 수 있고, 임금을 섬기는 데 자기 몸을 바칠 수 있고, 벗들과 사귀는 데 말에 신용이 있다면 배우지 않았다고 하더라도 나는 반드시 그런 사람을 배운 사람이라 할 것이다."

子夏曰: 賢賢易色, 事父母能竭其力, 事君能致其身 與朋友交, 言而有信, 雖曰未學, 吾必謂之學矣.

解説   자하는 복상(卜商)의 자(字), 공자의 제자로 공자보다 44세나 연소했다. "재능 있는" 이하는 압운(押韻)되어 있다.

…

8. 선생님께서 말씀하셨다. "군자는 자중(自重)하지 않으면 위엄이 없고, 학문도 근저(根柢)가 견고해지지 않는다. 충성과 신용을 주로 하고, 자기만 못한 사람을 벗으로 사귀지 말고, 과오를 저지르면 그것을 고치기를 꺼려하지 말라."

子曰: 君子不重則不威, 學則不固 主忠信, 無友不如己者 過則
勿憚改.

解説   자기만 못한 사람을 벗으로 사귀지 말라는 것은 오해하기
쉬운 말이다. 교유(交遊)하지 말라는 것이 아니고, 함께 인을 지향하
여 서로 권면하는 친우로 하지 말라는 뜻으로, 6의 널리 여러 사람을
아끼라는 말과 모순되지는 않는다.

...

9. 증자께서 말씀하셨다. "죽은 사람을 신중하게 다루고, 먼
조상을 추모하면 국민의 기풍이 후하게 될 것이다."

曾子曰: 愼終追遠, 民德歸厚矣.

...

10. 자금(子禽)이 자공(子貢)에게 묻기를, "우리 선생님께서는
어느 한 나라에 가시게 되면 반드시 그 나라의 정사(政事)에
참견하시고는 하시는데, 그것은 자진해서 요구하셔서인가
요, 그렇지 않으면 (그 나라의 임금이) 정사에 참여시켜서인가
요?" 자공이 말하기를, "선생님께서는 온화·양순·공손·검
약·사양 다섯 가지 덕성(德性)으로 인격을 이룩하셨습니다.
선생님께서 자진해서 요구하시는 것은 다른 사람들이 자진해
서 요구하는 경우와 다릅니다."

子禽問於子貢曰: 夫子至於是邦也, 必聞其政 求之與, 抑與之

與? 子貢曰: 夫子 溫·良·恭·儉·讓以得之 夫子之求之也, 其諸異
乎人之求之與.

解説　자금(子禽)은 진항(陳亢)의 자(字), 공자의 제자. 나이는 미
상. 진항에 관한 제가(諸家)의 고증은 일정하지 않다. 일설에는 원항
(原抗)과 동일인으로 공자의 당대 제자가 아니라고 하는 설도 있으나,
자공과 대등한 위치에서 문답이 전개되고, 공자를 "부자(夫子)"라고
한 것을 보면 역시 공자의 제자였음에 틀림없다. 반고(班固)의 『한서
(漢書)』「고금인표(古今人表)」에는 진자금(陳子禽), 진항이 중중등(中中
等)에, 진자항(陳子亢)이 중하등(中下等)에 열입(列入)되어 있다. 자공
은 단목사[端木賜, 단목(端木)은 복성(複姓)]의 자(字), 위나라 사람으로
공자의 제자. 공자보다 36세 연소하였다.

…

11. 선생님께서 말씀하셨다. "부친이 생존해 계실 때에는 그
뜻을 살피고, 부친이 세상을 떠나면 그 행적을 살펴 부친이 해
오던 방법을 3년 동안 고치지 않는다면 효자라 할 수 있다."
子曰: 父在觀其志, 父沒觀其行 三年無改於父之道, 可謂孝矣.

解説　부친이 해 오던 방법을 3년 동안 고치지 않는다는 점에 관
해서는 역대(歷代) 학자들의 해설과 변명이 구구하다. 악덕하고 졸렬
한 점을 고치지 않고, 부친의 죄악과 무능을 현양(顯揚)한다는 극단적
인 해석을 할 필요는 없다. 부친의 생존 시에 부지(父志)를 존중하는

태도의 연장이라 하겠다. 마치 부친이 죽기를 기다리기나 했던 것같이 숨이 지기가 무섭게 부친이 하던 방법을 다 걷어치워 버린다면 부친의 영명(令名)을 천하에 드러내는 것을 효도의 극치로 세워오는 유가(儒家)의 효관(孝觀)에서는 무도(無道)하기 짝이 없는 일이다. 한편 악덕하고 졸렬한 부친의 행적 가운데에도 높이 평가될 의의가 뒤늦게 발견되는 경우가 없지 않을 것이다. 이것은 구세대와 신세대의 연계 내지 보수와 진보의 조절 방법이다. 물론 유가에서 존고보수(尊古保守)하는 면을 과도하게 강조하는 경향이 없는 것은 아니다.

...

12. 유자(有子)께서 말씀하셨다. "예(禮)의 실용적 가치는 조화(調和)에 있다. 고대 성왕(聖王)들의 도리는 그로 (조화라는 점으로) 인해서 아름다웠던 것으로 대소사를 막론하고 다 그것을 지향하여 행해졌던 것이다. 조화로 지향하는 데도 일이 순조롭게 행해지지 않는 것은 한갓 조화에 귀중한 가치가 있다는 것만을 알고 조화를 지향하기만 하기 때문인데, 예로써 조절하지 않는다면 역시 일이 순조롭게 행해지지 않게 마련이다."

有子曰: 禮之用, 和爲貴, 先王之道, 斯爲美, 小大由之. 有所不行, 知和而和. 不以禮節之, 亦不可行也.

解説 예는 사회생활에 있어서의 자율적인 행위 규범. 인간의 정리(情理)를 기본으로 하여 욕망을 조절시켜 사회의 질서를 유지하기 위해 예제(禮制)가 발전한 것이라 하겠다.

...

13. 유자께서 말씀하셨다. "약속이 정의(正義)에 가까우면 그 말은 실행할 수 있다. 공손한 것이 예절에 가까우면 치욕을 면할 수 있다. 의지하는 사람이 가까이할 만한 사람의 범위를 벗어나지 않는다면 역시 존경할 만하다."

有子曰: 信近於義, 言可復也. 恭近於禮, 遠恥辱也. 因不失其親, 亦可宗也.

解説 "약속이"는 본래 6구로 되어 있는데, 우수구(偶數句)에 '압운'되어 있다고 보는 학자도 있다. "의지하는 사람이"의 원문은 "因(인)"인데, 일본(一本)에 "姻(인)"으로 되어 있는 것이 본뜻이라 하여, 이 구절을 혼인을 하는 데 있어 데려올 수 있는 범위를 벗어나지 않는다는 것도 중요한 일이라고 해석하는 학자들도 있다[『논어정의(論語正義)』, 『논어집주보정술(論語集注補正述疏)』 등 참조]. 아서 월리(Arthur Waley)는 이것을 "자기 친가를 배반하지 않은 여인과 결혼하라. 그리하면 그녀를 안심하고 조상 앞에 내놓을 수 있으리라"고 번역하였다. 그는 신부를 신랑의 조상에게 보이는 고례(古禮)를 지적하였다. 여기서는 『주희집주(朱熹集注)』를 근거로 한 것이다.

...

14. 선생님께서 말씀하셨다. "군자로서 식사하는 데는 배부르기를 바라지 않고, 거처하는 데는 편안하기를 바라지 않고, 일에 민첩하며 말에 조심스럽고, 인격을 갖춘 사람에게 나가

자신을 바로잡는다면 배우기를 좋아한다고 할 수 있다."

子曰: 君子食無求飽, 居無求安, 敏於事而愼於言, 就有道而正
焉, 可謂好學也已.

...

15. 자공이 말했다. "가난하면서도 아첨함이 없고, 부유하면
서도 교만함이 없다면 어떠하겠습니까?" 선생님께서 말씀하
셨다. "괜찮기는 하나 가난하면서도 도(道)를 즐기고, 부유
하면서도 예(禮)를 좋아하는 것만은 못하다." 자공이 말했
다. "『시(詩)』에 '끊은 것 같고 간 것 같고 쫀 것 같고 닦은 것
같다'고 한 것은 이 말씀을 두고 한 것이리다." 선생님께서 말
씀하셨다. "사(賜)야말로 함께 『시』를 논할 만하다. 지난날의
일을 일러 주었는데 앞으로 할 일을 이해하는구나."

子貢曰: 貧而無諂, 富而無驕, 何如? 子曰: 可也, 未若貧而樂, 富
而好禮者也. 子貢曰: 詩云 '如切如磋, 如琢如磨', 其斯之謂與?
子曰: 賜也, 始可與言詩已矣 告諸往而知來者.

解説　"도(道)를 즐긴다"는 황간소본(皇侃疏本), 고려본(高麗本) 및
족리본(足利本)의 '악도(樂道)'에 의한 것이고, 통행본(通行本)에는 '도
(道)' 자가 없다. 논어에서 "시"라 함은 시경시(詩經詩). 『시경』은 본래는
단순히 '시'라 불렸고, '경(經)'자는 후에 붙인 것이다. 인용되는 시는
『시경』「위풍·기오(衛風·淇澳)」 제1장 제4~5구. 여기서는 자기 향상을
위한 부단한 면려와 노력의 뜻으로 취해져 있다. 기오시(淇澳詩)의 해

석은 졸문 「위풍초삼편시론(衛風初三篇詩論)」(아세아연구 제2권 제2호)
참조. 주희는 그의 집주(集注)에서 자공이 본래는 빈한하였다가 후에
치부하였으나 빈부를 통해서 절조를 지키기에 노력한 자신을 공자에
게 물어본 것으로, 공자가 자공의 미진한 부분을 일러 주어 자공이
앞으로 노력할 일을 깨달았음을 말했다.

...

**16. 선생님께서 말씀하셨다. "남이 자기를 알아주지 않는 것
을 근심할 게 아니라 남을 알아보지 못함을 근심할 것이다."**

子曰: 不患人之不己知, 患不知人也.

2. 위정(爲政)

...

1. 선생님께서 말씀하셨다. "덕(德)으로 정치를 하는 것은 마치 북극성(北極星)이 제자리에 있고 여러 별들이 그것을 향하여 도는 것과 같다."

子曰: 爲政以德, 譬如北辰, 居其所, 而衆星共之.

解說 덕은 득(得)의 뜻으로, 장구한 세월에 걸친 경험에서 얻은 인간 생활의 기본이 되는 도덕력(道德力)이다. 도덕력은 학문과 수양을 통해 기를 수 있는 것으로, 정치가가 법 내지 예제(禮制)의 구속력을 전제로 하는 것이 아니라 자발적으로 작용하는 국민의 도덕력을 전제하는 정치를 한다는 것으로 이른바 덕치주의다. 정(政)은 정(正)의 뜻으로, 사람들의 부정을 바로잡는다는 것이 기본되는 뜻이다. 북극성의 비유는 덕치를 하면 천하의 마음이 다 돌아와 일일이 따르다

니며 부정을 교정하는 수고를 하지 않아도 나라가 다스려짐을 말한
것이다.

…

2. 선생님께서 말씀하셨다. "『시(詩)』 300편은 한마디로 말해
서 나타낸 생각에 사악함이 없다."

子曰: 詩三百, 一言以蔽之, 曰 '思無邪'.

解説　지금까지 전해지는 시경시(詩經詩)는 305편인데, 공자 시대
에는 이보다 많았을 것이다. 그러나 400편을 넘지는 않았던 것 같아
서, 그 성수(成數)인 '삼백(三百)'을 들어 전수(全數)를 말하고 있다. 가
식이 없고 진정이 유로(流露)되어 있는 점을 지적한 것이다. "나타낸
생각에 사악함이 없다"는 말은 "思無邪(사무사)"를 옮긴 것으로, 『노송
경(魯頌駉)』 제4장 제7구에 나온다.

…

3. 선생님께서 말씀하셨다. "법제(法制)로 이끌고 형벌(刑罰)
로 다스리면 국민들은 형벌은 모면하나 수치심이 없게 되고,
덕(德)으로 이끌고 예(禮)로 다스리면 수치심을 갖게 되고 또
올바르게 된다."

子曰: 道之以政, 齊之以刑, 民免而無恥. 道之以德, 齊之以禮, 有
恥且格.

...

4. 선생님께서 말씀하셨다. "나는 15세가 되어서 학문에 뜻을 두었고, 30세가 되어서 (학문의 기초를) 확립하였고, 40세가 되어서는 판단에 혼란을 일으키지 않았고, 50세가 되어서는 천명(天命)을 알았고, 60세가 되어서 귀로 들으면 그 뜻을 알았고, 70세가 되어서는 마음이 하고자 하는 것대로 하여도 법도(法度)에서 벗어나지 않았다."

子曰: 吾十有五而志于學, 三十而立, 四十而不惑, 五十而知天命, 六十而耳順, 七十而從心所欲, 不踰矩.

 천명은 모든 사물의 존재 의의.

...

5. 맹의자(孟懿子)가 효(孝)에 관해서 여쭈어보자 선생님께서 말씀하셨다. "어기는 일이 없도록 하는 것이라." 번지(樊遲)가 선생님을 수레로 모셨는데 선생님께서 말씀하시기를, "맹손(孟孫)이 나에게 효를 묻기에 내가 '어기는 일이 없도록 하는 것이니라' 하고 대답하였다"고 하셨다. 번지가 "무슨 뜻으로 하신 말씀이십니까?" 하니 선생님께서 말씀하셨다. "살아 있을 적에는 예(禮)로써 섬기고, 죽으면 예로써 장사 지내고, 예로써 제사 지낸다."

孟懿子問孝, 子曰: 無違. 樊遲御, 子告之曰: 孟孫問孝於我, 我對曰: 無違. 樊遲曰: 何謂也? 子曰: 生事之以禮 死葬之以禮, 祭之以禮.

解説 　맹의자는 노나라의 대부(大夫) 중손씨(仲孫氏), 이름은 하기(何忌)이며, 기원전 481년에 죽었다. 의(懿)는 그의 시호(諡號). 적계(嫡系)로 하면 중손(仲孫), 서계(庶系)로 하면 맹손(孟孫). 그의 아버지 맹희자(孟僖子)가 그를 시켜 공자를 사사(師事)하여 예를 배우게 하였다. 시호를 사용한 것은 중손 하기가 죽은 후에 그 일을 추기한 것이다. 번지(樊遲)는 제나라 사람(일설에는 노나라 사람), 이름은 수(須), 지(遲)는 그의 자(字), 공자의 제자로 공자보다 36세 연소하였다.

…

6. 맹무백(孟武伯)이 효(孝)에 관해서 여쭈어보자 선생님께서 말씀하셨다. "부모는 오직 자식의 병을 근심하느니라."

孟武伯問孝 子曰: 父母唯其疾之憂.

解説 　맹무백은 맹의자의 아들, 이름은 체(彘), 무(武)는 시호, 백(伯)은 항렬.

…

7. 자유(子游)가 효에 관해서 여쭈어보자 선생님께서 말씀하셨다. "오늘날에는 효라고 하면 부모를 먹여 살릴 수 있다는 것을 의미한다. 그렇지만 개와 말까지도 다 먹여 살려 주는 사람이 있으니, 공경하지 않는다면 (집승을 기르는 것과) 무엇으

로 구별할 수 있겠느냐."

子游問孝. 子曰: 今之孝者, 是謂能養. 至於犬馬, 皆能有養. 不敬,
何以別乎?

解說 자유의 성은 언(言), 이름은 언(偃), 자유는 자(字). 오나라
사람으로(노나라 사람이라는 설도 있음) 공자의 제자. 공자보다 45세 연
소하였다.

...

8. 자하(子夏)가 효에 관해서 여쭈어보자 선생님께서 말씀하
셨다. "항상 부드러운 안색으로 부모를 섬기기는 어렵다. 일
이 생기면 자제들이 그 수고를 맡아 보고, 술과 음식이 생기
면 부형이 먹고 하는 것을 효라고 여기는가?"

子夏問孝. 子曰: 色難. 有事, 弟子服其勞, 有酒食, 先生饌, 曾是
以爲孝乎?

解說 "부드러운 안색"의 원문은 "色難(색난)"인데, 부모의 안색을
살펴 그 뜻을 알아 저버리지 않게 받들기가 어렵다고 해석하는 설도
있다.

...

9. 선생님께서 말씀하셨다. "내가 회(回)와 종일토록 이야기
하여도 못난이같이 내 뜻을 어기지 않는다. 그를 내보낸 후에

그의 개인적인 행동을 살펴보면 또 내 말의 대의(大意)를 나타
내기에는 충분하니 회는 못난이가 아니다."

子曰: 吾與回言終日, 不違如愚 退而省其私, 亦足以發, 回也不
愚.

解説 　안회(顔回)는 공자의 애제자(愛弟子). 자(字)는 자연(子淵),
노나라 사람. 공자보다 30세 연소하였다.

...

10. 선생님께서 말씀하셨다. "한 사람의 행위를 보고, 그 동
기를 살피고, 그가 만족하는 바를 관찰하면 그의 사람됨을
어찌 감추겠는가, 그의 사람됨을 어찌 감추겠는가?"

子曰: 視其所以, 觀其所由, 察其所安 人焉廋哉? 人焉廋哉?

...

11. 선생님께서 말씀하셨다. "이미 배운 것을 익숙하도록 복
습하여 새로운 것을 알게 되면 남의 스승 노릇을 할 수 있을 것
이다."

子曰: 溫故而知新, 可以爲師矣.

解説 　옛것을 찾고 또 새것을 알면 스승이 될 수 있다고 풀이하
는 학자도 있다. 이것은 반드시 구시대와 신시대를 대조시킨 것이라고
는 보기 힘들고, 배운 것과 안 배운 것을 대조시킨 것으로 봄이 타당

할 것이다. 이미 배운 것이 시간적으로 뒤의 일이고, 그것을 토대로 하여 배우지 않았던 그 이전의 일을, 즉 그 사람에게는 새로운 일을 알기에 이를 수도 있는 것이다.

...

12. 선생님께서 말씀하셨다. "군자는 한 가지 그릇으로 다루어지지는 않는다."

子曰: 君子不器.

解説 군자는 모든 이치를 체득하고 있으므로 만사에 응할 수 있고, 특정한 목적에만 사용되는 기구적(器具的)인 존재로 그치지 않음을 말한 것이다.

...

13. 자공이 군자에 관해서 여쭈어보자 선생님께서 말씀하셨다. "그는 할 말을 먼저 실행하고 나서 그것을 말하느니라."

子貢問君子. 子曰: 先行其言, 而後從之.

...

14. 선생님께서 말씀하셨다. "군자는 보편적(普遍的)이고 편당적(偏黨的)이 아니다. 소인(小人)은 편당적이고 보편적이 아니다."

子曰: 君子周而不比, 小人比而不周.

...

15. 선생님께서 말씀하셨다. "배우고 생각하지 아니하면 종
잡을 데가 없어지고, 생각하고 배우지 아니하면 위태롭다."

子曰: 學而不思則罔, 思而不學則殆.

解說　배우고 그 뜻을 생각하여 찾아내지 아니하면 종잡을 데가
없어 얻는 바가 없다. 자기 마음으로부터 배운 것의 의의를 철저히 이
해해야 함을 말한 것이다. 그렇다고 생각만 하고 배우지 않으면 스스로
해결을 얻었다고 여기기에 이르렀다 해도 허황한 것에 지나지 않은 것
이 보통이다. 배우고 생각하는 것이 늘 병행해야 함을 강조한 말이다.

...

16. 선생님께서 말씀하셨다. "이단(異端)을 전공한다는 것은
해로울 뿐이다."

子曰: 攻乎異端, 斯害也已.

解說　이단이라 함은 실생활에서 동떨어진 허황된 학설. 전공한
다고 풀이 한 것은 『주희집주(朱熹集注)』에 인용된 범씨설(范氏說)에
따른 것이다. 최근에는 "전공한다"를 '공격한다'로 풀이하여 이단을 공
격한다는 것은 해로울 뿐이지 이로울 게 없다고 해석하는 학자도 생
겼다[서영(徐英)의 『논어회전(論語會箋)』 「안어(案語)」 참조].

...

17. 선생님께서 말씀하셨다. "유(由)야, 너에게 안다는 것을 가르쳐 주랴. 아는 것을 안다고 하고 모르는 것을 모른다고 하는 것이 아는 것이다."

子曰: 由, 誨女知之乎. 知之爲知之, 不知爲不知, 是知也.

解說　중유(仲由)의 자(字)는 자로(子路). 노나라 변인(卞人), 공자의 제자. 공자보다 9세 연소하였다. 우직하고 용맹하였다.

...

18. 자장(子張)이 간록장(干祿章)을 배우자 선생님께서 말씀하셨다. "의문으로 남겨 두었던 일을 많이 들어 알도록 하고, 그렇게 하고도 남은 의문된 일은 말하기를 삼가면 과오가 적을 것이고, 위험하다고 남겨 두었던 일을 많이 보아서 알도록 하고, 그렇게 하고도 남은 위험된 일은 행하기를 삼가면 후회되는 일이 적을 것이다. 말에 과오가 적고 행동에 후회되는 일이 적으면 녹(祿)은 그 가운데 있는 것이다."

子張學干祿, 子曰: 多聞闕疑, 愼言其餘, 則寡尤 多見闕殆, 愼行其餘, 則寡悔 言寡尤, 行寡悔, 祿在其中矣.

解說　자장은 성은 전(顓), 이름은 사(師), 자장은 그의 자(字). 조상은 본래 진나라 사람이었으나 후에 노나라로 왔다. 공자의 제자로 공자보다 48세나 연소하였다. 간록장은 『시경(詩京)』 「대아(大雅)」 한

록(旱麓) 제1장 "瞻彼旱麓, 榛楛濟濟, 豈弟君子, 干祿豈弟(첨피한록 진곡제제 기제군자 간록기제)"에 나오는데, '간록(干祿)'은 '녹(祿)을 구한다'의 뜻이다. 『시경』에서는 후세의 녹위(祿位), 즉 벼슬자리를 구한다는 의미로서가 아니고, 일반적으로 복록(福祿)을 구한다는 뜻으로 쓰여진 것이다. 공자는 언행을 삼가고 과오가 적으면 복록은 절로 따르는 것임을 말한 것으로, 교훈을 겸해서 한록편(旱麓篇)의 해석을 시도한 것이라 하겠다. 「대아(大雅)」 가락편(假樂篇) 제2장 "干祿百福, 子孫千億에, 穆穆皇皇, 宜君宜王. 不愆不忘, 率由舊章(간록백복 자손천억 목목황황 의군의왕 불건불망 솔유구장)"에도 간록이라는 말이 나오는데, 역시 한록편의 간록과 같은 뜻으로 사용되어 있다. 공자가 "녹은 그 가운데 있는 것이다"라고 한 녹도 일반적인 의미의 복록을 의미한 것으로, 벼슬을 얻어 관록(官祿)을 받게 되어 부귀를 누리게 되는 것도 물론 복록을 누리는 한 방편임에는 틀림없다. 대부분의 학자들은 '간록'을 시경의 간록장(干祿章)으로 보지 않고 관록을 구하는 것으로 풀이하였다. 그렇게 하면 '학간록(學干祿)'이라는 학의 뜻을 해석하기 힘들게 된다.

...

19. 애공(哀公)께서, "어떻게 하면 국민이 심복(心服)하게 됩니까?" 하고 물으시자, 공자께서 말씀하셨다. "곧은 사람을 등용해서 곧지 않은 사람들 위에 놓으면 국민이 심복하고, 곧지 않은 사람을 등용해서 곧은 사람들 위에 놓으면 국민이 심복하지 않습니다."

哀公問曰: 何爲則民服. 孔子對曰: 擧直錯諸枉, 則民服 擧枉錯

諸直, 則民不服.

解説 애공(재위 기원전 494년~기원전 468년)은 노의 국군(國君)으
로 후작(侯爵)이었으나, 노나라 사람들은 그를 공(公)으로 존칭하였다.
노는 희성제후(姬姓諸侯)로 애공의 이름은 장(蔣). 『논어』에서는 국군
과의 대담을 기록할 때에는 공자를 '자(子)' 대신에 '공자'라고 밝혀 썼
는데, 이것은 국군을 존경하는 뜻을 나타낸 것이다.

...

20. 계강자(季康子)가 "국민들을 공경스러워지고 충성스러워
지고 선행(善行)에 힘쓰게 만들려면 어떻게 해야 합니까?" 하
고 묻자, 선생님께서 말씀하셨다. "국민에게 장중한 태도로
임하면 공경스러워지고, 효성 있고 자애스럽게 굴면 충성스러
워지고, 선한 사람을 등용하여 몸가짐을 바로하지 못하는 사
람을 가르치면 선행에 힘쓰게 됩니다."

季康子問 使民敬忠以勸, 如之何? 子曰: 臨之以莊 則敬 孝慈.
則忠. 擧善而敎不能, 則勸.

解説 계강자는 노나라의 대부(大夫). 성은 계손(季孫), 이름은 비
(肥). 강(康)은 시호(諡號).

...

21. 어떤 사람이 공자께, "선생님께서는 왜 정치를 하시지 않으십니까?" 하고 묻자, 선생님께서 말씀하셨다. "『서경(書經)』에 효도하라, 오직 효도하라, 그리고 형제에게 우애 있게 하라 하였거니와, 이것을 행하는 데에 정치하는 도리가 들어 있으니 이 역시 정치하는 것이라, 일부러 정치한다고 나서서 무엇 하겠소?"

或謂孔子曰: 子奚不爲政? 子曰: 書云, '孝乎惟孝, 友于兄弟.' 施於有政, 是亦爲政, 奚其爲爲政?

 경서(經書)의 글을 인용한 것은 일문(逸文). 『위고문상서(僞古文尙書)』엔 그다음 구까지 「군진(君陳)」 편에 들어 있으나 문면(文面)에 출입이 있다. "우애 있게 하라"까지를 『서경』의 글로 취한 건 송상봉(宋翔鳳), 간조량(簡朝亮) 등의 설에 따른 것이다.

...

22. 선생님께서 말씀하셨다. "사람이 신용이 없으면 쓸 만한 데가 없다. 큰 수레에 멍에 채잡이가 없고 작은 수레에 멍에 채받이가 없으면 무엇을 가지고 가게 하겠는가?"

子曰: 人而無信, 不知其可也. 大車無輗, 小車無軏, 其何以行之哉?

 구주(舊注)에 의하면, 큰 수레는 우차(牛車), 작은 수레는 마차(馬車). 멍에를 걸려면 가로지른 채가 있어야 하는데, 그 가로지른 멍에채의 두 끝을 고정시키는 부분이 멍에 채의 '잡이'고 '받이'다(이것은 간조량의 고증에 의한 것임).

...

23. 자장(子張)이, "십대(十代) 후의 예(禮)를 알 수 있을까요" 하고 여쭈어보자 선생님께서 말씀하셨다. "은나라는 하나라의 예에 따랐으니 [하예(夏禮)를] 가감·조절하였음을 알 수 있다. 주나라는 은나라의 예에 따랐으니 은례(殷禮)를 가감·조절하였음을 알 수 있다. 주나라의 뒤를 이어 일어나는 나라가 혹 있다면 백대(百代) 후의 예라 할지라도 알 수는 있다."

子張問 十世可知也, 子曰: 殷因於夏禮, 所損益, 可知也, 周因於殷禮, 所損益, 可知也. 其或繼周者, 雖百世, 可知也.

解説 "십대(十代)"의 원문은 "十世(십세)"인데, 공자의 대답을 통해 보면 세(世)는 역성수명(易姓受命)한 조대(朝代)를 말한 것으로 『설문』에 30년을 일세(一世)라 한 것과는 같지 않다. 과거의 예를 가지고 장래의 일을 미루어 알 수 있음을 일러 준 것이다. 주나라는 공자 때 이미 실권이 없이 명의상으로만 종주(宗主)의 지위에 있었다.

...

24. 선생님께서 말씀하셨다. "자기의 귀신이 아닌데 그것을 제사하는 것은 아첨이다. 옳은 일임을 알고 행하지 않는 것은

용기가 없는 것이다."

子曰: 非其鬼而祭之, 諂也, 見義不爲, 無勇也.

解說　"자기의 귀신"이라 함은 제례(祭禮)에 자기가 제사를 받들게 되어 있는 귀신. 죽은 사람뿐만 아니라 천지·산천의 신에게도 제사를 지낸다.

3. 팔일(八佾)

...

1. 공자께서 계손씨(季孫氏)가 자기 집 마당에서 8열의 대무
(隊舞)를 상연하는 것을 두고 하시는 말씀이, 이런 짓을 감히
할 수 있다면 무슨 짓인들 못 저지르겠는가 하셨다.

孔子謂季氏, 八佾舞於庭, 是可忍也, 孰不可忍也?

解説　계손씨는 노나라 소공(昭公) 때의 대부(大夫). 은공(隱公)
5년『좌전(左傳)』에 의하면 대무의 상연은 천자는 8열, 제후는 6열, 대
부는 4열, 사(士)는 2열로 그 열 수가 2열씩 체감되어 있다. 1열의 인수
(人數)는 8인설(八人說)도 있고 체감 열수와 같다는 설도 있다. 예제(禮
制)에 의하면 4열의 대무밖에 상연할 수 없는 제후국의 일개 대부가
감히 천자(天子)만이 할 수 있는 8열 대무를 상연한다는 것은 참월(僭
鉞)을 극한 짓이므로 다른 일도 그와 같으리라고 비판한 것이다. 계손

씨는 그 후 과연 소공을 몰아냈다고 한다.

...

2. 삼대부가(三大夫家)에서 옹가(雍歌)로 제사를 끝냈는데 선
생님께서 말씀하셨다. "'(제사에 있어) 제후들이 도움을 받는
천자는 대단히 아름다워라' 하는 노래가 삼대부의 집에 무슨
상관이 있는가?"

三家者以雍徹. 子曰: '相維辟公, 天子穆穆.' 奚取於三家之堂?

解説　옹가는 『시경』 「주송(周頌)」의 옹(雝), 인용한 것은 그 제
3~4구. 삼대부가(三大夫家)는 노의 맹손(孟孫)의 숙손(叔孫)·계손(季
孫) 삼대부. 이들은 노나라 환공(桓公)의 자손이라 하여 대부(大夫)는
제후를 조상으로 받들어 제사를 지내지 못한다는 예제(禮制)를 어기
고, 환공의 제사를 지내고 주 천자가 종묘에서 사용하는 옹가로 제사
를 끝냈다는 것은 역시 대단히 참월된 짓이다.

...

3. 선생님께서 말씀하셨다. "사람으로 인자하지 않으면 예
(禮)는 해서 무엇 할 것이며, 사람으로 인자하지 않으면 음악
은 해서 무엇하랴."

子曰: 人而不仁, 如禮何? 人而不仁, 如樂何?

...

4. 임방(林放)이 예의 근본이 무엇인가를 묻자 선생님께서 말씀하셨다. "대단한 질문이오. 예는 사치스럽기보다는 차라리 검소해야 하고, 상사(喪事)는 정연(整然)하기보다는 차라리 슬퍼야 하오."

林放問禮之本. 子曰: 大哉問! 禮, 與其奢也寧儉 喪, 與其易也寧戚.

 임방은 노나라 사람.

...

5. 선생님께서 말씀하셨다. "미개한 족속들이 군장(君長)을 받드는 것이 중국에서 임금을 무시하는 것과는 같지 않다."

子曰: 夷狄之有君, 不如諸夏之亡也.

 이것은 공자가 문명했다는 중국에서 임금을 무시하는 참월한 짓이 공공연하게 행해지고 있는 것을 개탄한 말이다. 형병(邢昺)은 이와 반대로 보았다. 즉, 미개한 족속들은 예의가 없으므로 군장이 있다 하여도, 중국에서는 어쩌다 임금이 없어도 예의는 폐하지 않으므로 중국에 임금 없는 것만도 못하다고 본 것이다.

...

6. 계손씨가 태산(泰山)에서 여제(旅祭)를 지내려 하였다. 선

생님께서 염유(冉有)에게, "너는 (그 사람을 참월한 죄에서) 구해 낼 수 없느냐?" 하시니, "구해 낼 수 없습니다" 하고 대답하였다. 선생님께서 말씀하셨다. "슬프다. 그래 태산이 임방만 못하단 말인가."

季氏旅於泰山. 子謂冉有曰: 女弗能救與? 對曰: 不能. 子曰: 嗚呼, 曾謂泰山不如林放乎!

解說 태산은 노나라 경내(境內)에 있는 산. 지금의 산둥 성 태안현 북부에 있다. 여제(旅祭)는 산에 지내는 제사. 고례(古禮)에 의하면 제후라야 비로소 자기 봉내(封內)의 산천에 제사를 지낼 수 있었는데, 일개 대부인 계씨가 태산에 제사를 지낸다는 것은 참월무도(僭鉞無道)한 짓이다. 염유는 공자의 제자. 이름은 구(求), 자(字)는 자유(子有), 노나라 사람. 공자보다 29세 연소하였다. 염구(冉求)는 그때 계손씨의 가재(家宰)로 있었으므로 공자가 계씨에 간(諫)하여 태산에 제사 지내는 일을 중지하게 할 수 있느냐고 물은 것이다. 산의 신은 총명·정직하고 한결같아 속일 수 없으니, 예의 진의를 물은 임방(林放)만 못할 수가 없다. 염구가 간하지 못할 것을 알면서도 임방을 끌어 태산의 신에 언급하여, 계씨가 태산에 제사 지내는 일이 중지되기를 바라는 마음을 버리지 않음을 표명한 것이다.

...

7. 선생님께서 말씀하셨다. "군자는 다투는 일이 없으나 활 쏘는 데만은 예외다. (그렇기는 하지만 활 쏘는 데 있어서도) 활

쏘는 곳에 올라가고 내려오고 술 마시고 할 때에는 서로 읍하고 사양하고 하니, 활 쏘는 데 다투는 것이 군자답다."

子曰: 君子無所爭, 必也射乎! 揖讓而升, 下而飮. 其爭也君子.

解説   고례(古禮)의 활쏘기는 대사(大射)·빈사(賓射)·연사(燕射)·향사(鄕射) 등이 있었는데, 대사의 규모가 가장 컸다. 대사에서는 제사가 있을 때 참례시킬 사람을 뽑는데, 많이 명중시키는 사람이 우선적으로 뽑히므로 군자는 궁술을 다투게 된다. 그러나 승강음주(昇降飮酒) 등의 절차에 여전히 읍양(揖讓)하여 군자의 미덕을 발휘하도록 되어 있다.

...

8. 자하(子夏)가, "'귀엽게 웃는 입술 붉기도 하며, 아름다운 눈들 까맣고 희기도 하네. 흰 바탕에 채색 베푼 것이로세.' 이것은 무엇을 말한 것입니까?" 하고 여쭈어보자 선생님께서 "그림 그리는 일은 흰 바탕이 마련된 후에 온다는 말이다" 하고 말씀하셨다. "예(禮)는 후에 온다는 말씀이십니까?" 하고 말하자 선생님께서 말씀하셨다. "나를 일깨워 주는 사람은 상(商)이로다. 이제야 함께 시를 논할 수 있게 되었다."

子夏問曰: '巧笑倩兮, 美目盼兮, 素以爲絢兮.' 何謂也? 子曰: 繪事後素. 曰: 禮後乎? 子曰: 起予者商也, 始可與言詩已矣.

 인용한 시의 첫 두 구는 「위풍·석인(衛風·碩人)」 제2장 제

5~6구, 끝 구는 일구(逸句). 역자의 「위풍초삼편시론(衛風初三篇試論)」 (아세아연구 제2권 제2호) 참조. 이것은 위(衛) 장공(莊公)에게 시집오는 제(齊)의 동궁매(東宮妹)의 미모를 그린 구절인데, 공자는 그것에 새로운 해석을 내렸다. 옛날에는 그림을 그리려면 먼저 그릴 데다 흰 칠을 고루 잘 칠하고 나서 다른 채색을 베풀었다. 그러니 아름다운 그림을 이룩하려면 흰 바탕이 잘되어 있어야 한다. 공자의 해석을 듣고 자하는 다시 그 뜻을 사람의 덕행에 비유하여 예로써 문식(文飾)하는 일은 인의(仁義) 등의 바탕이 마련된 후에 오지 않느냐는 뜻으로 물어본 것이다.

...

9. 선생님께서 말씀하셨다. "하(夏)의 예는 내가 말할 수 있으나 기(杞)는 그것을 증험하기에 부족하고, 은(殷)의 예는 내가 말할 수 있으나 송(宋)은 그것을 증험하기에 부족하다. 그 문헌이 부족하기 때문이다. 문헌이 넉넉하다면 내가 그것들을 증험할 수 있다."

子曰: 夏禮吾能言之, 杞不足徵也, 殷禮吾能言之, 宋不足徵也 文獻不足故也. 足, 則吾能徵之矣.

解説 공자는 하·은 2대의 예를 말할 수 있으나, 문헌이 부족하여 그것을 입증할 수 없으므로 남이 곧 믿어 주지 않는다는 말이다. 춘추 시대의 기(杞)는 하의 후예를 봉한 나라였고, 송은 은의 후예를 봉한 나라였으나, 그 두 곳에도 2대 선왕의 예를 입증할 만한 문헌이

충분히 보존되어 있지 않아 개탄하는 심정으로 이 말을 한 것이다.

...

10. 선생님께서 말씀하셨다. "체제(禘祭)에 있어 술을 부어 강신(降神)한 이후의 절차를 나는 보고 싶지 않다."

子曰: 禘, 自旣灌而往者, 吾不欲觀之矣.

 체(禘)는 종묘에서 시조와 그 조상되는 제왕을 제사 지내는 것으로 본래는 천자(天子)만이 할 수 있었던 것인데, 노나라는 성왕의 특명으로 시조 주공과 그 조상 문왕을 종묘에 모셔 체제를 지냈다. 공자는 근본적으로 노나라에서 체제를 지내는 것이 예가 아니라고 생각하였던 것이다. 체제를 할 때에는 울창주(鬱鬯酒)를 땅에다 부어 강신한다.

...

11. 어떤 사람이 체제의 설명을 구하자 선생님께서, "모릅니다. 그 설명을 할 줄 아는 사람이 천하의 일을 다루는 것은, 이것을 보는 것같이 쉬울 것입니다" 하고 말씀하시고 자기의 손바닥을 가리키셨다.

或問禘之說. 子曰: 不知也. 知其說者之於天下也, 其如示諸斯乎. 指其掌.

 체제가 지닌 뜻은 심오하므로 이해하기가 힘들었다. 그래

서 그것을 아는 사람은 천하의 일을 알고 해결하는 것이 마치 자기의
손바닥을 보는 것과 같이 용이하다는 것이다.

...

12. 조상을 제사 지낼 때는 조상이 있는 것같이 할 것이고, 신
을 제사 지낼 때는 신이 있는 것같이 할 것이다. 선생님께서 말
씀하셨다. "나는 몸소 제사에 참례하지 않으면 제사를 지내
지 않은 것 같다."

祭如在, 祭神如神在. 子曰: 吾不與祭, 如不祭.

解說 첫 단 전반의 원문은 "祭如在(제여재)"인데, 이것을 '제(祭)
의 뜻은 재(在 자의 뜻과)와 같다'라고 문자학적으로 해석하는 설도 있
다. 이렇게 되면 제사의 일반적인 뜻을 해명한 말로 취하게 된다. 여기
서는 『주자집주』에 인용한 정자설(程子說)에 따랐다. 이 단은 공자가
제사하는 성의를 적은 것으로, 둘째 단은 그 뜻을 한층 뚜렷하게 하기
위해 공자의 말을 인용한 것이다. 먼 곳에 나가 있거나 병이 나거나 하
여 남을 시켜 제사를 지내고 자기가 참례하지 않으면 제사를 지내지
않은 것과 같다는 것이다. 제사의 의의는 전적으로 주관적인 성의에
있음을 밝힌 것이라 하겠다.

...

13. 왕손가(王孫賈)가, "'방 속에 잘 보이려 하기보다는 차라
리 부뚜막에 잘 보이게 하라' 이것은 무엇을 말한 것입니까?"

하고 묻자 선생님께서 말씀하셨다. "그 말은 옳지 않소이다. 하늘에 잘못을 저지르면 빌 곳이 없소이다."

王孫賈問曰: 與其媚於奧, 寧媚於竈, 何謂也?" 子曰: 不然, 獲罪 於天, 無所禱也.

解說　왕손은 복성(複姓), 가(賈)는 이름. 위나라 사람으로 권신(權臣)이었다. "방 속" 운운 두 구는 운문인데, 당시의 속요였으리라 짐작된다. 제례(祭禮)는 집 안 서남우(西南隅)에서 지내는 제사가 주제(主祭)이고, 그 주제를 행하기 전에 계절에 따라 밖에서 다섯 가지 다른 장소에서 제사를 먼저 지냈는데, 그 가운데 여름에 지내는 곳이 부뚜막이다. 이 속요는 방 속은 임금에, 부뚜막은 권신에 비유한 것으로, 임금에게 직접 통하는 것보다는 권신에게 아부하는 것이 유리하다는 뜻으로 한 말이다. 왕손가는 위나라의 권신이었으며, 공자에게 임금에 직접 가까이 하기보다는 자기를 받들라는 뜻으로 이 속요의 뜻을 물은 것이다. 그런데 공자는 그 속요는 옳지 않고 임금을 하늘에 비유하여 하늘에 잘못을 저지르면 복을 빌 곳이 없다는 말로 임금의 권위를 존중하는 뜻을 드러낸 것이다.

...

14. 선생님께서 말씀하셨다. "주(周)나라는 두 대(代)를 참고할 수 있어 그 문화는 대단히 찬란하다. 나는 주나라에 따르겠다."

子曰: 周監於二代, 郁郁乎文哉! 吾從周.

두 대(代)는 하와 은·주의 성왕들은 두 대의 문화를 조절·가감하여 찬란한 문화를 이룩하였으니 다시 그것을 조절하는 일 없이 주나라에서 이룩한 문화를 그대로 따르겠다는 뜻. 주나라의 문화가 붕괴해 가는 것을 개탄하는 심정이 들어 있다 하겠다.

···

15. 선생님께서 태묘(太廟)에 들어가시면 매사를 묻곤 하셨다. 어떤 사람이 "누가 추(鄹) 사람의 아들이 예를 안다고 하였는가. 태묘에 들어가면 매사를 묻곤 하는데" 하고 말했다. 선생님께서 이 말을 들으시고 말씀하셨다. "그렇게 하는 것이 예(禮)다."

子入太廟, 每事問. 或曰: 孰謂鄹人之子知禮乎! 入太廟, 每事問. 子聞之曰: 是禮也.

태묘는 노나라에서 주공을 모시기 위해 세운 묘. 추는 노의 하읍(下邑)으로 지금의 산둥 성 추현 북부. 공자의 부친 숙량흘이 동읍(同邑)의 대부(大夫)를 지냈다.

···

16. 선생님께서 말씀하셨다. "'활 쏘는 데는 과녁을 뚫는 것을 주로 하지 않는다'고 한 것은 사람의 힘이 같지 않기 때문인데, 이것이 옛날의 활 쏘는 방법이었다."

子曰: '射不主皮', 爲力不同科, 古之道也.

解説 　활을 쏠 때 과녁에 명중하는 것을 주로 하지 그것을 꿰뚫는 것을 주로 하지 않는 것은 덕(기술)을 주로 하고 힘을 주로 하지 않는 것이다. 힘을 앞세우지 않고 덕으로 다스리는 옛 기풍을 추모하는 말로, 나아가서는 폭력이 횡행하는 당시의 시대적 기풍을 풍자한 것이라 하겠다.

　…

　17. 자공이 새 달을 고하는 데 바치는 희생용의 양(羊)을 없애려 하자 선생님께서 말씀하셨다. "너는 그 양을 아끼지만 나는 그 예를 아낀다."

　子貢欲去告朔之餼羊. 子曰: 賜也, 爾愛其羊, 我愛其禮.

解説 　고례(古禮)에 의하면 천자는 연말이 되면 새해 12개월의 초하루의 간지(干支)를 적어 제후에게 나누어 주었다. 제후는 그것을 종묘에 보관하고 매월 초하루에 양을 희생으로 바치고 새 달을 고했다. 이것을 곡삭(告朔)이라고 했다. 노나라에서는 문공(文公) 때부터 곡삭의 의식이 폐지되었으나 양을 계속해서 바쳐 왔다. 자공은 곡삭의 의식을 거행하지 않는 이상 양을 희생으로 쓸 것이 없다 하여 그것마저 없애고자 했는데, 공자는 고례의 일부 면모라도 보존하기 위해 자공의 의견에 찬성하지 않았다.

　…

　18. 선생님께서 말씀하셨다. "임금을 섬기는 데 예를 다하면

사람들은 그것을 아첨이라고 생각한다."

子曰: 事君盡禮, 人以爲諂也.

…

19. 정공(定公)께서, "임금이 신하를 부리고, 신하가 임금을
섬기는 데는 어떻게 해야 합니까?" 하고 물으시자 공자께서
대답하셨다. "임금은 예로써 신하를 부리고, 신하는 충성으
로써 임금을 섬깁니다."

定公問: 君使臣, 臣事君, 如之何? 孔子對曰: 君使臣以禮, 臣事
君以忠.

 정공은 노나라의 임금 진종(姬宗, 재위 기원전 509년~495년).

…

20. 선생님께서 말씀하셨다. "「관저(關雎)」라는 시는 즐거워하
나 지나치지 않고, 슬퍼하나 몸을 상하기에는 이르지 않는다."

子曰: 關雎樂而不淫, 哀而不傷.

 관저시(關雎詩)는 『시경』의 첫 편. 아리따운 숙녀를 오매불
망 그리다가 만나게 되어 즐거워하는 것을 쓴 노래로, 일종의 축혼가
(祝婚歌)라 할 수 있다. 공자는 이 노래에 즐거워하고 슬퍼하는 감정이
나타나 있는 것이 모두 도를 넘지 않고 적절함을 지적하여, 사람의 감
정이 과격하게 되어 버리는 것을 경계하는 뜻을 완곡하게 나타냈다.

...

21. 애공(哀公)이 재아(宰我)에게 사수(社樹)를 물으셨다. 재아가 "하후씨(夏后氏)는 소나무를 썼습니다. 은나라 사람은 전나무를 썼습니다. 주나라 사람은 밤나무를 썼습니다" 하고 대답하고, 이어 이것은 국민들로 하여금 무서워 떨게 할 것입니다, 하였다. 선생님께서 그 이야기를 들으시고 말씀하셨다. "되어 버린 일은 말하지 않는 것이고, 하지 않을 수 없게 되어버린 일은 간(諫)하지 않는 것이고, 지나간 일은 허물로 삼지 않는 것이다."

哀公問社於宰我. 宰我對曰: 夏后氏以松, 殷人以柏, 周人以栗,
曰: 使民戰栗. 子聞之, 曰: 成事不說, 遂事不諫, 旣往不咎.

解説 애공은 노나라의 임금 정공의 아들. 재아(宰我)의 이름은 여(予), 자(字)는 자아(子我)이다. 노나라 사람으로 그의 연세는 미상. 공자의 말썽거리 제자. 사수(社樹)는 그 나라의 땅의 신을 받드는 곳에 심는 나무. 사수로는 그 나라의 땅에 잘 자라는 나무를 심는 것으로 되어 있다. 밤나무는 '률(栗)', 무서워 떠는 것은 '전율(戰慄)', 률(栗)과 률(慄)의 음이 같은 데서 재아가 그러한 해석을 붙인 것. 주도(周都) 호경(鎬京)은 율목(栗木)이 적합하므로 사수로 삼는 것인데, 재아가 이러한 해석을 내린 것은 글자만을 가지고 풀이한 것으로 사리에 맞지 않는다. 공자의 말은 재아의 대답을 나무란 것으로, 일이 설사 그렇다 하더라도 기왕 주왕(周王)이 그렇게 한 것을 이제 와서 비판한다는 것은 잘하는 일이 못 된다는 것이다. 일설에는 재아가 애공에게 당시

삼환(三桓)이 전횡하여 나라를 어지럽히고 있는 것을 중전(重典)으로 다스리라는 뜻을 완곡하게 일러 준 것인데 공자는 이미 만회할 수 없는 사태에 놓인 마당에 그러한 말을 하는 것은 시의(時宜)에 맞지 않음을 책한 것이라고도 한다.

...

22. 선생님께서, "관중(管仲)의 그릇은 작다"고 말씀하셨다. 그러자 어떤 사람이, "관중은 검소하였습니까?" 하니 말씀하시기를, "관씨(管氏)가 세 소실 집을 가졌고, 부하(部下) 관원(官員)에 두 가지 이상의 일을 겸한 사람이 없었으니 어찌 검소할 수 있었겠소?"라고 말씀하셨다. 그가 다시 "그러면 관중은 예를 알았습니까?" 하고 물으니 "임금이 나무를 세워 문을 가리면 관씨 역시 나무를 세워 문을 가렸고, 임금이 다른 임금과 수호(修好)하기 위해서 술잔 돌려놓는 자리를 마련하면 관씨 역시 술잔 돌려놓는 자리를 마련하였으니, 관씨가 예를 알았다고 한다면 누가 예를 몰랐겠소?" 하고 말씀하셨다.

子曰: 管仲之器小哉! 或曰: 管仲儉乎? 曰: 管氏有三歸, 官事不攝, 焉得儉? 然則管仲知禮乎? 曰: 邦君樹塞門, 管氏亦樹塞門 邦君爲兩君之好, 有反坫, 管氏亦有反坫 管氏而知禮, 孰不知禮?

解説 관중은 제나라 대부. 이름은 이오(夷吾), 중(仲)은 자(字). 관경중(管敬仲)이라고도 불렀는데, 경(敬)은 그의 시호. 환공(桓公)을 도

58

와 패업(霸業)을 성취시켜 주었다. 공자는 관중의 공적은 높이 평가하나 사람 자체는 높이 평가하지 않았다. '세 소실 집'은 한 집에 한 정소실(正小室)과 그를 따라온 두 여인이 있는 것으로, 여인은 모두 9명이 된다. 그리고 대부는 관원의 수가 적어 한 관원이 여러 일을 겸해 보게 되는데, 관중은 그러한 겸관(兼官)이 필요 없을 만큼 많은 관원을 두고 부렸다. 또한 제후국군(諸侯國君)이 대문을 가리기 위해 나무를 세웠는데, 관중은 일개 대부로서 제후국군이 하는 것을 그대로 같이 하였다는 것은 참월하기 짝이 없다. 제후가 다른 국군과 만날 때는 수호를 위해 대청 동서 두 기둥 사이에서 대좌하는데, 그때 술을 마시는 잔을 돌려놓기 위해 두 기둥 사이에 자리를 만들어 놓는다. 이 역시 제후 국군이라야 할 수 있는데, 관중은 그것도 자기 집에다 만들어 놓았으니 무례하기 이를 데 없다.

...

23. 선생님께서 노나라의 태사(太師)에게 다음과 같이 음악에 관해 말씀하셨다. "음악이란 알 수 있는 것이오. 처음 시작할 때는 [오음(五音)이] 일제히 합해서 일어나고, 그것이 본 가락으로 들어가면 조화를 이루어 하나같이 되고, 절주(節奏)가 뚜렷해지고, 그 상태로 계속하여 한 단락이 끝나는 거요."

子語魯大師樂 曰: 樂其可知也, 始作, 翕如也, 從之, 純如也, 皦如也, 繹如也, 以成.

 태사는 음악을 맡은 하대부(下大夫)로, 눈먼 사람을 썼다.

여기서 공자가 논한 음악은 고전적인 음악일 것이다.

...

24. 의(儀)의 봉인(封人)이 면회를 청하고, "군자들이 이곳에 오면 내가 만나 보지 못한 적이 없었소" 하고 말하여 시종하는 사람이 선생님을 뵙게 하여 주었다. 그 사람이 나와서 말했다. "여러분들께서는 왜 (선생님의) 실패에 낙망하고들 계십니까? 세상이 무도해진 지가 오래되었으니 하늘은 선생님을 (이 세상을 정도로 이끄는) 목탁으로 삼을 것이오."

儀封人請見, 曰: 君子之至於斯也, 吾未嘗不得見也. 從者見之. 出曰: 二三子, 何患於喪乎. 天下之無道也久矣, 天將以夫子爲木鐸.

解說 　의(儀)는 위(衛)의 서남 국경, 지금의 허베이 성 개봉부 난의현. 봉인은 국경을 관리하는 관원. 봉인이 "군자들"이라 한 것은 명성 있는 인물이라는 뜻으로 말한 것. "세상이 무도해진 지" 운운에는 무도한 시기가 일정한 기간 계속되면 성인이 나온다는 생각에서 지금은 성인이 나올 때가 되었다는 뜻이 포함되어 있다. 탁(鐸)은 지금의 요령(搖鈴) 같은 것으로 여러 사람의 주의를 환기시킬 때 흔드는데, 그혀가 쇠일 때는 금탁(金鐸)이라 하고 무사(武事)에 썼고, 나무일 때는 목탁(木鐸)이라 하고 문사에 썼다. 일설에는 목탁은 길을 다니며 흔들던 것이므로 공자가 벼슬자리를 잃고 사방에 돌아다니며 그의 가르침을 펴게 되리라는 말로 취하기도 한다.

...

25. 선생님의 말씀이 소(韶)는 미(美)를 다 갖추었고 선(善)을 다 갖추었는데, 무(武)는 미(美)를 다 갖추었으나 선(善)은 다 갖추지는 못하였다고 하셨다.

子謂韶, 盡美矣, 又盡善也. 謂武, 盡美矣, 未盡善也.

解説 소는 순 임금의 음악. 무는 주 무왕의 음악. 소·무는 음악뿐 아니라 가사와 춤도 있었던 것으로 전해진다. 요(堯) 임금의 선양으로 임금의 자리를 이어받은 순 임금은 덕으로 천하를 다스렸다. 중국의 전통적인 관념에 의하면 음악은 마음의 표현이므로 순 임금의 음악도 진선진미(盡善盡美)할 수 있었는데, 무왕은 주왕(紂王)을 쳐몰아내고 천하를 차지하였으므로 정의에 의한 것이라고는 하지만 진미 하거나 진선하기에까지 이르지 못했다는 뜻이 포함되어 있다. 무력에 의한 공벌보다 선양에 의한 덕치를 높이 평가한 것이다.

...

26. 선생님께서 말씀하셨다. "윗자리에 있으면서 너그럽지 않고, 예의를 차리는 데 공경스럽지 않고, 상사(喪事)를 당하여 슬퍼하지 않는다면 다른 무엇을 가지고 그의 사람됨을 살피랴."

子曰: 居上不寬, 爲禮不敬, 臨喪不哀, 吾何以觀之哉?

4. 이인(里仁)

...

1. 선생님께서 말씀하셨다. "사는 고장은 인후(仁厚)한 것이
좋다. 사는 집을 택하는 데 있어 인후한 곳에 살지 않는다면
어찌 지혜롭다고 할 수 있겠는가?"

子曰: 里仁爲美 擇不處仁, 焉得知.

解説   환경의 중요성을 강조한 것이다. 사는 고장이 인후하다는
것은, 그 고장의 인심과 풍습 등이 그러한 것으로, 그러한 환경에 있으
면 감화되어 자기도 그렇게 됨을 전제한 말이라 하겠다.

...

2. 선생님께서 말씀하셨다. "인자하지 않은 사람은 '곤궁 속
에서 오래 견디지 못하고, 즐거운 가운데도 오래 있지 못하니

라.' 인자한 사람은 인자함을 편안히 여기고, 지혜로운 사람
은 인자한 것을 이롭게 여긴다."

子曰: 不仁者, 不可以久處約, 不可以長處樂. 仁者安仁, 知者利
仁.

...

3. 선생님께서 말씀하셨다. "오직 인자한 사람만이 남을 좋
아할 수 있고 남을 미워할 수 있다."

子曰: 唯仁者能好人, 能惡人.

...

4. 선생님께서 말씀하셨다. "진실로 인자함에 뜻을 두기만 하
면 악(惡)한 일은 없다."

子曰: 苟志於仁矣, 無惡也.

...

5. 선생님께서 말씀하셨다. "부(富)와 귀(貴)는 사람들이 바
라는 것이기는 하나 정당한 방법으로 얻은 것이 아니라면 거
기에 머물러 있지 않는다. 빈(貧)과 천(賤)은 사람들이 싫어하
는 것이기는 하나 정당한 방법으로 얻은 것이 아니라면 거기
서 떠나가지 않는다. 군자가 인자함을 버리면 어떻게 명예를
이룩할 것인가? 군자는 식사를 끝내는 동안에도 인자함을 어
기는 일이 없는 것으로, 황급할 때에도 반드시 그것을 유지하

고 곤경에 처해서도 반드시 그것을 유지한다."

子曰: 富與貴, 是人之所欲也. 不以其道得之, 不處也. 貧與賤, 是
人之所惡也. 不以其道得之, 不去也. 君子去仁, 惡乎成名? 君子
無終食之間違仁, 造次必於是, 顚沛必於是.

解説 부는 재물이 많은 것이고, 귀는 벼슬자리가 높은 것인데,
옛날에는 벼슬자리가 높으면 녹이 따라오므로 부귀는 높은 벼슬을
얻으면 다 누릴 수 있는 것으로 여겼고, 또 재물이 많은 것은 벼슬 탓
이므로 곧 벼슬이 높은 것으로 여겨졌다. 그러나 공자는 재능과 인격
이 갖추어져 예로 받아들여지는 등의 적당한 방법에 의해 얻은 것이
아니고 구차하게 아부·아첨하여 얻은 것이라면 그런 부귀는 누리지
않는다는 것이다. 또 부귀와 반대인 빈천도 싫어하는 것이기는 하나
만약에 자기의 재능과 인격의 부족으로 빈천해진 것이 아니라면 구
태여 그것에서 벗어나려고 애쓰지 않는다는 것이다.

···

6. 선생님께서 말씀하셨다. "나는 아직까지 인자함을 좋아
하는 사람과 인자하지 않은 것을 싫어하는 사람을 보지 못했
다. 인자함을 좋아하는 사람에게는 더 바랄 것이 없다. 인자
하지 않은 것을 싫어하는 사람은 인자함을 실천하는 데 있어
인자하지 않은 것이 자기 몸에 붙지 못하게 한다. 하루 동안
의 시간을 인자함을 위해 자기 힘을 쓸 수 있는 사람이 있겠는
가? 나는 아직까지 그렇게 하는 데 힘이 모자라는 사람은 보

지 못했다. 아마도 그러한 사람이 있을 것이나 나는 아직까지
는 보지 못했다."

子曰: 我未見好仁者, 惡不仁者, 好仁者, 無以尙之. 惡不仁者, 其
爲仁矣, 不使不仁者加乎其身. 有能一日用其力於仁矣乎? 我未
見力不足者. 蓋有之矣, 我未之見也.

解説   인자함은 실천할 수 있는 것인데, 그것을 실천하는 사람을
보지 못하였다는 말을 되풀이한 것은 잔악한 세대를 개탄한 것이라
하겠다.

...

7. 선생님께서 말씀하셨다. "사람의 허물은 각각 그 부류에
따라 다르다. 허물을 살펴보면 인자한가의 여부를 알게 될 것
이다."

子曰: 人之過也, 各於其黨. 觀過, 斯知仁矣.

解説   허물이 부류에 따라 다르다 함은, 이를테면 군자가 저지르
는 허물은 지나치게 후하고 사랑하는 데서 생기고, 소인이 저지르는
허물은 박하고 잔인한 데서 생기는 따위를 말하는 것이다. 그래서 저
지른 허물을 살펴보면 그 허물을 저지른 사람이 인자한 사람인가의
여부를 알게 된다고 말한 것이다.

...

8. 선생님께서 말씀하셨다. "아침에 도(道)를 깨달아 알게 되면 저녁에 죽는다 해도 좋다."

子曰: 朝聞道, 夕死可矣.

解説　도는 결국 세상 만물이 마땅히 그렇게 되어지는 이치다. 도를 안다는 것이 사람에게는 그같이 힘들고 소중한 일이다. 그러나 세상 만물의 당연한 이치에 통달하기 위해서는 평소의 적공(積功)이 필요하므로, 대도(大道)에 통달하고자 하는 갈망이 대단하여 그것이 마침내 후련하게 충족되면 다른 것을 더 바랄 것이 없어진다. 도를 탐구하는 열의를 표명한 말이라 하겠다.

...

9. 선생님께서 말씀하셨다. "선비가 도(道)에다 뜻을 두고도 험한 옷과 험한 음식을 부끄러워한다면 그와는 함께 의견을 교환할 여지도 없다."

子曰: 士志於道, 而恥惡衣惡食者, 未足與議也.

...

10. 선생님께서 말씀하셨다. "군자에게는 이 세상에서 적당하고 적당하지 않은 것이 따로 있는 것이 아니고 정의에 의지해 살아 나간다."

子曰: 君子之於天下也, 無適也, 無莫也, 義之與比.

...

11. 선생님께서 말씀하셨다. "군자는 덕을 생각하는데 소인은 땅을 생각하며, 군자는 형(形)을 생각하는데 소인은 특혜(特惠)를 생각한다."

子曰: 君子懷德, 小人懷土, 君子懷刑, 小人懷惠.

解説 덕은 인의예지신(仁義禮智信) 같은, 인간이 살아오는 동안 경험을 통해 얻어진 행위를 규율하는 힘. 땅이라 함은 자기가 만족하고 처해 있는 국한된 범위를, 인간의 대체를 살피지 않고 자기 내지 자기가 속해 있는 소부문의 이익을 말하는 것이다. 형(形)은 법률. 특혜(特惠)는 잘못이나 불법을 저질렀을 때 예외적으로 받게 되는 용서이다.

...

12. 선생님께서 말씀하셨다. "이익에 따라서 행동하면 원망을 많이 산다."

子曰: 放於利而行, 多怨.

...

13. 선생님께서 말씀하셨다. "예법과 겸양을 가지고 나라를 다스릴 수 있느냐고? 무슨 문제가 있겠는가? 예법과 겸양을 가지고 나라를 다스리지 못한다면 예는 해서 무엇하겠는가?"

子曰: 能以禮讓爲國乎? 何有? 不能以禮讓爲國, 如禮何?

...

14. 선생님께서 말씀하셨다. "벼슬자리가 없음을 근심할 것이 아니라 벼슬자리에 설 능력을 근심할 것이고, 자기가 알려지지 않음을 근심할 것이 아니라 알려질 수 있는 실력을 갖게 되기를 바랄 것이다."

子曰: 不患無位, 患所以立, 不患莫己知, 求爲可知也.

...

15. 선생님께서 말씀하셨다. "삼(參)아, 내가 받드는 도는 하나로써 관철되어 있다." 증자(曾子)께서는, "예" 하고 대답하셨다. 선생님께서 밖에 나가시자 제자들이 "무슨 말씀이신가요?" 하고 묻자 증자께서 말씀하셨다. "선생님의 도는 충서(忠恕)일 따름이다."

子曰: 參乎, 吾道一以貫之. 曾子曰: 唯. 子出, 門人問曰: 何謂也?
曾子曰: 夫子之道, 忠恕而已矣.

解説　삼은 증자의 이름, 자는 자여(子輿). 충서는 자기가 할 일을 다하고 자기가 남에게 바라는 것을 남에게 베푼다는, 남을 책하기에 앞서 자기를 책하는 정신이라 하겠다. 이 대화는 본래 증자가 기록했던 것으로 보인다.

...

16. 선생님께서 말씀하셨다. "(만사를) 군자는 정의에 입각해

서 이해하고, 소인은 이익에 입각해서 이해한다."

子曰: 君子喩於義, 小人喩於利.

...

17. 선생님께서 말씀하셨다. "선한 사람을 보고는 그와 같아
지기를 생각하고, 악한 사람을 보고서는 안으로 자기를 돌아
볼 것이다."

子曰: 見賢思齊焉, 見不賢而內自省也.

解説 남의 좋은 점을 보면 자기도 그같이 되기를 생각하고, 남
의 불미한 점을 보면 자기에게도 그러한 불미한 점이 없나 하고 반성
하여 보는 것이다.

...

18. 선생님께서 말씀하셨다. "부모를 섬기는 데 있어서는 부
드럽게 간(諫)하며, 부모의 뜻이 자기의 말에 따르지 않음을
알게 되어도 공경스럽게 부모의 뜻을 어기지 않으며, 괴로울
것이나 원망하지 않을 일이다."

子曰: 事父母幾諫 見志不從, 又敬不違, 勞而不怨.

解説 부모가 잘못하는 일이 있으면 자식 된 도리에 그대로 내버
려 둘 수는 없다. 그러나 그것을 큰 소리로 외치며 힐난하는 어조로
부모의 허물을 지적하여 공격한다는 것은 더욱 자식 된 도리에 어긋

난다는 것이다. 온화한 얼굴과 부드러운 목소리로 의견을 사뢰는 것 같이 사리를 밝힐 것이며, 그래도 부모가 끝내 고칠 의사가 없는 것을 알면 또 그대로 그 뜻을 어기지 않고 공경스럽게 섬겨야 한다는 것이다. 이런 경우에는 부모를 섬기는 것이 극히 괴로울 것이나 그렇다고 부모를 원망해서는 못쓴다는 것이다.

…

19. 선생님께서 말씀하셨다. "부모가 생존해 있으면 멀리 나가지 않고, 나가게 되면 반드시 간다고 한 곳에 가 있어야 한다."

子曰: 父母在, 不遠遊, 遊必有方.

…

20. 선생님께서 말씀하셨다. "3년 상(喪)의 기간 중 부친이 해 오던 방법을 고치지 않는다면 효자라 할 수 있다."

子曰: 三年無改於父之道, 可謂孝矣

 제1의 11 참조. 중복됨.

…

21. 선생님께서 말씀하셨다. "부모의 연세를 알고 있지 않으면 안 된다. 그것으로 인해 한편으로는 기뻐하기도 하고 한편으로는 두려워한다."

子曰: 父母之年, 不可不知也 一則以喜, 一則以懼.

부모의 나이를 모르는 사람을 위한 경계가 아니다. 부모의 나이가 많아져 가는 데 따라 일어나는 여러 가지 사정의 변화에 대해 뚜렷한 인식을 가져야 한다는 것으로, 부모가 장수한다는 것은 기쁜 일인 동시에 몸이 노쇠해져 두려운 일이기도 하다는 것이다.

...

22. 선생님께서 말씀하셨다. "옛날에는 말을 앞세우지 않았으니, 그것은 실천이 따르지 않는 것을 부끄러워해서였다."

子曰: 古者, 言之不出, 恥躬之不逮也.

옛날이라고 한 것은 지금은 그렇지 못하다는 뜻이 내포되어 있다.

...

23. 선생님께서 말씀하셨다. "(매사를) 단속하면서 실수하는 사람은 드물다."

子曰: 以約失之者鮮矣.

...

24. 선생님께서 말씀하셨다. "군자는 말에는 더디고 실천에는 민첩하고자 한다."

子曰: 君子欲訥於言而敏於行.

...

25. 선생님께서 말씀하셨다. "덕은 외롭지 않고 반드시 이웃이 생긴다."

子曰: 德不孤, 必有鄰.

...

26. 자유가 말했다. "임금을 섬기는 데 있어 간언이 잦으면 욕을 보게 되고, 친구와 사귀는 데 있어 충고가 잦으면 사이가 멀어지게 된다."

子游曰: 事君數, 斯辱矣. 朋友數, 斯疏矣.

解説   임금을 바른길로 이끌고 친구를 선도하는 데도 절제가 있어야지 간언이 가납되지 않는데도 덮어놓고 귀찮게 되풀이하고, 친구가 충고를 받아들이지 않는데도 별스럽게 보챈다면 도리어 역효과를 가져온다는 것이다.

5. 공야장(公冶長)

「공야장」편은 27장으로 고금의 인물 비평이 많이 다루어져 있다.

...

1. 선생님께서 공야장(公冶長)을 말씀하시어, "사위로 삼을
만한 사람이고, 그가 구속되어 있기는 하지만 그것은 자기 죄
(罪)는 아니라"고 하시고 자기 따님을 그의 아내로 주셨다.

　선생님께서 남용(南容)을 말씀하시어, "나라가 정도(正道)
에 의해 다스려지는 경우에는 버림을 받지 않고, 나라가 정도
에 의해 다스려지지 않는 경우에는 형벌을 받지 않았다"고 하
시고 자기 형의 따님을 그의 아내로 주셨다.

子謂公冶長, 可妻也, 雖在縲絏之中, 非其罪也. 以其子妻之. 子
謂南容, 邦有道不廢, 邦無道,免於刑戮. 以其兄之子妻之.

공야(公冶)는 복성(複姓), 이름은 지(芝), 자는 자장(子長). 노나라 사람으로(일설에는 제나라 사람) 공자의 제자. 남궁괄(南宮括), 자는 자용(子容), 노나라 사람으로 공자의 제자. 남용(南容)의 명자(名字)에 관해서는 도(稻)·열(閱)·괄(括) 등 수설(數說)이 있다. 버림을 받지 않았다는 것은 인물이 인정되어 등용되었음을 말한 것이다. 공자의 부친 숙량홀은 노나라의 시씨(施氏)를 얻어 딸 아홉을 낳았고, 첩의 몸에서 맹도(孟度)를 낳았다. 다시 노나라의 안씨[顏氏, 이름은 징재(徵在)]를 얻어 공자를 낳았다. 맹피(孟皮)는 공자의 형으로, 당시 이미 죽었으므로 공자가 그의 딸의 주혼(主婚)을 하였을 것이다.

...

2. 선생님께서 자천(子賤)을 말씀하셨다. "이 같은 사람이야말로 군자로다! 노나라에 군자들이 없었다면야 이 사람이 어떻게 이러한 인격을 갖게 되었겠는가!"

子謂子賤, 君子哉若人! 魯無君子者, 斯焉取斯!

자천은 공자의 제자 복부제(宓不齊)의 자, 노나라 사람. 공자보다 30세 연소하였다. 노나라에 유덕한 군자들이 있었기 때문에 자천 같은 군자가 나왔다는 말은, 노나라에 군자가 많다는 것을 나타내는 것 외에 남을 칭찬하는 데 부형(父兄)과 사우(師友)에 근본을 두는 옛날의 후덕한 기풍(氣風)의 발로라 하겠다.

...

3. 자공(子貢)이, "저를 어떻게 생각하십니까?" 하고 여쭈어보자, 선생님께서 말씀하시기를, "너는 그릇이다" 하셨다. "무슨 그릇입니까?" 하니, "호련(瑚璉)이다" 하고 말씀하셨다.

子貢問曰: 賜也何如? 子曰: 女器也. 曰: 何器也? 曰: 瑚璉也.

解説 자공이 자기의 학문과 수양으로 이룩된 인품을 물어본 것에 공자가 대답한 것이다. 제2의 12에서 "군자는 한 가지 그릇으로는 다루어지지 않는다"고 하였는데, 자공을 평하여 "너는 그릇이다" 하였으니 결국 아무 데다 갖다 써도 다 잘 처리해 낼 인물에까지는 이르지 못하였음을 일러 준 것이라 하겠다. 호련은 서직(黍稷)을 담는 종묘의 귀중한 제기다. 한 가지 그릇으로 다루어지지 않을 정도에까지는 이르지 못하였다 하더라도 그릇으로서는 귀중한 그릇이 되었음을 인정한 것이라 하겠다.

...

4. 어떤 사람이, "옹(雍)은 인자하기는 하나 말재주가 없다"고 하자 선생님께서 말씀하셨다. "말재주가 무슨 소용이 있겠는가? 남과 말로 따져서 응답하게 되면 남에게 자주 미움을 산다. 그가 인자한가는 모르겠으나 말재주가 무슨 소용이 있겠는가?"

或曰: 雍也, 仁而不佞. 子曰: 焉用佞? 禦人以口給, 屢憎於人, 不知其仁, 焉用佞?

옹은 이름, 성은 염(冉), 자는 중궁(仲弓). 노나라 사람으로 공자보다 29세 연소하였다. 인자한 점은 인정하나 구재(口才)가 없는 것이 결점이라고 염옹(冉雍)을 비판하는 말을 공자는 다시 비판하여 인자하다는 말을 들을 정도의 인물인가는 미처 모르겠으나 말재주가 없다는 것은 당치도 않다고 한 것이다.

...

5. 선생님께서 칠조개(漆雕開)에게 벼슬을 살라고 시키시자 그가 "제가 벼슬살이를 감당해 낼까 믿어지지 않습니다" 하고 대답하였다. 선생님께서 기뻐하셨다.

子使漆彫開仕. 對曰: 吾斯之未能信. 子說.

칠조(漆雕)는 복성(複姓), 이름은 개(開), 자는 자개(子開). 노나라 사람. 공자의 제자로 공자보다 11세 연소하였다. 공자는 칠조개(漆雕開)가 스스로 살피고 겸허함을 기뻐한 것이다.

...

6. 선생님께서 말씀하셨다. "도(道)가 행해지지 않아서 때를 타고 바다로 떠나가게 되면 나를 따라올 사람은 유(由)일 게다." 자로가 이 말씀을 듣고 기뻐하였다. 선생님께서 말씀하셨다. "유(由)는 용맹한 것을 좋아하기는 나보다 낫지만 사리 (事理)를 분간할 줄 모른다."

子曰: 道不行, 乘桴浮于海, 從我者其由與. 子路聞之喜. 子曰: 由也好勇過我, 無所取材.

解説 위정자가 공자의 이론을 받아들여 그것에 의한 정치를 하면 공자의 도가 행해지는 것이다. 떼를 타고 바다에 떠나간다는 것은 자기의 이상이 실현되지 못하여 실망하고 은둔하여 버리는 사태를 가상해서 한 말. 자로는 우직하기만 해서 이 뜻을 헤아리지 못하고 공자가 자기를 편들어 주는 것만을 기뻐하였던 것이다. 공자가 떼를 타고 갈 목표지는 한국이었다고 하는 설도 있으나 믿기 힘들다. 제9의 13 참조.

…

7. 맹무백(孟武伯)이 "자로(子路)는 인자합니까?" 하고 여쭈어보자 선생님께서 말씀하시기를, "모르겠다"고 하셨다. 또 여쭈어보자 선생님께서 말씀하시기를, "유(由)는 천승(千乘)을 거느리는 제후국에서 군무(軍務)를 맡아 보도록은 할 수 있으나 그가 인자한지는 모르겠다"고 하셨다. "구(求)는 어떠합니까?" 하니 선생님께서 말씀하시기를, "구는 천호(千戶) 되는 읍(邑)이나 백승(百乘)을 거느리는 경대부(卿大夫)의 집에서 읍장(邑長)이나 가재(家宰) 노릇을 하도록은 할 수 있으나 그가 인자한지는 모르겠다"고 하셨다. "적(赤)은 어떠합니까?" 하니 선생님께서 말씀하시기를, "적은 띠끈을 매고 조정(朝廷)에 나서면 빈객(賓客)들과 대담(對談)을 하도록은 시킬 수 있으나 그가 인자한지는 모르겠다"고 하셨다.

孟武伯問子路仁乎? 子曰: 不知也. 又問. 子曰: 由也, 千乘之國,
可使治其賦也 不知其仁也. 求也何如? 子曰: 求也, 千室之邑, 百
乘之家, 可使爲之宰也 不知其仁也. 赤也何如? 子曰: 赤也, 束帶
立於朝, 可使與賓客言也 不知其仁也.

 맹무백은 제2의 6 참조. 유는 중유(仲由). 염구(冉求)는 제3
의 6 참조. 적(赤)은 이름, 성은 공서(公西). 자는 자화[子華, 공서화(公西
華)라고도 불린다]. 노나라 사람으로 공자의 제자. 공자보다 42세 연소
하였다(나이에 관해서는 이설이 있다).

...

8. 선생님께서 자공에게, "너와 회(回)는 어느 쪽이 우수하
냐?"고 말씀하시자, "제가 어떻게 감히 회(回)를 바라볼 수
있겠습니까? 회는 하나를 듣고서 열을 아는데, 저는 하나를
듣고서 둘을 압니다" 하고 대답하니 선생님께서 말씀하셨다.
"그만 못하다. 나와 너는 그만 못하다."

子謂子貢曰: 女與回也孰愈? 對曰: 賜也, 何敢望回? 回也聞一以
知十 賜也, 聞一以知二. 子曰: 弗如也, 吾與女弗如也.

 회는 안회(顔回), 제2의 9 참조.

...

9. 재여(宰予)가 낮에 잠을 잤다. 선생님께서 말씀하셨다. "썩

은 나무는 조각할 수 없고, 더러운 흙담은 흙손으로 고를 수
없다. 내가 나무라서 무엇하랴?" 선생님께서 말씀하셨다.
"전에는 내가 사람을 볼 때 그가 하는 말을 듣고서는 그가 하
는 일을 믿었지만, 이제는 내가 사람을 볼 때 그가 하는 말을
듣고서도 그 행실을 살피게 되었으니 (재여의 까닭으로) 나는
이 점을 고치게 되었다."

宰予晝寢. 子曰: 朽木不可雕也, 糞土之牆, 不可杇也, 於予與何
誅? 子曰: 始吾於人也, 聽其言而信其行 今吾於人也, 聽其言而
觀其行, 於予與改是.

解説   재여의 자는 자아[子我, 재아(宰我)라고도 부름]. 제3의 21
참조.

...

10. 선생님께서, "나는 여태껏 꿋꿋한 사람을 보지 못했다"
하고 말씀하시자 어떤 사람이 "신정(申棖)이 그러합니다" 하
고 대답하였다. 선생님께서 말씀하시기를, "정(棖)은 욕심이
있으니 어찌 꿋꿋할 수 있겠는가?" 하셨다.

子曰: 吾未見剛者. 或對曰: 申棖. 子曰: 棖也慾, 焉得剛.

解説   "꿋꿋한 사람"의 원문은 "剛者(강자)", 주희는 강(剛)은 견
강불굴(堅强不屈)의 뜻이고, 사람이 가장 해내기 어려운 것이어서 공
자가 보지 못했다고 개탄한 것이라 설명했다. 외부의 압력이나 욕구

에 소신을 굽히지 않는 것이다. 신정은 공자의 제자. 『사기(史記)』에는 신당(申黨), 자는 주(周). 가어(家語)에는 신적(申績), 자는 주로 되어 있는데, 동일인으로 생각되고 있다. 나이는 미상.

...

11. 자공이 "내가 남이 나에게 하는 것을 원치 않는다면, 나도 남에게 그것을 하지 않고 싶습니다" 하고 말하자 선생님께서는 "사(賜)야, 네가 해낼 수 있는 일이 아니다"라고 말씀하셨다.

子貢曰: 我不欲人之加諸我也, 吾亦欲無加諸人. 子曰: 賜也, 非爾所及也.

解説   자기가 원치 않는 일은 남에게 하지 말라는 것이 공자의 큰 교훈이다. 이제 자공이 그와 같은 뜻을 표명하자 공자는 그것을 실천하는 것이 극히 어려움을 말한 것이다.

...

12. 자공이 말하기를, "선생님의 문화에 관한 견해는 들어 볼 수 있었으나, 선생님께서 인간의 본성(本性)과 하늘의 이치를 말씀하시는 것은 들어 볼 수 없었다"고 하였다.

子貢曰: 夫子之文章, 可得而聞也. 夫子之言性與天道, 不可得而聞也.

解說　"문화에 관한 견해"의 원문은 "文章(문장)", 주희는 위의(威儀)·문사(文辭) 등을 포괄한 말이라 하였고, 황간(皇侃)은 육적[六籍, 육경(六經)]을 말한 것이라 하였다. 공자는 제자의 정도에 따라 일러 주는 내용도 달랐으므로 자공이 이 말을 할 때에 비로소 본성과 천도에 관한 공자의 가르침을 들어 감동받아 이러한 말을 한 것이라 하겠다.

...

13. 자로(子路)는 가르침을 받고 그것을 실천할 수 있기에 이르지 못하면, 다른 가르침을 또 받게 될까 두려워하였다.

子路有聞, 未之能行, 唯恐有聞.

解說　자로는 우직하여 가르침을 실천궁행하는 데 남이 따르지 못할 정도로 노력하였으므로 그 점을 드러내기 위해 이 글을 적은 것이다. 먼저 배운 것을 실천에 옮길 수 있게 되기 전에 또 다른 것을 배우게 되면 더 힘듦으로 그렇게 생각한 것으로, 다시 말하면 자로가 실천궁행에 힘썼음을 힘 있게 말한 것이다.

...

14. 자공(子貢)이 "공문자(孔文子)는 무엇 때문에 문(文)이라 부르게 되었습니까?" 하고 여쭈어보자 선생님께서 말씀하셨다. "아는 것이 빠르고 배우기를 좋아하여, 아랫사람에게 묻기를 두려워하지 않았기 때문에 문이라고 부른 것이다."

子貢問曰: 孔文子, 何以謂之文也. 子曰: 敏而好學, 不恥下問, 是以謂之文也.

공문자는 위나라의 대부 공어(公圉, ?~484?), 문(文)은 그의 시호. 공어는 자기 욕망을 위주로 하고 충성스럽지 못한 인물이었는 데, '문'이라는 훌륭한 시호를 주게 되었으므로 의아해져서 자공이 그 까닭을 물었다. 공문자의 문은 경천위지(經天緯地)하는 대단한 뜻의 문은 아니고, 시법(諡法)에 배움에 힘쓰고 묻기를 좋아하는 것을 문이 라 한 것에 따른 것임을 공자가 일러 준 것이다. "아랫사람"은 여기서 는 반드시 지위의 귀천만을 가지고 말한 것은 아니고 학문에 있어 자 기보다도 정도가 낮은 사람을 포괄해서 말한 것이다. 공자가 공어 같 은 취할 곳이 없는 위인의 한 가지의 장점까지도 버리지 않고 밝힌 데 는 후진을 권면하는 뜻이 들어 있다고 하겠다.

...

15. 선생님께서 자산(子産)을 말씀하시기를, 그는 군자의 도 를 네 가지 지니고 있었으니 개인행동은 공손하였고, 윗사람 을 섬기는 데는 공경스러웠고, 백성의 생활을 돌봐 주는 데는 은혜로웠고, 백성을 부리는 데는 올바른 길에 의해서 했다고 하셨다.

子謂子産, 有君子之道四焉, 其行己也恭, 其事上也敬, 其養民 也惠, 其使民也義.

 자산은 정나라의 대부 공손교(公孫僑, 기원전 ?~기원전 522

년)의 자(字). 정자산(鄭子産)이라고도 불렀다. 40여 년에 걸쳐 정간공
(鄭簡公)부터 4대를 역임하였다. 군자의 도는 여러 가지인데, 자산은
그 가운데 네 가지를 지니고 있었다는 것으로 완미(頑迷)하다는 말은
아니다.

...

16. 선생님께서 말씀하셨다. "안평중(晏平仲)은 남과 사귀는
일을 잘하였으니, 오래되어도 상대방을 존경하였다."

子曰: 晏平仲, 善與人交, 久而敬之.

解說　안평중(기원전 ?~기원전 500년)은 제나라의 대부. 안은 성,
평은 시호, 중은 항렬, 이름은 영(嬰)이다. 남과 사귀는 데에 오래되면
친숙해져 상대방을 존경하는 일을 잊게 되기 쉬워 파탄을 일으키기
일쑤다. 서로 존경하면 우정이 오래 지속되는데, 이는 쉬운 일이 아니
다. 안영(晏嬰)은 그것을 할 수 있었다는 것이다.

...

17. 선생님께서 말씀하셨다. "장문중(臧文仲)이 기둥 꼭대기
에 산을 아로새기고 대들보의 지주(支柱)에 물풀 무늬를 그린
방에 채(蔡)땅의 큰 거북을 두었으니 그가 지혜롭다는 게 어
쩐 말인가?"

子曰: 臧文仲居蔡, 山節藻梲, 何如其知也.

解說　장문중은 노나라의 대부 장손진(臧孫辰, 기원전 7세기경의 사람). 문은 시호, 중은 항렬. 귀갑(龜甲)은 국군(國君)이 점을 칠 때에 사용하는 것으로 그것을 특별한 문식(文飾)을 베푼 방에 간직해 둔다. 대부는 점을 칠 때 시초(蓍草)를 사용하기로 되어 있는데, 자기 집에 문식을 베푼 방을 마련하여 거북을 두었다는 것은 참람한 일이다. 이러한 점도 헤아리지 못하였으니 그 사람을 지혜롭다고 한 근거가 의심된다는 것이다.

...

18. 자장(子張)이 "영윤(令尹) 자문(子文)은 세 차례 벼슬을 살아 영윤 노릇을 하였는데 기쁜 기색이 없었고, 세 차례 그 벼슬에서 물러났는데 성내는 기색이 없었으며, 전임(前任) 영윤이 한 정적(政績)을 반드시 신임(新任) 영윤에게 일러 주었으니, 이 사람은 어떻겠습니까?" 하고 여쭈어보자 선생님께서 말씀하시기를, "충성스럽다"고 하셨다.

"인자합니까?"

"모르기는 하겠으나 어찌 인자할 수야 있었겠느냐?"

"최자(崔子)가 제나라의 임금을 죽이자 진문자(陳文子)는 10승(十乘)의 땅을 가졌던 것을 버리고 떠나가 다른 나라에 가서 '이곳의 위정자도 우리나라의 대부(大夫) 최자와 같다'고 말하고 그곳에서 떠나갔고, 또 다른 나라에 가서도 '이곳의 위정자도 우리나라의 대부 최자와 같다'고 말하고 그곳에서 떠나갔으니 이 사람은 어떠합니까?"

선생님께서 말씀하시기를, "깨끗하다"고 하셨다.

"인자합니까?" 하니 말씀하시기를, "모르기는 하겠으나 어찌 인자할 수야 있었겠느냐?" 하셨다.

子張問曰: 令尹子文, 三仕爲令尹, 無喜色, 三已之, 無慍色 舊令尹之政, 必以告新令尹, 何如? 子曰: 忠矣. 曰: 仁矣乎? 曰: 未知, 焉得仁? 崔子弑齊君, 陳文子有馬十乘, 棄而違之, 至於他邦, 則曰: 猶吾大夫崔子也, 違之, 之一邦, 則又曰: 猶吾大夫崔子也, 違之, 何如? 子曰: 淸矣. 曰: 仁矣乎? 曰: 未知, 焉得仁.

解說　자장은 공자의 제자. 제2의 18 참조. 영윤(令尹)은 관직명. 자문(子文)은 초나라의 대부로, 성은 투(鬪), 이름은 곡(穀), 자(字)는 어토(於菟). 기원전 7세기 중엽의 인물. 자문의 정치 활동 전반을 가지고 비평한다면 반드시 인자하다는 말을 할 수 없으므로 공자는 다만 충성스러웠다는 말로 표현한 것이다. 최자(崔子)는 최저(崔杼), 제나라의 대부로 장공(莊公)이 자기 아내 강씨와 통한 일로(기원전 548년) 장공을 죽였다. 진문자는 제나라의 대부였다. 진문자는 임금이 신하의 아내와 음행을 하는 것을 일찍이 막지 못하여 결국 최저의 손에 죽게 만들었고, 또 임금이 살해되면 신하는 살해한 적당(賊黨)을 토멸하는 것이 의(義)인데, 다만 혼란을 피해 제나라를 떠나갔으므로 공자는 오직 그 한 몸의 깨끗함을 드러내는 데 그친 것이라고 평한 것이다. 진문자는 그 후 다시 제나라로 돌아갔다.

...

19. 계문자(季文子)는 세 차례씩 생각한 후에 행하곤 하였다. 선생님께서 들으시고 말씀하셨다. "두 번 생각하면 된다."

季文子三思而後行. 子聞之曰: 再, 斯可矣.

解説   계문자는 노나라의 대부. 성은 계손(季孫), 이름은 행보(行父), 문은 시호. 정호(程顥, 1032년~1085년)는 이 장을 다음과 같이 설명했다. "악한 짓을 하는 사람은 생각한다는 일이 있다는 것조차 모르므로 생각한다는 일이 있으면 좋은 것이다. 그러나 그 생각이 두 번에 이르면 이미 충분하다. 세 번에 이르면 자신의 이익을 꾀하는 생각이 일어나 도리어 바른 길을 잃게 된다. 그래서 공부자(孔夫子)께서 그 점을 지적하신 것이다."

...

20. 선생님께서 말씀하셨다. "영무자(甯武子)는 나라에 정도(正道)가 행해지면 지혜롭고, 나라에 정도가 행해지지 않으면 우둔했다. 그의 지혜로운 점은 따라가겠으나 그의 우둔한 점은 따라가지 못하겠다."

子曰: 甯武子邦有道則知, 邦無道則愚. 其知可及也, 其愚不可及也.

解説   영무자는 위나라의 대부 영유(甯兪, 기원전 7세기 때의 인물), 무는 그의 시호. 정도가 행해진다는 것은 나라에 화란(禍亂)이 없음

을 말한 것으로, 나라가 평정 무사할 때는 영무자도 남과 같이 지교(智巧)를 써 가며 살아갔는데, 위후(衞侯)가 경사(京師)로 잡혀가 골방 속에 갇히게 되자 비상 수단을 써서 음식을 공급하고 제후가 그를 짐살(酖殺)하려 하자 영무자는 의원을 매수하여 독약을 적게 타도록 하여 죽지 않게 하였고, 다시 교섭하여 위후를 구출하였다. 이러한 일은 지교가 있는 위인들은 해내지 못하는 것이고, 이른바 우둔한 짓이다.

...

21. 선생님께서 진나라에 계실 때 말씀하셨다. "돌아가야 하겠다, 돌아가야 하겠다. 내 고향에 있는 젊은이들은 포부는 원대하나 면밀하지 못하고, 찬란하게 문채(文彩)는 이루었으나 그것을 (올바로) 재량할 줄을 모르고 있다."

子在陳, 曰: 歸與歸與, 吾黨之小子狂簡, 斐然成章, 不知所以裁之.

解說　　진나라는 지금의 허난 성 회녕현에 있었다. 공자는 각국을 두루 다녔으나 받아들여지지 못하여 고향인 노나라에 돌아가 제자들을 교육할 뜻을 표명한 것이다.

...

22. 선생님께서 말씀하셨다. "백이(伯夷)와 숙제(叔齊)는 지난날의 나빴던 일을 생각하지 않았고 원망하는 일이 드물었다."

子曰: 伯夷 叔齊 不念舊惡, 怨是用希.

解説 백이와 숙제는 전설에 의하면 고죽군(孤竹君)의 두 아들인데, 사기주(史記注)에 인용된 응소(應劭)의 설에 의하면 고죽군의 성은 묵태씨(墨胎氏), 육덕명(陸德明)의 『경전석문(經典釋文)』에 인용된 『춘추』「소양편(少陽篇)」에는 백이의 이름은 윤(允), 자(字)는 공신(公信). 숙제의 이름은 지(智), 자는 공달(公達). 이·제는 시호라 하였으나 별로 믿어지지 않고 있다. 전설에 의하면 백이와 숙제는 고죽군의 자리를 서로 예(禮)로써 사양하고 주나라로 물러나와 있었다. 그 후 주 무왕이 은의 폭군 주왕을 토벌하는 군대를 동원하자 그 앞에 나가 토벌을 중지하도록 말렸으나 듣지 않아 주나라의 곡식을 먹지 않겠다고 수양산에 올라가 고사리를 캐먹다가 굶어 죽었다는 것이다. 깨끗한 사람은 남의 구악(舊惡)을 생각하지 않는 도량(度量)이 있고, 미워하는 사람이 그 그릇된 일을 고치면 더 미워하지 않으므로 남을 그리 원망하지 않는다.

...

23. 선생님께서 말씀하셨다. "누가 미생고(微生高)를 곧은 사람이라고 하겠는가? 어떤 사람이 그에게 초를 얻으러 오자 그것을 그의 이웃에서 얻어다가 주었다."

子曰: 孰謂微生高直, 或乞醯焉, 乞諸其鄰而與之.

解説 미생은 복성, 고는 이름, 노나라 사람. 미생고는 『장자』「도척(盜跖)」편에 나오는 미생(尾生)과 동일인으로 보는 설도 있다. 여자와 다리 밑에서 만나기로 하였지만 그 여자는 오지 않았으며, 결국 물

이 밀려와도 가지 않자 다리 기둥을 안고 죽었다. 있으면 있다고 하고 없으면 없다고 하는 것이 곧은 것인데, 없으면서도 있는 체하고 이웃에 가서 얻어다 남의 비위를 맞추는 것은 곧지 않은 증거라는 것이다.

...

24. 선생님께서 말씀하셨다. "약빠른 말, 좋은 듯이 꾸미는 얼굴, 환심을 사기 위한 공손을 좌구명(左丘明)이 부끄러워하거니와, 나도 그것을 부끄러워한다. 원망하는 정(情)을 감추고 원망하는 사람과 교우하는 것을 좌구명이 부끄러워하거니와, 나도 그것을 부끄러워한다."

子曰: 巧言, 令色, 足恭, 左丘明恥之, 丘亦恥之. 匿怨而友其人, 左丘明恥之, 丘亦恥之.

解説 좌구명은 일반적으로 공자가 편차(編次)하였다고 믿어져온 『춘추』를 부연하여 『춘추좌씨전(春秋左氏傳)』을 만든 노나라 사람이며, 공자의 제자로 보고 있다. 성을 좌(左)라고 하는 설도 있고, 좌구(左丘)라는 복성으로 보는 설도 있고, 또 '구(丘)'를 '구(邱)' 자로 쓰기도 한다. 일설에는 『논어』의 좌구명은 공자 이전의 유명한 인물이고, 좌전(左傳)의 작자와는 전혀 다른 사람이라고 보기도 한다.

...

25. 안연(顔淵)과 계로(季路)가 모시고 있었는데 선생님께서, "너희들의 포부를 각각 말해 보지 않겠느냐?" 하고 말씀하셨

다. 자로(子路)는 "수레와 말을 타게 되고, 가벼운 가죽 웃옷을 입게 되어서 벗들과 그러한 재물(財物)을 같이 쓰다가 헐어져 버려도 섭섭해 함이 없게 되기를 바랍니다" 하고 말씀을 드렸다. 안연은 "내 좋은 점을 자랑함이 없고 자기의 공로를 대수롭게 늘어놓음이 없기를 바랍니다" 하고 말씀드렸다. 자로가 "선생님의 포부를 듣고 싶습니다" 하고 여쭙자 선생님께서는 "늙은이들은 편안하게 하여 주고, 벗들은 신용 있게 대하도록 하여 주고, 젊은이들은 따르게 하여 주는 것이다"라고 말씀하셨다.

顏淵, 季路侍. 子曰: 盍各言爾志? 子路曰: 願車馬, 衣輕裘, 與朋友共, 敝之而無憾. 顏淵曰: 願無伐善, 無施勞. 子路曰: 願聞子之志. 子曰: 老者安之, 朋友信之, 少者懷之.

解説 안연은 안회(顏回), 자(字)가 자연(子淵). 계로는 자로(子路), 이름은 중유(仲由). 계로는 고례에 따라 50이 되면 백(伯)·중(仲)·숙(叔)·계(季)의 항렬과 자(字)로 부른 예이다.

...

26. 선생님께서 말씀하셨다. "다 되었나 보다. 나는 여태껏 자기의 과오를 알아 내심(內心) 스스로를 비판할 수 있는 사람을 보지 못하였다."

子曰: 已矣乎! 吾未見能見其過, 而內自訟者也.

...

27. 선생님께서 말씀하셨다. "10호(十戶) 정도의 작은 마을에
도 반드시 충성되고 신용 있기가 나 같은 사람이 있을 것이나,
내가 배우기를 좋아하는 것만은 못할 것이다."

子曰: 十室之邑, 必有忠信如丘者焉, 不如丘之好學也.

解説 일설에는 공자가 충성되고 신용 있는 점으로 자기 같은 사
람이 적지 않을 것이나, 배우기를 좋아하는 점에서는 자기만 한 사람
이 없을 것이라 한 것은 결국 남이 나만 못하다는 말이니, 천성이 겸허
한 공자의 말 같지 않으므로 앞구의 끝에 있는 '언(焉)' 자를 아랫구의
첫 자로 하여 의문 부사로 읽어 이 공자의 말을 "10호 정도의 작은 마
을에도 반드시 충성되고 신용 있기가 나 같은 사람이 있을 것이니, 어
찌 내가 배우기를 좋아하는 것만 못하겠느냐?" 하고 겸허한 뜻으로
풀이하기도 한다.

6. 옹야(雍也)

...

1. 선생님께서 "옹(雍)은 남면(南面)하여 나라를 다스리도록 하여 줄 만하다"라고 말씀하셨다. 중궁(仲弓)이 "자상백자(子桑伯子)는 어떠합니까?" 하고 여쭈어보았다. 선생님께서 "괜찮으나 사람이 소탈하다"고 말씀하셨다. 중궁이 "자처하는 것이 조심스럽고 국민을 대하는 데만 소탈하게 군다면 또한 좋지 않겠습니까? 자처하는 것이 소탈하면서 국민을 대하는 데도 소탈하게 군다면 지나치게 소탈하지 않겠습니까?" 하고 말씀드리자 선생님께서 "옹의 말이 옳다"고 말씀하셨다.

子曰: 雍也可使南面. 仲弓問子桑伯子. 子曰: 可也, 簡. 仲弓曰: 居敬而行簡, 以臨其民, 不亦可乎? 居簡而行簡, 無乃大簡乎? 子曰: 雍之言然.

염옹(冉雍)의 자(字)는 중궁(仲弓), 노나라 사람. 공자의 제
자로 공자보다 29세 연소하였다. 남면은 남쪽을 향하는 것으로, 임금
이 정사를 처결할 때에는 남면하고 앉는다. 남면하여 나라를 다스린
다는 것은 제후국을 통치한다는 뜻. 염옹은 그럴만한 덕성과 자질을
갖추고 있음을 공자가 인정한 것이다. 한나라 유향(劉向)은 『설원』에
서 천하를 다스리는 천자(天子)를 시킬 만하다는 뜻으로 취하였으나
적합하지 않다. 천자는 공자나 그 밖의 어떤 사람이 시켜 줄 수 있는
것은 아니고, 또 대의명분을 받드는 공자가 누구이든 천자를 시킬 만
하다는 불경스러운 말을 입 밖에 냈다고는 생각되지 않는다. 자상백
자(子桑伯子)는 송(宋) 정초(鄭樵)의 『통지(通志)』에 의하면 노나라 대
부였다. 『장자』 「대종사(大宗師)」 편과 「산목(山木)」 편에 자상호에 관한
우언(寓言)이 나오는데, 자상백자와 동일인으로 보고 있다. 「산목」 편
에서는 공자가 자상호로부터 여러 가지 가르침을 받고 그것을 실천하
여 많이 향상되는 이야기가 실려 있고, 「대종사」 편에서는 자상호의
주검을 둘러싼 그의 지우들의 행동을 통해 역시 공자가 그들의 위대
함에 탄복하는 이야기가 실려 있다. 모두 자상호의 소탈한 사람됨이
역력히 드러나 있다. 소탈하기만 해서는 나라를 다스려 내지 못한다
는 견해를 표명한 것이다.

…

2. 애공(哀公)께서 제자들 중에는 누가 배우기를 좋아하는가
를 물으셨다. 공자께서 "안회라는 사람이 배우기를 좋아하여
노여움을 다른 사람에게 풀지 않고 과오를 되풀이하지 않았

는데 불행하게도 단명하여 죽어 버렸습니다. 지금은 없습니다. 배우기를 좋아한다는 사람을 들어보지 못하였습니다" 하고 대답하셨다.

哀公問弟子孰爲好學. 孔子對曰: 有顔回者好學, 不遷怒, 不貳 過, 不幸短命死矣 今也則亡, 未聞好學者也.

解説 애공은 노나라의 국군(國君), 제2의 19 참조. 안회의 자는 자연(子淵), 공자의 애제자(愛弟子)로 32세에 요절하였다.

...

3. 자화(子華)가 사명을 띠고 제나라에 보내졌다. 염자(冉子) 께서 자화의 모친을 위해 곡식을 주기를 요청하였다. 선생님 께서 "엿 말 너 되를 주어라" 하고 말씀하셨다. 더 주기를 요 청하자 "열여섯 말을 주어라" 하고 말씀하셨다. 염자께서는 여든 섬을 주셨다. 선생님께서는 "적(赤)이 제나라에 가 있는 데는 살찐 말을 타고 가벼운 털옷을 입고 지낸다. 내가 듣건대 군자는 궁박한 것을 보충하지 부유한 데에 더 보태지는 않는 다더라" 하고 말씀하셨다.

원사(原思)가 가재(家宰)가 되자 그에게 곡식 9백 석(石)을 주셨는데, (그것이 많다고) 받지 않았다. 선생님께서 "그러지 말아라. 네 이웃이나 동네 사람들에게 주려무나" 하고 말씀 하셨다.

子華使於齊, 冉子爲其母請粟. 子曰: 與之釜. 請益. 曰: 與之庾.

冉子與之粟五秉. 子曰: 赤之適齊也, 乘肥馬, 衣輕裘 吾聞之也,

君子周急不繼富. 原思爲之宰, 與之粟九百, 辭. 子曰: 毋以與爾

鄰里鄕黨乎.

解說　　자화의 성은 공서(公西), 이름은 적(赤), 자화는 자(字). 공자
의 제자. 염자는 염구(冉求)를 존칭한 것으로, 염자라고 쓰인 것을 보
면 이 글은 본래 염구의 제자가 기록한 것임을 알 수 있다. 원사(原思)
의 이름은 헌(憲), 자(字)는 자사(子思)이므로 원헌(原憲)이라 함. 노나
라 사람. 공자의 제자로 공자보다 36세 연소하였고, 40세에 죽었다. 이
글에서 곡식의 양은 한 달에 주는 분량. 공서적(公西赤)은 부유하므로
많이 주어서 그 재산을 더 늘구도록 할 필요는 없고, 원헌은 넉넉하지
못하므로 9백 석의 급여를 사퇴할 것 없음을 말한 것이다. 고인(古人)
은 자기에게 돌아오는 급여에 대해서도 사양하였던 것이다. 공서적이
제나라에 간 것은 노나라 국군의 사명을 띠고 갔는지 공자의 일을 보
아 주러 갔는지 문면상(文面上)으로는 분명하지 않다. 공자의 개인적
인 심부름을 위해 갔다고 보기도 하고, 공자가 노나라의 대부로 있을
때 노나라의 국군의 사명을 띠고 갔던 것으로 보기도 한다. 원헌도 읍
재(邑宰)가 되었는지, 또는 공자가 노대부로 있을 때에 공자의 가재(家
宰)로 있었는지 역시 분명하지 않다. 주희는 공자를 중심으로 한 일로
보았다.

...

　　4. 선생님께서 중궁(仲弓)에게 말씀하셨다. "얼룩소의 새끼

가, 털빛이 붉고 뿔이 단정하다면, 희생의 제물(祭物)로 쓰지
않으려 할지라도 산천의 신이야 그것을 거절하겠느냐?"

子謂仲弓曰: 犁牛之子, 騂且角, 雖欲勿用, 山川其舍諸?

解説 제사(祭祀)의 희생으로는 한 가지 털빛의 소를 쓰므로 얼
룩소는 적합하지 않은데, 이제 그러한 얼룩소의 새끼가 털색이 주나
라에서 숭상하는 붉은빛이고 또 뿔이 단정하게 났다면, 사람들은 혹
시 얼룩소의 새끼라고 하여 희생으로 쓰는 것을 주저할는지 모르나
제물을 흠향하는 산천의 신이 그것을 받지 않을 까닭이 없다는 것이
다. 이것은 한 가지 비유로, 미천하고 열악한 사람의 자식이라 할지라
도 현능한 인물이면 나라를 위해 일할 수 있으므로 등용하는 것을 주
저할 것이 없음을 말한 것이다. 일설에는 염옹의 부친이 천하고 악한
짓을 하였으나, 염옹은 현능하다는 것을 두고 말한 것이라고 한다. 하
지만 반드시 한 특정한 사람을 두고 말한 것이라기보다는, 정치를 하
는 데는 오직 현능한 인재를 등용할 것이지 그 집안을 묻는 것은 부당
하다는 일반적인 의미로 한 말로 취하는 것이 옳을 것이다.

...

5. 선생님께서 말씀하셨다. "회(回)는 그 마음이 석 달 동안
을 인자한 대로 변하지 않는다. 그 나머지는 하루 또는 한 달
을 지속하는 데 그친다."

子曰: 回也, 其心三月不違仁, 其餘, 則日月至焉而已矣.

96

회는 공자의 애제자 안회. 석 달 동안이라 함은 오랜 시간을 의미하는 말. 추호의 사심도 없어야 마음이 인자한 대로 변하지 않는다. 그 밖의 제자들은 인자한 마음씨를 갖기는 하나 그것이 지속되는 시간이 모두 짧다는 것이다.

...

6. 계강자(季康子)가 "중유(仲由)는 정치에 종사할 수 있겠습니까?" 하고 물었다. 선생님께서, "유(由)는 과감합니다. 정치에 종사하는 데 안 될 일이 무엇이 있겠습니까?" 하고 말씀하셨다.

"단목사는 정치에 종사할 수 있겠습니까?" 하고 물었다.

"사(賜)는 사리(事理)에 통달합니다. 정치에 종사하는 데 안 될 일이 무엇이 있겠습니까?" 하고 말씀하셨다.

"염구는 정치에 종사할 수 있겠습니까?" 하고 물었다.

"구(求)는 재능이 많습니다. 정치에 종사하는 데 안 될 일이 무엇이 있겠습니까?" 하고 말씀하셨다.

季康子問仲由可使從政也與? 子曰: 由也果, 於從政乎何有? 曰: 賜也可使從政也與? 曰: 賜也達, 於從政乎何有? 曰: 求也可使從政也與? 曰: 求也藝, 於從政乎何有?

解説 계강자는 기원전 492년부터 노나라에 집정하였다. 중유의 자(字)는 자로(子路). 단목사(端木賜)의 자는 자공(子貢). 염구(冉求)의 자는 자유(子有). 사람의 장점을 취해서 일을 맡기면 정치에 이바지할

수 있음을 말한 것이다.

...

7. 계씨(季氏)가 민자건(閔子騫)을 비(費)의 읍재(邑宰)를 시키려 하였더니, 민자건이 말했다. "나를 위해 그것을 잘 거절하여 주십시오. 만약에 또 나를 부르러 오는 사람이 있다면 나는 반드시 문수(汶水) 가에 가 있게 될 것입니다."

季氏使閔子騫爲費宰. 閔子騫曰: 善爲我辭焉. 如有復我者, 則吾必在汶上矣.

解說　계씨 일족은 당시 노나라에서 정권을 잡고 전횡을 자행하던 터였는데, 그들의 근거지였던 비읍(費邑)의 읍재가 그들에게 반대하고 나서는 일이 잦았으므로 민손(閔損)이 현능하다는 말을 듣고 그를 비(費)의 읍재로 등용하려고 사람을 보냈던 것이다. 민손은 보내온 사람에게 자기를 위해 잘 말해서 자기를 읍재를 시키려는 생각을 거두게 하여 달라고 간청하고, 다시 읍재를 할 생각이 전연 없음을 단호하게 나타내기 위해, 다시 번의(飜意)를 권고하러 오는 사람이 있게 되면 그때는 자기는 노나라를 떠나 제나라로 몸을 피하게 될 것임을 말한 것이다. 민손의 자(字)는 자건(子騫). 노나라 사람. 공자의 제자로 공자보다 15세 연소하였다. 비읍은 지금의 산둥 성 기주부 비현에 있었고, 문수(汶水)는 노나라의 북부와 제나라의 남부 경계를 흐르는 물로 제수(濟水)로 유입하는 개울, 지금의 산둥 성 태안부 내무현에 있었다. 불의한 인물 밑에서는 일하지 않는 군자의 풍도(風度)를 나타낸 것

이라 하겠다.

...

8. 백우(伯牛)가 병이 들자 선생님께서는 문병을 가셔서 창문을 통해 그의 손을 잡으시고 말씀하셨다. "희망이 없다. 운명이다. 이런 사람한테 이런 병이 생기다니, 이런 사람한테 이런 병이 생기다니."

伯牛有疾, 子問之, 自牖執其手, 曰: 亡之, 命矣夫! 斯人也而有斯疾也! 斯人也而有斯疾也!

解説　염경(冉耕)의 자(字)는 백우. 노나라 사람. 공자의 제자로 연세는 미상. 덕행으로는 안회와 민손에 다음갔다.

...

9. 선생님께서 말씀하셨다. "회(回)는 훌륭하도다. 한 그릇의 밥, 한 쪽박의 물로 빈촌(貧村)에서 살게 되면 다른 사람들은 그 근심을 견디어 내지 못하는데, 회는 그렇게 살면서도 그의 즐거움이 변하지 않는다. 회는 훌륭하도다."

子曰: 賢哉回也! 一簞食, 一瓢飮, 在陋巷, 人不堪其憂, 回也不改其樂, 賢哉, 回也!

解説　안회는 공자의 애제자. 『한시외전(韓詩外傳)』에 다음과 같은 이야기가 있다. 공자가 한 번은 안회에게 "집안이 가난하고 비천하게

살면서 왜 나가서 벼슬살이를 하지 않느냐?"고 물었다. 회는 "저는 성곽 밖의 밭이 50무(畝)가 있어 죽을 끓이기에 넉넉하옵고, 성곽 안의 밭이 40무가 있어 의료를 대기에 넉넉하옵고, 거문고를 타면 스스로 즐기기에 넉넉하옵고, 선생님한테서 배운 것은 스스로 즐거워하기에 넉넉하옵니다. 저는 벼슬살기를 원하지 않습니다" 하고 대답하였다.

정도(正道)를 행하여 하늘을 우러러보고 땅을 굽어보아 마음에 부끄러움이 없으면 가난해도 그것을 원망하거나 근심할 이유가 없고 도리어 자기의 이념에 따라 살아 나가고 만족을 넘어 그러한 생활을 즐거워한다는 이른바 안빈낙도하는 경지를 찬양한 것으로, 안회가 그것을 실천할 수 있는 것을 들어 공자는 되풀이 찬탄한 것이다.

···

10. 염구(冉求)가 "선생님의 도를 기뻐하지 않는 것은 아니옵니다마는 힘이 모자랍니다" 하고 여쭙자 선생님께서 말씀하셨다. "힘이 모자라는 사람은 도중에서 그만두고 말게 마련이지만, 지금 너는 선을 긋고 머물러 있는 것이다."

冉求曰: 非不說子之道, 力不足也. 子曰: 力不足者, 中道而廢, 今女畫.

解説   염구의 자(字)는 자유(子有). 도에 관해서는 제1의 2, 제5의 1 참조. 힘이 모자란다는 것은 공자의 도를 실천궁행할 능력이 부족하다는 뜻. 공자의 대답은 염구가 분발하여 노력하면 향상할 수 있음을 말한 것이다.

...

11. 선생님께서 자하(子夏)에게 말씀하셨다. "너는 군자 같은 선비가 되고 소인 같은 선비는 되지 말아라."

子謂子夏曰: 女爲君子儒, 無爲小人儒.

解説 복상(卜商)의 자(字)가 자하(子夏). 위나라 사람. 군자는 뜻하는 바가 커서 대체를 헤아려 학문에 종사하는 데 있어서도 천지 만물의 이치와 천하 국가의 경론(經論)과 인륜(人倫)의 강상(綱常)에 통달하기에 힘쓰고, 인간의 본성과 천명의 소재를 알기에 노력한다. 소인은 이와 달라서 뜻하는 바가 적어 대체를 헤아리는 일이 없이 국한된 범위에서 악착스럽게 견디며, 학문에 있어서도 장구(章句)나 따지고 미세한 예법이나 동작의 형식적인 규율을 고집하는 데 그치기가 쉽다[서영(徐英)의 『논어회전(論語會箋)』 참조]. 일설에는 군자는 의(義)를 숭상하고 소인은 이(利)를 숭상하므로, 군자 같은 선비는 학문을 하는 데 대의를 앞세우고, 소인 같은 선비는 사리를 앞세운다고 풀이하기도 하였다.

...

12. 자유(子游)가 무성(武城)의 읍재(邑宰)가 되었을 때, 선생님께서 "너는 인재를 얻었느냐?" 하고 말씀하셨다. 자유가 말하기를, "담대멸명(澹臺滅明)이라는 사람이 있사온데 이 사람은 행동이 구차하지 않사오며, 공무(公務)가 아니면 제 방에 온 일이 없습니다" 하였다.

子游爲武城宰. 子曰: 女得人焉耳乎? 曰: 有澹臺滅明者, 行不由
徑, 非公事, 未嘗至於偃之室也.

解説　언언(言偃)의 자(字)가 자유(子游). 오나라 사람(일설에는 노
나라 사람이라고도 함). 공자의 제자로 공자보다 45세 연소하였다. 무성
은 노나라 작은 읍으로 지금의 산둥 성 기주부 비현 서남(西南)에 있
었다. 읍이라 하여도 그것을 올바로 다스리려면 우선 인재가 있어야
하므로 공자는 그것을 물은 것이다. 담대는 복성, 멸명은 이름. 자는
자우(子羽). 행적은 미상. "행동이 구차하지 않다"의 원문은 "行不由經
(행불유경)"이다. 직역하면 '지름길로 가지 않는다'인데, 결국 임시의 편
리를 탐내어 공명한 방법을 버리고 눈가림만 해 나가는 일을 하지 않
음을 말한 것이다.

...

13. 선생님께서 말씀하셨다. "맹지반(孟之反)은 자랑하지 않
는 사람이다. 후퇴하면서 혼자서 뒤에 처져 오고는, 성문에
들어갈 무렵에 자기 말들을 채찍질하며, '감히 뒤에 처져 오
자는 것은 아니었다. 말들이 느렸다'고 말하였다."

子曰: 孟之反不伐, 奔而殿, 將入門, 策其馬曰: 非敢後也, 馬不
進也.

解説　맹측(孟側)의 자(字)가 지반(之反). 노나라의 대부. 기원전
484년에 노나라의 수도 밖에서 제나라와 접전하다가 대패하여 성내

로 후퇴하였는데, 그때에 맹측은 후퇴군의 뒤를 지키며 마지막으로 들어왔다. 용맹·담대한 자기의 공로를 과장하지 않고 도리어 그것은 자기가 용감한 탓이 아니고 자기의 수레를 끄는 말들이 느렸기 때문이라고 겸하(謙下)해서 말해 버린 것이다. 맹지반은 『장자』「대종사」편에 나오는 맹자반(孟子反)과 동일인이라는 설도 있다.

...

14. 선생님께서 말씀하셨다. "축타(祝鮀) 같은 말재간과 송조(宋朝)같은 미색(美色)이 없으면 이마적에 해(害)를 면하기 어렵게 되었구나."

子曰: 不有祝鮀之佞, 而有宋朝之美, 難乎免於今之世矣!

解說   축타는 위나라 대부로 축관(祝官)으로 있던 자어(子魚). 축관은 종묘에서 축문(祝文)을 읽는 직책을 맡은 벼슬. 말재간과 아첨으로 총애를 받았다. 송조는 송나라의 공자(公子), 이름은 조(朝)이며 잘생겼다. 위후(衛侯)가 부인 남자(南子)를 위해서 그를 불러와 남자의 사랑을 받았다. 공자는 아첨과 미색이 아니면 피해를 받는 세상을 개탄한 것이다. 일설에는 "축타같이 말재간이 없이 송조 같은 미색을 가지면 이마적에 해를 면하기 어렵게 되었구나" 하고 풀이하기도 하나 적당하지 않다.

...

15. 선생님께서 말씀하셨다. "누가 문을 통하지 않고 밖으로

나갈 수 있겠는가? 그렇거늘 왜 이 도(道)를 따르지 않는 건
가?"

子曰: 誰能出不由戶, 何莫由斯道也?

解説 　도는 모든 사물의 이치이므로 마치 밖으로 나가려면 문을
통해 나가야 하듯이 사람이 세상에서 살아 나가려면 도를 준수해야
한다는 것이다. 이 '도(道)'라 함은 공자가 주장하는 도이다.

...

16. 선생님께서 말씀하셨다. "실질(實質)이 문식(文飾)을 압도
하면 야비한 사람이고, 문식이 실질을 압도하면 서사(書士)이
고, 문식과 실질이 섞여서 조화를 이룬 연후라야 군자다."

子曰: 質勝文則野, 文勝質則史, 文質彬彬, 然後君子.

解説 　실질적인 면과 수식적인 면을 반반으로 섞어서 조화를 이
루는 것이 이상적인 것이다. 그 어느 쪽에 치우쳐도 군자로 불릴 수는
없다.

...

17. 선생님께서 말씀하셨다. "사람이 살아가는 것은 정직 때
문이다. 정직함 없이 살아가는 것은 요행히 모면하고 있는 것
이다."

子曰: 人之生也直, 罔之生也幸而免.

...

18. 선생님께서 말씀하셨다. "그것을 아는 사람은 그것을 좋아하는 사람만은 못하고, 그것을 좋아하는 사람은 그것을 즐기는 사람만은 못하다."

子曰: 知之者, 不如好之者 好之者, 不如樂之者.

 여기서 말하는 '그것'은 공자의 도이다.

...

19. 선생님께서 말씀하셨다. "중등 이상에 도달한 사람에게는 높은 지식을 일러 주어도 좋다. 중등 이하의 사람에게는 높은 지식을 일러 줄 게 못된다."

子曰: 中人以上, 可以語上也 中人以下, 不可以語上也.

解説 사람을 상·중·하로 삼대분(三大分)함은 학문과 수양으로 이룩한 지혜의 정도를 가지고 말한 것이지, 사람이 나서부터 그러한 구별이 있다는 것은 아니다. 상·중·하를 또 각각 상·중·하로 나눠서 상상·상중·상하·중상·중중·중하·하상·하중·하하로 세분하기도 한다. 구품론인(九品論人)은 이러한 데서 나온 것이다. 사람을 가르치는 데는 배우는 사람의 정도를 따져서 조절해야 함을 말한 것이라 하겠다.

...

20. 번지(樊遲)가 지혜에 관해서 여쭈어보았다. 선생님께서 말씀하셨다. "국민이 따를 정의를 살리기에 힘쓰고, 귀신들을 공경스럽게 다루되 그것들을 멀리 한다면 지혜롭다고 말할 수 있다."

인(仁)에 관해서 여쭈어보았다. 선생님께서 말씀하셨다. "인이라는 것은 먼저 고난을 겪고 난 뒤에 얻게 되는 것으로, 그래야 인이라고 할 수 있다."

樊遲問知. 子曰: 務民之義, 敬鬼神而遠之, 可謂知矣, 問仁. 曰: 仁者先難而後獲, 可謂仁矣.

解說 번수(樊須)의 자(字)가 자지(子遲). 제나라 사람(노나라 사람이라고도 함). 공자의 제자로 공자보다 36세 연소하였다. 귀신은 주로 죽은 조상을 두고 한말, 귀신을 예(禮)로써 받들되 그것이 모든 일의 중심이 되도록은 하지 않고 산 사람을 중심으로 모든 일을 처리해 나가는 것이 지혜롭다는 것이다.

...

21. 선생님께서 말씀하셨다. "지혜로운 사람은 물을 좋아하고, 인자한 사람은 산을 좋아한다. 지혜로운 사람은 움직이고, 인자한 사람은 조용하다. 지혜로운 사람은 즐겁게 살고, 인자한 사람은 장수한다."

子曰: 知者樂水, 仁者樂山. 知者動, 仁者靜. 知者樂, 仁者壽.

106

...

22. 선생님께서 말씀하셨다. "제나라가 일변(一變)하면 노나라의 정도에 도달하게 되고, 노나라가 일변하면 유도(有道)한 나라가 될 것이다."

子曰: 齊一變, 至於魯, 魯一變, 至於道.

解説　강태공(姜太公)의 여망(呂望)을 영구(營丘)에 봉한 것이 제나라다. 영구는 지금의 산둥 성 청주부 임치현. 태공이 제나라를 다스릴 때 정치 방법을 연구하고 현능하고 지혜로운 인물을 존중하고 공이 있는 사람을 포상하여, 제나라의 사람들은 경술(經術)을 좋아하고 공명을 자랑하는 기풍을 갖게 되었다. 과장·허위 한 것이 그 결점이었다. 환공(桓公) 때에는 관중을 등용하여 패도정치를 실시하였는데, 공리를 추구하는 기습(氣習)이 현저해졌다. 무왕이 주공(周公) 희단(姬旦)을 곡부(曲阜)에 봉했는데 봉지(封地)에 가지 않고 무왕과 성왕을 보좌하였고, 그의 아들 희금(姬禽)이 봉지에 갔는데 그것이 노나라다. 곡부는 지금의 산둥 성 연주부 곡부현이다. 주나라의 정치 제도는 주공에 의해 확립되었다고 할 수 있다. 그를 봉한 노나라에서는 주나라의 문화를 잘 보존하였다. 공자는 제나라가 허위하고 공리를 추구하는 폐습을 버리고, 태공이 세워 놓은 미풍을 발양하면 노나라의 수준에까지는 도달할 수 있고, 노나라가 보존한 주나라의 문화를 현양하기에 힘쓴다면 선정을 베푼 고대 성왕의 치세를 재현시킬 수 있다고 본 것이다. 희망과 격려가 섞인 말이라 하겠다.

...

23. 선생님께서 말씀하셨다. "고(觚)에 모서리가 없으면 고라
고 하겠는가, 고라고 하겠는가?"

子曰: 觚不觚, 觚哉! 觚哉!

解説　고(觚)는 제례(祭禮)에 쓰는 모서리가 난 그릇. 모서리가 나
지 않은 그릇을 모서리가 난 그릇이라 하면 사물과 명칭이 부합하지
않는다. 임금이 임금의 도리를 잃고서도 임금이라 한다든지, 신하가
신하의 직분을 지키지 않고서도 신하라 하는 것은 다 이 예와 같다고
하겠다.

...

24. 재아(宰我)가, "인자한 사람은 그에게 거짓으로 '우물 속
에 인이 있다'고 일러 주었다 하더라도 (우물 속으로) 따라 들어
갈 것입니까?" 하고 여쭈어보았다. 선생님께서 말씀하셨다.
"무엇하러 그렇게까지 하겠느냐? 군자는 우물 있는 데까지
가기는 할 것이나 우물에 빠지지는 않을 것으로, 그를 속일 수
는 있을 것이나 사리에 어둡게는 만들 수 없을 것이다."

宰我問曰: 仁者雖告之曰, 井有仁焉. 其從之也? 子曰: 何爲其然
也? 君子可逝也, 不可陷也 可欺也, 不可罔也.

解説　재여(宰予)의 자(字)가 자아(子我). 인을 찾는 열의가 있어
인이 있는 곳에 가 보기는 할 것이나 우물에 빠져 목숨을 잃는 것과

108

같은 우매한 지경에까지는 이르지 않을 것임을 말한 것이다. '우물에
사람이 빠졌다'고 하여 그 사람을 구해 주려고 우물에 뛰어 들어갈 것
이냐고 물은 것으로 풀이하기도 한다. 그러나 이 설에 따르면 전후의
뜻이 어울리지 않는다.

...

25. 선생님께서 말씀하셨다. "군자로서 글을 널리 배우고 그
것을 예로써 요약한다면 또한 정도에서 어긋나지 않을 수 있
게 될 것이다."

子曰: 君子博學於文, 約之以禮, 亦可以弗畔矣夫.

解説　널리 배운 글을 예로써 요약한다는 것은 실천하는 데 절실
하도록 법도에 따라 정리한다는 뜻이다.

...

26. 선생님께서는 남자(南子)를 만나 보셨는데 자로(子路)가
좋아하지 않았다. 선생님께서 맹세하시기를, "내가 예에 맞
지 않는 일을 한 것이 있다면 하늘에게 버림을 받았을 것이다.
하늘에게 버림을 받았을 것이다" 하셨다.

子見南子. 子路不說. 夫子矢之曰: 予所否者, 天厭之! 天厭之!

解説　남자(南子)는 위나라 영공(靈公)의 부인으로, 송나라 출신.
음탕하고 위나라를 마음대로 움직였다 한다(제6의 14참조). 그래서 공

자가 남자를 만난 것을 우직한 자로는 좋아하지 않았던 것이다. 공자가 남자를 만난 경위는 『사기(史記)』의 「공자세가(孔子世家)」 참조.

...

27. 선생님께서 말씀하셨다. "중용(中庸)의 힘은 대단하기도 하다. 사람들이 중용을 오래 지키고 있는 일이 적으니."

子曰: 中庸之爲德也, 其至矣乎! 民鮮久矣.

...

28. 자공(子貢)이 "만약에 국민들에게 널리 은혜를 베풀어 주고 많은 사람을 환난에서 건져 줄 수 있는 사람이 있다면 어떠하겠습니까? 인자하다고 할 수 있겠습니까?" 하고 여쭈어보았다. 선생님께서 말씀하셨다. "어찌 인자한 데서 그치겠느냐. 틀림없이 성인일 게다. 요순(堯舜)도 그렇게 하기에는 부족함을 느꼈을 것이다. 인자한 사람은 자기가 나서고 싶으면 남을 내세워 주고, 자기가 발전하고 싶으면 남을 발전시켜 준다. 지금의 사실을 예로 택해 한 걸음씩 해 나갈 수 있다면 그것이 인(仁)의 올바른 방향이라 하겠다."

子貢曰: 如有博施於民, 而能濟衆, 何如? 可謂仁乎? 子曰: 何事於仁! 必也聖乎! 堯舜其猶病諸! 夫仁者, 己欲立而立人, 己欲達而達人, 能近取譬, 可謂仁之方也已.

 요 임금과 순 임금은 상고시대(上古時代)의 중국의 성군.

7. 술이(述而)

...

1. 선생님께서 말씀하셨다. "배운 것을 전하고 새것을 만들어 내지는 않으며, 옛것을 믿고 좋아하는 점은 몰래 나를 나의 노팽(老彭)에 비겨 본다."

子曰: 述而不作, 信而好古, 竊比於我老彭.

解説　공자는 고전에 새로운 뜻을 불어넣었다. 그것을 겸손하게 이와 같이 말한 것이라 하겠다. 노팽을 공자가 예를 물었다는 노담(老聃)이라고도 하나 확실하지 않다. 일설에는 "배운 것을" 운운 두 구(句)를 노팽의 말의 인용으로 보고 또 그것을 운문으로 다루기도 한다.

...

2. 선생님께서 말씀하셨다. "잠자코 있으면서 알고 있고, 배

우면서 물리지 않고, 남을 가르치기에 지치지 않는 점으로 나에게는 부족이 없다."

子曰: 黙而識之, 學而不厭, 誨人不倦, 何有於我哉?

解說 "나에게는 부족이 없다"를, "나에게 무엇이 있는가?"라고 겸허한 뜻으로 풀이하기도 하나 받아들이기 힘들다.

...

3. 선생님께서 말씀하셨다. "덕이 닦아지지 아니하는 것과 학문이 익혀지지 아니하는 것과 정의임을 알고도 그곳으로 옮겨 가지 못하는 것과 선(善)하지 않은 것을 고치지 못하는 것이 내 근심이다."

子曰: 德之不修, 學之不講, 聞義不能徙, 不善不能改, 是吾憂也.

...

4. 선생님께서 한가하게 (댁에) 계실 때에는 마음이 놓이신 듯, 즐거우신 듯하다.

子之燕居, 申申如也, 夭夭如也.

...

5. 선생님께서 말씀하셨다. "내가 많이 노쇠해졌구나. 내가 꿈에 주공(周公)을 뵙지 못하게 된 지도 오래되었으니."

子曰: 甚矣吾衰也! 久矣吾不復夢見周公.

解説 　주공은 주 무왕의 아우 희단(姬旦). 무왕과 그의 아들 성왕을 도와 주나라의 정치 기초를 닦아 놓고 문물 제도를 만들어 낸 인물이다. 공자는 주공을 이상적인 인물로 존경하고, 그의 이념을 살리고 그가 만든 제도를 실시하여 보려는 큰 포부를 지니고 있었는데, 결국 그것이 한갓 지난날의 꿈으로 돌아가 버린 것을 개탄한 것이다.

...

6. 선생님께서 말씀하셨다. "도(道)에다 뜻을 두고, 덕(德)을 의지하고, 인(仁)을 따르고, 육예(六藝)를 즐기라."

子曰: 志於道 據於德 依於仁 遊於藝.

解説 　육예는 예법[禮]·음악[樂]·궁술[射]·마차 운전[御]·글씨쓰기[書]·수학[數]. 일설에는 육경[시(詩)·서(書)·역(易)·예(禮)·악(樂)·춘추(春秋)]이라고도 한다.

...

7. 선생님께서 말씀하셨다. "속수(束脩)를 예물(禮物)로 가져온 사람부터 시작하여 그 이상의 예물을 가져온 사람들에게는 내가 가르치지 않은 일이 없다."

子曰: 自行束脩以上, 吾未嘗無誨焉.

解説 　속수는 육포(肉脯)의 묶음. 고대의 예법에는 선비가 서로 만날 때에는 예물을 가지고 오게 되어 있었다. 국군(國君)은 옥(玉), 경

(卿)은 염소, 대부(大夫)는 기러기, 사(士)는 꿩, 서인(庶人)은 오리, 공
상(工商)은 닭인데, 속수는 가장 낮은 것이다. 속수를 "띠를 묶고 단장
을 하는 것"으로 풀이하여 15세 이상이라야 그렇게 하므로, 공자의
이 말을 15세부터 시작하여 그 이상 사람에게는 가르치지 않은 일이
없다고 해석하는 설도 있다.

...

8. 선생님께서 말씀하셨다. "알려고 답답해하지 않으면 지도
하지 않고, 표현하지 못해 괴로워하지 않으면 일깨우지 않는
다. 한 귀퉁이를 들어 주어 다른 세 귀퉁이를 알지 않으면 되
풀이하지 않는다."

子曰: 不憤不啓, 不悱不發. 擧一隅不以三隅反, 則不復也.

解説 7에서 예를 갖추어 찾아오는 사람은 누구나 가르쳐 줌을
말했고, 이 장에서는 그러한 사람들 가운데에서라도 교도(敎導)할 수
없는 사람은 가르치지 않음을 말한 것이라 하겠다.

...

9. 선생님께서 상(喪)을 당한 사람 곁에서 식사를 하시면 배
부르도록은 잡수시지 아니하셨다. 선생님께서 조상하기 위해
곡(哭)을 하시면 그날에는 노래를 부르지 아니하셨다.

子食於有喪者之側, 未嘗飽也. 子於是日哭, 則不歌.

...

10. 선생님께서 안연(顏淵)에게 말씀하셨다. "'등용되면 나가고 버려지면 들어앉는다'고 한 말은 오직 나와 너만이 실천할 수 있을게다."

자로(子路)가, "선생님께서 삼군(三軍)을 통솔하신다면 누구와 함께 하시겠습니까?" 하고 여쭈어보자 선생님께서 말씀하셨다. "맨손으로 범에게 달려들고, 황하(黃河)를 맨발로 건너며, 죽어도 뉘우침이 없는 사람과는 나는 함께하지 않을 것이다. 나는 반드시, 어려운 일에 임해서 두려워하고 미리 계획해서 성공하기를 좋아하는 사람과 함께할 것이다."

子謂顔淵曰: 用之則行, 舍之則藏, 惟我與爾有是夫! 子路曰: 子行三軍則誰與? 子曰: 暴虎馮河, 死而無悔者, 吾不與也, 必也臨事而懼, 好謀而成者也.

解説 "등용되면" 운운 두 구는 운문. 자로가 만용을 자부하는 것을 경계한 말이라 하겠다.

...

11. 선생님께서 말씀하셨다. "재부(財富)로서, 그것이 얻어서 괜찮은 것이라면 채찍을 잡는 사람 노릇일지라도 나는 할 것이나, 만약에 얻어서는 안 될 것이라면 내가 좋아하는 것에 따를 것이다."

子曰: 富而可求也, 雖執鞭之士, 吾亦爲之, 如不可求, 從吾所好.

解説　이 공자의 말을 '재부(財富)가 구해서 얻어질 수 있는 것이라면 채찍을 잡는 사람 노릇일지라도 나는 할 것이지만, 그것은 구한다고 얻을 수 있는 것이 아니므로 내가 좋아하는 것을 추구하는 것이다'로 풀이하기도 한다. 채찍을 잡는 사람은 존귀한 사람의 거동에 따르는 길잡이로, 하는 일이 극히 천하다.

...

12. 선생님께서 조심하시는 일은 재계(齋戒)와 전쟁과 질병이다.

子之所愼: 齊·戰·疾.

解説　공자는 모든 일에 조심하였을 것이나, 그중에서 두드러지게 조심하는 일 세 가지를 들어 본 것이다. 재계는 제사를 지내기에 앞서 마음을 가다듬어 지성으로 신명(神明)을 받들기 위한 준비로, 음식과 거처를 달리하고 잡념을 제거하는 데 힘쓴다. 전쟁은 많은 사람의 목숨과 나라의 존망이 걸려 있는 일이므로 삼군(三軍)을 거느려 전쟁에 임할 때에는 두려운 마음으로 주의를 게을리하지 않는다. 질병은 자신의 생사와 존망에 관계되므로 조심하지 않을 수 없다.

...

13. 선생님께서 제나라에서 소(韶)를 들으시고 석 달 동안이나 고기 맛을 모르시고 식사하셨고, "음악이 이러한 지경에까지 이르리라고는 생각하지 못했다"라고 말씀하셨다.

子在齊聞韶, 三月不知肉味, 曰: 不圖爲樂之至於斯也.

解説　　소(韶)에 관해서는 제3의 25 참조. 장공(莊公) 22년『좌전(左傳)』에 의하면 진공자(陳公子) 완(完)은 제나라로 망명하였다. 진나라는 요 임금의 후예였으므로 제나라에는 순의 음악인 소가 보존될 수 있어, 공자가 거기에 갔을 때에 소를 들을 수 있었다. 「팔일(八佾)」에는 공자가 소를 '진선진미(盡善盡美)'하다고 평한 말이 있다. 『우서(虞書)』에 통소로 9장의 소를 불자 봉황이 날아와서 춤을 추었다는 말이 보인다. 『사기』「공자세가」에는 이 글이 인용되어 있는데, 말이 약간 다르다. 즉, "제나라에서 소의 음악을 들으시고 그것을 석 달 동안 배우셨는데, 그동안은 고기 맛을 모르시고 식사하셨다"로 되어 있다. 고기 맛을 모른다는 것은 육기(肉氣)를 끊었다는 것이 아니라, 음식의 맛을 잊을 정도로 소의 진선진미한 음악에 도취하여 있었음을 말한 것이다.

…

14. 염유(冉有)가, "선생님께서 위나라의 임금을 도와주실까?" 하니 자공(子貢)이, "그래, 내가 여쭈어볼게" 하고, 들어가서 말을 꺼냈다.

"백이와 숙제는 어떠한 사람입니까?"

"옛날의 현인(賢人)이다."

"원망하고 있었습니까?"

"인자함을 추구하여 인자함을 얻었는데 또 무엇을 원망하였겠느냐?"

염유가 나와서 말했다.

"선생님께서는 위나라 임금을 도우시지 않으셔."

冉有曰: 夫子爲衛君乎? 子貢曰: 諾, 吾將問之. 入曰: 伯夷叔齊
何人也? 曰: 古之賢人也. 曰: 怨乎? 曰: 求仁而得仁 又何怨? 出
曰: 夫子不爲也.

解説　염유·자공·공자 3인의 대화를 이해하기 위해서는 다소
설명이 필요하다. 염유와 자공은 두 살 차이의 동년배였다. 위 영공(靈
公)의 태자 괴외(蒯聵)는 여공의 부인 남자(南子)를 제거하려는 뜻을
이루지 못하고 송나라로 망명하였다. 영공은 공자(公子) 영(郢)을 태자
로 세우려 하였으나 영이 이를 거절하였다. 그러다가 영공이 죽었다
(기원전 493년). 남자(南子)가 영공의 뜻이라 하여 영에게 계위(繼位)하
기를 명하였으나 영은 역시 이를 거절하고 적손(嫡孫)인 괴외의 아들
첩(輒)에게 계위시키도록 일깨워 주었다. 이리하여 첩이 위공(衛公)의
위(位)를 계승하였는데, 이것이 곧 출공(出公)이다. 염유가 말한 위군
(衛君)은 바로 영공의 소자 출공이다. 공자는 이때 위나라에 가 있었
다. 자공이 왕위를 사양하고 주나라로 도망와 버린 고죽군(孤竹君)의
두 아들 백이와 숙제의 예를 가지고 물어본 것은 자기 부친을 불러다
계위시키기 위해 물러나 버리는 일을 하지 않고 자기가 자리에 오른
출공의 경우와 대조가 되기 때문이다. 공자가 백이·숙제의 겸양하는
덕을 높이 평가하고 위군이 부자간에 서로 다투는 것을 천시하고 있
음을 안 자공은 공자가 위군을 도와주지 않을 것을 확신하게 된 것이

다. 과연 괴외가 위로 돌아오자 첩은 위군의 자리를 버리고 노나라로
망명해 버리고 괴외가 그 자리에 올랐다.

...

15. 선생님께서 말씀하셨다. "거친 것을 먹고 물을 마시고 팔
베개를 하고 살아도 즐거움은 또한 그 가운데 있는 것이다. 의
롭지 않으면서 돈이 많고 벼슬이 높은 것은 나에게는 뜬 구름
과 같다."

子曰: 飯疏食飲水, 曲肱而枕之, 樂亦在其中矣 不義而富且貴,
於我如浮雲.

解説　공자는 거친 음식을 먹으며 고달프게 사는 그 자체가 즐겁
다고 말한 것이 아니라 그러한 생활을 하여도 정도(正道)를 따라 사는
즐거움은 고칠 수 없음을 시사한 것이라 하겠다. 뜬구름과 같다는 것
은 높이 떠 있어 자기와는 거리가 멀어 인연이 없음을 나타낸 말이다.
또 뜬구름은 가볍다 해서 그것을 경시한다는 뜻으로 취하는 설이 있
고, 뜬구름은 실제는 아무것도 없는 것이라 그것으로 아무런 영향력
이 없음을 나타낸 것이라고 보는 사람도 있다.

...

16. 선생님께서 말씀하셨다. "나에게 2~3년의 여가를 주어
내 공부를 완성하게 하여 준다면 또한 큰 허물을 저지르지 않
을 수 있게 될 것이다."

子曰: 加我數年, 五十以學易, 可以無大過矣.

解説　이것은 "子曰 (······) 假我數年, 卒以學, 亦可以無大過矣[자
왈, (······) 가아수년, 졸이학, 역가이무대과의]"를 옮긴 것으로, 『노론(魯論)』
과 『사기세가(史記世家)』에 따른 교정본이다. 고론(古論)에 의하면 "나
에게 수년을 보태 주어 오십에 역(易)을 공부하게 하여 주면 큰 허물
을 저지르지 않을 수 있게 될 것이다"라고 해석할 수 있다. 오십을 역
의 대연(大衍)의 수(數) 50으로 풀이하는 설도 있지만 이는 불합리한
점이 많다.

···

17. 선생님께서 늘 말씀하시는 것은 시경(詩經)·서경(書經)
및 예(禮)를 지키는 것에 관한 것들이었다. 이것들을 늘 말씀
하셨다.

子所雅言, 詩書執禮, 皆雅言也.

解説　"늘 말씀하셨다"는 "雅言(아언)"을 옮긴 것으로, 일설의 '바
른 말'이라 풀이한 것을, 다시 당시의 표준 어음(語音)이라는 뜻으로
취하여, 공자는 시경·서경·예에 관해서만은 당시의 표준 어음에 따
르고, 그 밖에는 노나라의 방언을 썼다고 해석하기도 한다. 여기서는
『주희집주(朱熹集注)』의 '雅(아), 常也(상야)'에 따른 것이다.

...

18. 섭공(葉公)이 자로에게 공자가 어떤 분이신가를 물었는데, 자로는 그것에 대답하지 않았다. 선생님께서 말씀하셨다. "너는 왜 '그분의 사람됨이 발분(發憤)하면 식사를 잊고 그러한 것을 즐거워하여 근심을 잊어, 늙음이 다가오리라는 것조차 모르고 계십니다' 하고 말하지 않았느냐?"

葉公問孔子於子路, 子路不對. 子曰: 女奚不曰, 其爲人也, 發憤忘食, 樂以忘憂, 不知老之將至云爾.

解說　섭공은 심제량(沈諸梁), 자(字)는 자고(子高). 기원전 6세기부터 5세기에 걸친 인물. 초나라 대부로, 섭현(葉縣)은 그의 채읍(采邑)으로 그 현윤(縣尹)이었고, 공은 그가 참칭(僭稱)한 것이다. 섭(葉)은 지금의 허난 성 남양부 섭현. 여기서 공자가 한 말은 자기가 모르는 것을 탐구하기 위해 배고픈 것도 잊고 열중하며, 그렇게 하여 이해하기에 이르면 그것이 즐거워 모든 근심—빈천(貧賤)에서 오는 여러 가지 괴로움—을 잊으며, 또한 자기가 늙어 가는 사실조차 모르고 지낸다는 것으로 부귀 이외에도 열중하고 즐거워할 수 있는 것이 있음을 밝히기 위한 것이다.

...

19. 선생님께서 말씀하셨다. "나는 나면서부터 알고 있는 사람은 아니고, 옛것을 좋아하여 재빨리 그것을 알아내기에 힘쓰는 사람이다."

子曰: 我非生而知之者, 好古敏以求之者也.

…

20. 선생님께서는 괴이한 일, 힘쓰는 일, 난동질 및 귀신에 관해서는 말씀하지 않으셨다.

子不語: 怪·力·亂·神.

 본편(本篇) 17 참조.

…

21. 선생님께서 말씀하셨다. "세 사람이 같이 길을 가면 거기에는 반드시 내 스승이 있다. 그들의 선한 점을 골라서 그것에 따르고, 그들의 선하지 않은 점을 골라서 내 자신을 바로잡는다."

子曰: 三人行, 必有我師焉 擇其善者而從之, 其不善者而改之.

…

22. 선생님께서 말씀하셨다. "하늘이 나에게 덕을 부여하였는데 환퇴(桓魋)가 나를 어쩌겠느냐!"

子曰: 天生德於予, 桓魋其如予何!

 환퇴는 송나라의 사마(司馬) 향퇴(向魋), 환공(桓公)의 후손이라 하여 환씨(桓氏)로 불리기도 하였다. 애공(哀公) 13년 『좌전(左

傳』 참조. 『사기』 「공자세가」에 의하면 공자가 송나라에 갔을 때 제자들과 큰 나무 밑에서 예를 실습하고 있었는데, 송나라의 사마 환퇴가 공자를 죽이려고 그 나무를 뽑아 버렸다. 공자가 그곳을 떠나는데 제자들이 "빨리 가셔야 합니다" 하고 말하자, 공자가 이 말을 하였다. 자기에게는 천부의 사명이 있으므로 환퇴가 죽이고자 해도 자기를 죽이지는 못할 것이라는 신념을 피력한 말이다. 환퇴가 공자를 죽이려한 이유는 상세하지 않으나, 『예기』 「단궁」에 자유의 말로 다음과 같은 이야기가 나온다. 즉, 공자가 송나라에 있을 때 환퇴가 자기가 죽은 후에 쓸 돌관을 만들었는데, 3년이 걸려도 완성되지 못하는 것을 보고 공자가 "그처럼 낭비하다니. 죽으면 빨리 썩는 게 낫다"고 말했다는 것이다. 환퇴가 이 공자의 비평을 듣고 노해서 그를 없애려고 하였던 것이 아닌가 생각된다.

...

23. 선생님께서 말씀하셨다. "너희들은 내가 감추고 나타내지 않고 있는 일이 있다고 생각할 것이나, 나는 감추고 나타내지 않고 있는 일은 없다. 나는 무슨 행동이건 너희들에게 보여 주지 않은 것이라고는 없으니, 그것이 곧 나다."

子曰: 二三子以我爲隱乎, 吾無隱乎爾 吾無行而不與二三子者, 是丘也.

解説 여기서 "너희들"이라 한 것은 "二三子(이삼자)"를 옮긴 말인데, 여러 제자를 가리킨 말이다. 일설에는 공자의 재전제자(在傳弟子)

를 가리키는 말이라고도 하나 그렇게 취해야 할 근거가 박약하다. "보여 준다"는 '與(여)'를 옮긴 말인데, 이것은 주희의 설에 따른 것이다 일설에는 '함께하다'로 풀이하기도 한다.

...

24. 선생님께서는 네 가지를 가지고 가르치셨다. 글과 실천과 충성과 신용이 그것이다.

子以四教, 文·行·忠·信.

解説   이는 육예(六藝), 즉 육경(六經)의 글이다. 실천은 일상생활에 있어서의 인륜 도덕의 실천이다.

...

25. 선생님께서 말씀하셨다. "나는 성인을 만나 볼 수 없게 될 것이지만, 군자다운 사람을 만나 볼 수 있다면 그만해도 괜찮을 것이다."

선생님께서 말씀하셨다. "선한 사람을 나는 만나 볼 수 없게 될 것이지만, 한결같은 마음을 지닌 사람을 만나 볼 수 있다면 그만해도 괜찮을 것이다. 없으면서도 있는 체하고, 적으면서도 많은 체하는 세상이니 한결같은 마음을 갖기는 어렵다."

子曰: 聖人吾不得而見之矣, 得見君子者, 斯可矣.

子曰: 善人吾不得而見之矣, 得見有恆者斯可矣 亡而爲有, 虛而爲盈, 約而爲泰, 難乎有恆矣.

...

26. 선생님께서는 낚시로 물고기를 잡으시나 그물은 쓰지 않으셨고, 주살로는 자는 새를 쏘지 않으셨다.

子釣而不網 弋不射宿.

...

27. 선생님께서 말씀하셨다. "(일의 이치를) 모르면서 하는 사람이 있기는 하나 나는 그렇게 한 일은 없다. 많이 듣고 그 가운데의 좋은 것을 가려서 따르고, 많이 보고서 그것을 기록하여 두는 것은 나면서부터 아는 것의 다음은 간다."

子曰: 蓋有不知而作之者, 我無是也 多聞, 擇其善者而從之, 多見而識之, 知之次也.

解説　일설에는 "모르면서 하는 사람"을 '모르면서 저술하는 사람'으로 풀이하기도 한다. 아는 것의 등급으로 '생이지지(生而知之, 나면서부터 아는 것)', '학이지지(學而知之, 배워서 아는 것)', '곤이지지(困而知之, 애써서 알게 되는 것)'로 3대분(三大分)하는데, 듣고 보고 하여 거기서 이치를 분간하여 알기에 이르는 것은 '배워서 아는 것'으로, 나면서부터 아는 것의 다음가는 것이라 하겠다. 그러나 안 연후에는 다 같은 것이다.

...

28. 호향(互鄕)에 사는 함께 이야기하기 어려운 아이가 공자

를 만나러 오자 제자들이 당황했다. 선생님께서 말씀하셨다.
"그가 나올 때는 받아 주고, 그가 물러날 때는 받아 주지 않
는 것이다. 그래 무엇하러 심히 굴겠느냐. 남이 자기를 깨끗이
하고 나올 때에 그의 깨끗함을 받아 주는 것이 그의 과거를
옳았다고 보증하는 것은 아니다."

互鄉難與言童子見, 門人惑. 子曰: 與其進也, 不與其退也. 唯, 何
甚! 人潔己以進, 與其潔也, 不保其往也.

解説　　호향은 지금의 어느 지방에 해당하는지 분명하지 않다. 공
자가 외지에 나다닐 때에 거쳐간 지방일 것이다. 이 장의 풀이에는 몇
가지 설이 있으나 복잡하므로 소개하지 않기로 한다. 『전국책(戰國
策)』「진책(秦策)」에는 항탁(項橐)이 일곱 살 때 공자의 스승이 되었다
는 말이 나온다. 어린아이가 말을 잘해서 공자를 꼼짝 못하게 한 이야
기로는 돈황변문(敦煌變文)의 하나인 「공자항탁상문서(孔子項託相問
書)」를 비롯하여 역조고사통종(歷朝故事統宗)에 들어 있는 「소아론(小
兒論)」, 그리고 「신편소아란공자(新編小兒難孔子)」 등 수종이 있다. 여기
서 "함께 이야기하기 어려운 아이"라고 한 것이 과연 소아론 등에 나
오는 아이였는지는 단정 지어 말할 근거가 없다.

...

29. 선생님께서 말씀하셨다. "인자함이 멀리 있단 말인가?
내가 인자함을 원하면 그 즉시로 인자함이 오는 것이다."

子曰: 仁遠乎哉? 我欲仁, 斯仁至矣.

126

...

30. 진나라의 사패(司敗)가 소공(昭公)이 예(禮)를 아는가를 물었다. 공자께서 "예를 아십니다" 하고 말씀하셨다. 공자께서 물러나시자 사패가 무마기(巫馬期)에게 인사하고 그에게 가까이 가서 말했다. "나는 군자는 편당적(偏黨的)으로 굴지 않는다고 들었는데, 군자도 편당적으로 굽니까? 임금께서는 오나라에서 아내를 맞아오고, 그가 동성(同姓)인데 오맹자(吳孟子)라고 하셨습니다. 임금께서 예를 아신다면 누가 예를 모르겠소?"

무마기가 그 이야기를 말씀드렸더니, 선생님께서 말씀하셨다. "나는 다행하다. 과오(過誤)가 있다 하여도 남이 반드시 알고 있으니."

陳司敗問昭公知禮乎. 孔子曰: 知禮. 孔子退, 揖巫馬期而進之曰: 吾聞君子不黨, 君子亦黨乎? 君取於吳, 爲同姓謂之吳孟子. 君而知禮, 孰不知禮? 巫馬期以告. 子曰: 丘也幸, 苟有過, 人必知之.

解説　사패는 관명(官名), 사구(司寇)와 같고, 법을 다루는 것이 그의 직책이다. 소공은 노나라 소공(昭公) 희주(姬稠, 주는 조(稠)로도 씀). 무마는 복성(複姓), 자(字)는 자기(子期, '旗'라고도 씀). 이름은 시(施). 공자의 제자로서 공자보다 30세 연소하였다. 공자는 진나라에 가서 제자 무마기의 소개로 사패를 만났다. 그 당시 노 소공은 의식에 임하는 것이 법도에 맞는다 하여 예를 잘 안다고 알려져 있었으므로, 그것이

사실인가를 노나라에 간 공자에게 물은 것이다. 실제로는 노 소공은 위의(威儀)는 좋았으나 예에서 벗어난 일을 하고 있었다. 그러나 공자로서는 자기 나라의 임금을 비판하는 말을 하는 것이 정도에 어긋나므로 소공이 예를 안다고 대답하였던 것이다. 이 점을 이해하지 못한 진사패(陳司敗)는 공자를 소개하러 온 무마기가 공자가 물러날 때 따라 나가는 것을 멈추고 이야기하기 위해 그에게 인사를 하고 가까이 갔던 것이다. 동성의 여인을 아내로 맞아오는 것은 예에 어긋나는 일이었는데, 노 소공이 그렇게 하고 또 그것을 엄폐하기 위해 동성인 희(姬)씨의 아내를 마치 타성의 여인같이 오맹자(吳孟子)라고 부른 점을 들어 공자의 대답이 공정하지 못함을 지적하였다. 그 이야기를 들은 공자는 풍자적으로 "나는 다행이다"라는 말을 하기에 이른 것이다.

...

31. 선생님께서는 남과 함께 노래를 부르시는데, 그 사람이 잘 부르면 반드시 다시 한 번 부르게 하시고 나서 같이 부르셨다.

子與人歌而善, 必使反之, 而後和之.

...

32. 선생님께서 말씀하셨다. "애써서 바른 길을 행하는 점은 나도 남만 하지만, 몸에 배어서 자연스럽게 해내는 군자의 경지까지는 나는 아직 도달하지 못하였다."

子曰: 文莫, 吾猶人也. 躬行君子, 則吾未之有得.

이것은 본편 19에서 "나는 나면서부터 알고 있는 사람은 아니다"고 한 뜻을 다른 각도에서 말한 것이라 하겠다. 남의 교양이나 행덕이 높은 것은 그가 타고난 재주라고 쳐 버리고, 그것이 그의 노력에 의해 이룩되었다는 점을 소홀히 하기 쉽고, 또 자기도 힘써서 그러한 사람의 경지에 도달하려고 노력하지 않게 되기 쉽다. 공자는 그러한 점을 깨닫도록 제자들에게 이러한 말을 일러 준 것이라 하겠다. 이 장의 풀이는 유보남(劉寶楠)의 『논어정의(論語正義)』에 인용된 진란조 론어박(晋欒肇論語駁)의 설에 따른 것이다.

...

33. 선생님께서 말씀하셨다. "성인(聖人)과 인인(仁人) 같으면 야 내가 어찌 감히 감당하겠느냐. 그러나 (성인과 인인의 도리를) 실천에 옮기는 데 물리지 않고, 남을 가르치는 데 지치지 않는 점은 그러하다고 말할 수 있을 정도다."

공서화(公西華)가 "바로 그것만도 저는 본받지 못합니다" 하고 말했다.

子曰: 若聖與仁, 則吾豈敢. 抑爲之不厭, 誨人不倦, 則可謂云爾
已矣. 公西華曰: 正唯弟子不能學也.

解説 공서적(公西赤)의 자(字)가 자화(子華).

...

34. 선생님께서 대단히 편찮으시자, 자로가 기도를 드렸다.

선생님께서, "그런 일이 있었느냐?" 하고 말씀하셨다. 자로
가, "있었습니다. 그 기도문은 '너를 위하여 위의 하늘과 아래
땅의 신(神)에게 비노라'였습니다" 하고 대답하였다. 선생님
께서 말씀하시기를, "내가 그러한 기도를 드린 지는 오래되었
다" 하셨다.

子疾病, 子路請禱. 子曰: 有諸? 子路對曰: 有之, 誄曰: '禱爾于上
下神祇.' 子曰: 丘之禱久矣.

 일설에는 공자가 심히 앓자 자로가 기도드리기를 청하였
는데, 공자가 그러한 전례가 있는가를 물었고, 자로는 그러한 전례가
있다고 대답하고 기도문서(祈禱文書)의 말을 인용한 것으로 풀이하기
도 한다. "내가 그러한 기도를 드린 지는 오래되었다"고 한 것은 결국
상천하지(上天下地)의 신기(神祇)의 뜻에 합당하게 살아 왔으므로, 이
제 와서 구태여 의식을 차려 기도 드릴 필요가 없음을 말한 것이라 하
겠다.

...

35. 선생님께서 말씀하셨다. "사치하면 순종하지 않게 되고,
검약하면 고루해진다. 순종하지 않는 것보다는 차라리 고루
한 것이 낫다."

子曰: 奢則不孫, 儉則固. 與其不孫也, 寧固.

 사치와 검약은 다 중용을 잃은 것이나, 그래도 그 두 가지

중에서는 검약해서 고루해지는 편이 사치해서 순종하지 않는 것보다 낫다는 것이다. 공자 당시에는 노나라 계씨(季氏)의 경우 같은, 사치하여 본분을 지키지 않는 사람이 많았기 때문에 그러한 말을 하기에 이른 것이라 하겠다.

...

36. 선생님께서 말씀하셨다. "군자는 마음이 평탄하게 넓고, 소인(小人)은 노상 근심에 차 있다."

子曰: 君子坦蕩蕩, 小人長戚戚.

...

37. 선생님께서는 온순하시면서도 엄숙하시고, 위엄이 있으시면서도 사납지 않으시고, 공손하시면서도 안정하셨다.

子溫而厲, 威而不猛, 恭而安.

8. 태백(泰伯)

···

1. 선생님께서 말씀하셨다. "태백(泰伯)은 지극한 덕을 지녔던 인물이라 할 수 있다. 세 차례나 천하를 사양하였는데도 사람들은 그의 덕을 들어 칭찬할 기연(機緣)을 갖지 못하였으니."

子曰: 泰伯, 其可謂至德也已矣, 三以天下讓, 民無得而稱焉.

解説 주나라의 조상인 태왕(太王)의 맏아들이 태백, 차자(次子)가 중옹(仲雍), 말자(末子)가 계력[季歷, 왕계(王季)]이다. 계력이 현명하고 또 뛰어나게 잘난 창[昌, 문왕(文王)]을 낳았으므로, 태백은 창이 반드시 천하를 잡게 될 것이라고 생각하여 자기가 마땅히 계승할 왕위를 계력에게 양보하였다. 그 당시 주나라는 은의 제후국이었으므로 태백이 사양한 것은 한 나라에 지나지 않았으나, 그 후 문왕 창의 아들이 은을 타도하고 천하를 갖게 되었으므로 태백이 천하를 사양한

것으로 말한 것이다. 태백은 사양하였을 뿐 아니라 사양하는 덕을 칭
찬받을 만한 단서를 나타내지 않고 은밀한 가운데에서 양위하고 말
았으므로 공자는 그 덕이 지극하다고 한 것이다.

    ...

    2. 선생님께서 말씀하셨다. "공손하면서 예가 없으면 힘이 들
    고, 신중하면서 예가 없으면 두려워지고, 용맹스러우면서 예
    가 없으면 난동을 저지르게 되고, 곧으면서 예가 없으면 박절
    해진다."
        선생님께서 말씀하셨다. "군자가 친척들에게 후하게 해 주
    면 국민들 사이에 인자한 기풍이 일어나고, 옛 친구를 버리지
    않으면 국민들이 박해지지 않는다."
    子曰: 恭而無禮則勞, 愼而無禮則葸, 勇而無禮則亂, 直而無禮
    則絞. 君子篤於親, 則民興於仁, 故舊不遺, 則民不偸.

解説　통행본(通行本)에는 둘째 단의 "선생님께서 말씀하셨다(子
曰)"는 없으나 여기서는 돈황석실(敦煌石室)에서 나온 수초본(手鈔本)
에 의해 보충하였다. 일설에는 '증자왈(曾子曰)'이라 하는 것이 옳다고
도 하나 그렇게 할 증거가 희박하다. 예는 행위의 절도이므로 예가 없
으면 중용을 잃게 되어 여러 가지 폐단이 생긴다. 둘째 단의 "군자"는
윗자리에 있는 사람을 가리키는 말로, 여기서는 직접 임금을 가리키
는 것으로 볼 수 있다.

...

3. 증자께서 병환이 나셔서 제자들을 부르시고 말씀하셨다. "내 발을 펴고 내 손을 펴라. 시(詩)에 두려워하고 조심함이 깊은 물가에 나와 있는 것과도 같고, 엷은 얼음을 밟고 있는 것과도 같다고 하였는데, 이제는 내가 그런 데서 해방되게 되었음을 알겠다, 애들아!"

曾子有疾, 召門弟子曰: 啓予足, 啓予手. 詩云, '戰戰兢兢, 如臨深淵, 如履薄氷.' 而今而後, 吾知免夫, 小子!

解説   증자는 공자의 제자 증삼(曾參)으로 공자보다 46세 연소하였다. 증자라 한 것은 그의 제자가 그를 높여서 부른 것이다. 따라서 이 장은 증자의 제자가 기록한 것임을 알게 된다. 증자의 제자로 이름이 알려진 이는 적지 않으나, 증자의 병석에 시종한 제자로는 낙정자춘(樂正子春) 한 사람뿐이다. 증자가 죽을 때가 임박했음을 알고 제자들을 불러 자기의 손과 발을 펴게 하여, 부모에게 받은 몸을 상하지 않고 무사히 보존해 온 것을 보여 주고, 그렇게 하기 위해 극도의 조심을 하고 살아온 것을 회고하며, 이제는 그러한 조심을 하지 않아도 좋게 되었음을 말한 것이다. 효경 첫머리에 "身體髮膚 受之父母 不敢毁傷 孝之始也(신체발부 수지부모 불감훼상 효지시야)"라는 말이 나오거니와, 몸은 어느 부분을 막론하고 다 부모한테서 받은 것이므로 그것을 상하지 않게 잘 보존하는 것이 효의 첫째 요건이다. 증자는 이것을 실천하였고 또 실천하기 위해 대단히 애쓴 것이다. 정의를 위해 목숨을 버리는 것은 차원이 높은 효이므로 이 두 가지 요건은 효를 실천하는

데 있어 서로 모순되지 않는다는 것이 종래의 유가(儒家)들의 해석이다. 여기에 인용된 시는 「소아·소민(小雅·小旻)」 제6장 5~7구. 증자가 취한 이 시구의 뜻은 시 전체의 뜻과는 관계가 없고, 다만 극도로 조심한다는 말의 가장 좋은 표현으로 끌어 쓴 것이다.

...

4. 증자께서 병환이 나셔서 맹경자(孟敬子)가 문병을 갔는데, 증자께서 그에게 말씀하셨다. "새가 죽을 때는 그 우는 소리가 애처롭고, 사람이 죽을 때는 그가 하는 말이 선하오. 군자가 도(道)를 실천하는 데 있어 귀중하게 여기는 일이 세 가지가 있소. 몸을 움직이는 데 있어서는 난폭하거나 오만한 태도를 없애야 하고, 정색을 하는 데 있어서는 성실함을 보여 주어야 하고, 말을 입 밖에 내는 데 있어서는 비루하고 사리에 어긋나는 일이 없어야 하오. 제기(祭器)를 다루는 일은 그것을 맡아 보는 사람이 있는 법이오."

曾子有疾, 孟敬子問之. 曾子言曰: 鳥之將死, 其鳴也哀. 人之將死, 其言也善. 君子所貴乎道者三 動容貌, 斯遠暴慢矣. 正顔色, 斯近信矣 出辭氣, 斯遠鄙倍矣. 籩豆之事, 則有司存.

解説　　맹경자는 맹무백(제2의 6 참조)의 아들. 노나라의 대부 중손씨(仲孫氏), 이름은 첩(捷), 경(敬)은 시호. "새가 죽을 때는"은 옛날부터 전해 내려오는 말을 인용한 것으로 여겨지거니와, 증자가 앞으로 자기가 할 말이 죽음에 임박해서 하는 말이라 거짓 없는 것이므로 잘 들

어 달라는 뜻으로 한 일종의 겸사. "제기(祭器)를 다루는 일"은 말단적인 예법이고, 또 그것을 맡아보는 전문적인 유사(有司)가 있으므로 그런 일에 신경을 쓰고 기본되는 자신의 수양을 소홀히 해서는 못쓴다는 뜻으로 그렇게 말한 것이다.

...

5. 증자께서 말씀하셨다. "유능하면서 무능한 사람에게도 물어보고, 천재성이 풍부하면서 천재성이 적은사람에게도 물어보며, 가졌는데도 없는 것 같고, 차 있는데도 비어 있는 것 같고, 자기에게 잘못하여도 따지지 않는 이러한 일을, 지난날 내 친구 하나가 실천한 바 있었다."

曾子曰: 以能問於不能, 以多問於寡 有若無, 實若虛, 犯而不校
昔者吾友, 嘗從事於斯矣.

解説 여기서 "내 친구"라 한 것은 공자의 애제자이며 단명했던 안회로 알려져 있다.

...

6. 증자께서 말씀하셨다. "어린 임금을 부탁할 수 있고, 백리 되는 나라의 운명을 맡길 수 있으며, 중대한 비상사태에 임해서도 동요하는 일이 없다면 군자다운 사람일까? 군자다운 사람이라."

曾子曰: 可以託六尺之孤, 可以寄百里之命, 臨大節而不可奪也

君子人與? 君子人也.

解説 어린 임금은 "六尺之孤(육척지고)"를 옮긴 말인데, 글자대로 하면 다 자라지 못하고 6척밖에 안 되는 고아다. 주법(周法)의 1척은 지금의 6촌 2분 반에 해당되므로 6척은 지금의 3자 7치 반밖에 안 된다. 그러나 반드시 척수로 따져서 말한 것은 아니고 성년이 되지 않은 임금을 일반적으로 말한 것이라 하겠다. "중대한 비상사태"는 "大節(대절)"을 풀이한 말인데, 하안(何晏)의 주(注)에는 나라를 편안하게 하고 사직을 안정시키는 것으로 설명되어 있다. 모두 생사를 개의치 않고 한결같은 마음으로 대처하지 않으면 바로 하기 어려운 일들이다.

...

7. 증자께서 말씀하셨다. "선비는 도량이 넓고 꿋꿋하지 않으면 안 될 것이, 소임(所任)은 중대하고 갈 길은 멀다. 인자함을 이룩하는 것을 자기의 소임으로 하니 또한 중대하지 아니한가! 죽은 후에라야 끝나니 또한 갈 길이 멀지 아니한가!"

曾子曰: 士不可以不弘毅, 任重而道遠, 仁以爲己任, 不亦重乎!
死而後已, 不亦遠乎!

...

8. 선생님께서 말씀하셨다. "시로써 감흥을 갖고, 예로써 자립하고, 음악으로 완성한다."

子曰: 興於詩, 立於禮, 成於樂.

解說　시는 그것을 읊조리는 동안에 억양과 반복이 있으므로 사람을 감동케 하여 수월히 그 세계로 이끌어 들이고, 선을 좋아하고 악을 미워하는 마음을 일으켜 준다. 예는 행위의 절도이므로 그것에 의하여 행동하면 사물에 동요됨이 없이 자립할 수 있게 된다. 음악은 성정을 화평케 해 주고 사악하고 더러운 마음을 씻어 주므로 고상한 인품을 이룩하게 된다. 이상은 대체로 주희의 설에 따른 것이다.

...

9. 선생님께서 말씀하셨다. "국민이란, (당연한 이치에) 따라서 행하도록 할 수 있으나 (그 이치를) 이루 다 이해시킬 수는 없다."

子曰: 民可使由之, 不可使知之.

解說　여기서 국민이라 함은 선비와 대조시킨 말이다. 선비는 학문을 닦아 정당한 도리를 이해하고서 그것을 실행하지만, 일반 국민은 그것을 일일이 이해시키고 나서 실행하도록 하기는 어려운 일이다. 그러므로 위정자는 반드시 정당한 도리를 가지고 국민을 다스려야 한다는 결론이 나온다.

...

10. 선생님께서 말씀하셨다. "용맹한 것을 좋아하고 가난을 미워함은 난동을 일으킬 징조다. 사람이 인자하지 않은 것을 지나치게 미워함은 난동을 초래할 징조다."

子曰: 好勇疾貧, 亂也. 人而不仁, 疾之已甚, 亂也.

...

11. 선생님께서 말씀하셨다. "만약에 주공(周公)에 못지않은
아름다운 재능을 지녔으나 교만하고 인색하다면 그 나머지는
볼 게 없다."

子曰: 如有周公之才之美, 使驕且吝, 其餘不足觀也已.

解説 주공에 관해서는 제7의 5 참조. 그 나머지는 교만하고 인
색한 것 이외의 모든 장점이다.

...

12. 선생님께서 말씀하셨다. "3년 동안이나 학문에 종사하고
서도 녹(祿)을 받을 생각에 이르지 않기란 찾아보기 어려운
일이로다."

子曰: 三年學, 不至於穀, 不易得也.

解説 공자의 말은 운문으로 되어 있다. 3년은 장구한 시간을 말
한 것이고, 꼭 세 해라고 취할 것은 없다. 여러 해 동안 공부를 하고 나
서도 벼슬자리를 얻어 녹을 타 먹을 생각을 하기에 이르지 않는 것은
학문을 소중하게 여기고 벼슬을 경시하는 태도라 하겠다. 사람들은
대게 학문보다는 수입에 더 마음을 쓴다.

...

13. 선생님께서 말씀하셨다. "굳게 믿고 배우기를 좋아하고, 죽음으로 좋은 도(道)를 지켜라. 위태로운 나라에는 들어가지 말고, 혼란한 나라에는 살지 말라. 세상에 정도(正道)가 행해지지 않으면 숨어라. 나라에 정도가 행해지는데, 빈천하게 산다는 것은 수치다. 나라에 정도가 행해지지 않는데 부귀를 누리는 것은 수치다."

子曰: 篤信好學, 守死善道. 危邦不入, 亂邦不居. 天下有道則見, 無道則隱. 邦有道, 貧且賤焉, 恥也, 邦無道, 富且貴焉, 恥也.

...

14. 선생님께서 말씀하셨다. "그 직위에 있는 것이 아니면 그 직무를 논의하지 않는 것이다."

子曰: 不在其位, 不謀其政.

...

15. 선생님께서 말씀하셨다. "대사(大師) 지(摯)가 처음 임관하였을 때 관저(關雎)의 종장(終章)의 음악 소리는 성대하게 귀에 가득 차 왔다."

子曰: 師摯之始, 關雎之亂, 洋洋乎盈耳哉!

解説   대사는 대사악(大師樂), 즉 악사장(樂師長). 지(摯)는 처음에는 노나라의 대사로 있었다. 「미자」 편(제18의 9)에는 대사 지가 제・초

140

로 간 이야기가 나온다. 「관저」는 『시경』의 첫 편, 전 5장(일설 4장). 종장은 "參差荇菜, 左右芼之. 窈窕淑女, 鍾皷樂之(참차행수 좌우모지 요조숙녀 종고락지: 들쭉날쭉한 조아기, 좌우로 다듬는다. 아리따운 착한 아가씨, 종과 북을 울려 즐겁게 해 준다)." 대사 지가 노나라의 악사장으로 임관해 왔을 때에 연주한 관저의 종장을 회상하여 한 말이다.

...

16. 선생님께서 말씀하셨다. "광기를 띠면서도 고지식하지 않고, 멍청하면서도 충후(忠厚)하지 않고, 단순하면서도 신용이 없는 사람을 나는 이해할 수 없다."

子曰: 狂而不直, 侗而不愿, 悾悾而不信, 吾不知之矣.

解説　사람이 단점이 있으면 또 그것에 따르는 좋은 점이 있게 마련인데, 단점만 있고 그러한 좋은 점이 없는 것은 고의로 그렇게 구는 교사한 사람의 짓일 것이므로 공자는 이해할 수 없다고 한 것이다.

...

17. 선생님께서 말씀하셨다. "배우는 데는 미치지 못한 것같이 하고, 잃을까 두려워하는 것같이 하라."

子曰: 學如不及, 猶恐失之.

解説　공부를 열심히 할 것을 강조한 말이다. 목표한 것에 도달했어도 채 도달하지 못하며 그것에 도달하려는 것같이 기를 쓰고 공부

하고, 이미 배워서 알고 있는 것일지라도 그것을 놓칠까 두려워하는 것같이 복습을 계속하라는 것이다.

...

18. 선생님께서 말씀하셨다. "위대하도다! 순(舜)과 우(禹)는 천하를 차지하고서도 그것에 집착하지 아니하였으니."

子曰: 巍巍乎! 舜禹之有天下也而不與焉.

解説 전설에 의하면 순은 요의 선양을 받아 천자가 되었으나 널리 인재를 등용하여 나라를 잘 다스리고, 천자의 자리를 자기 자식에게 물려주는 일을 하지 않고, 그 인재들 중에서 가장 뛰어난 우에게 선양하였다. 또 우는 순의 선양을 받아 천자의 자리에 오르기는 하였으나 험한 음식을 먹고 거친 의복을 입었고, 대단치 않은 궁실에서 살며 오직 나랏일에만 정력을 기울였다. 우에 관해서는 본편의 21 참조.

...

19. 선생님께서 말씀하셨다. "대단하도다, 요(堯)의 임금됨이여. 위대하도다, '오직 하늘만이 크다'고 하지만 요의 덕만은 그것에 비할 만하니 (요의 덕은) 끝없이 넓도다. 국민들은 그것을 무엇이라 이름 짓지 못하였으니. 위대하도다, 그가 이룩한 공적이여. 빛나도다, 그가 성취한 문화여."

子曰: 大哉堯之爲君也! 巍巍乎! 唯天爲大, 唯堯則之. 蕩蕩乎! 民無能名焉, 巍巍乎! 其有成功也, 煥乎其有文章!

解説　공자는 요에게 극도의 탄사를 되풀이하여 최고도의 찬사를 아낌없이 돌렸다. 유가에서는 요가 만세에 걸친 군도의 상경(常經)을 세워 놓았다 하여 그를 천자의 표준으로 받들어 왔다. 전설에 의하면 그는 천하를 잘 다스려 태평하게 만들어 놓고는, 천하를 가장 잘 다스리리라고 믿어지는 순에게 천자의 자리를 물려주었다.

...

20. 순은 신하 다섯 사람을 가졌는데 천하가 다스려졌다. 무왕(武王)은, "나는 유능한 신하 열 사람이 있다"고 하였다. 공자께서 말씀하셨다. "'인재란 구하기 어렵다'고 하더니 과연 그렇구나. 당우(唐虞) 교체기에는 이만 인재로 태평성세를 이룩었고, (무왕의 신하 중에는) 부인이 하나 들어 있으니 아홉 사람뿐이었다. (주나라는) 천하의 3분의 2를 차지하고서 은나라에 복종하였으니, 주나라의 덕은 그야말로 지극한 덕이라 하겠다."

舜有臣五人而天下治. 武王曰: 予有亂臣十人. 孔子曰: 才難, 不其然乎? 唐虞之際, 於斯爲盛, 有婦人焉, 九人而已 三分天下有其二, 以服事殷, 周之德, 其可謂至德也已矣.

解説　순의 다섯 신하로는 보통 우(禹)·직(稷)·설(契)·고요(皋陶)·백익(伯益)을 든다. 무왕의 신하 열 사람으로는 보통 주공단(周公旦)·소공석(召公奭)·태공망(太公望)·필공(畢公)·영공(榮公)·태전(太顚)·굉요(閎夭)·산의생(散宜生)·남궁괄(南宮适)·문왕후(文王后)·태사

(太似)를 든다. 당(唐)은 요 임금의 호. 우(虞)는 순 임금의 호. 교체기라 함은 요순이 수수(授受)하던 시기를 말한다. 주나라는 본래 상나라(은 나라)의 제후국의 하나였으나 덕치를 베풀어 문왕 때에는 천하 9주 중 6주의 제후를 통합하는 실력을 가졌으나 여전히 상나라를 종주(宗主) 로 받들었다. 무왕은 상나라의 말왕(末王) 주(紂)의 포악함을 성토하고 결국 무력으로 혁명을 일으켜 천하를 차지하기에 이르렀다.

...

21. 선생님께서 말씀하셨다. "우(禹)에 관해서는 나로서는 비판할 데가 없다. 그는 간략한 음식을 먹으면서 귀신에게는 풍부한 제물을 드렸고, 평상시의 의복은 거친 것을 입으면서 제례에 쓰는 슬갑과 면류관은 훌륭한 것이었고, 거처하는 궁실은 허술하게 하고 살면서 봇도랑을 내는 데는 힘을 다하였으니, 우에 관해서는 나로서는 비판할 데가 없다."

子曰: 禹, 吾無間然矣 菲飮食而致孝乎鬼神, 惡衣服而致美乎黻冕, 卑宮室而盡力乎溝洫 禹, 吾無間然矣.

解説 우가 치수 사업에 큰 공을 세운 전설은 유명하거니와, 그와 동시에 지리를 살펴 경계를 구획하고 지질을 조사했다는 것이다. 봇도랑을 내는 것은 밭과 밭의 경계를 분명히 하고 또 배수를 좋게 하기 위한 것이다.

9. 자한(子罕)

...

**1. 선생님께서는 이익과 운명과 인자함에 관해서는 말씀하시
는 일이 드물었다.**

子罕言利與命與仁.

解説　이익이 많다는 관점에서 사물을 논하는 것이 아니라 정의
라는 관점에서 논한다. 인간의 행동이 운명에 의해 좌우된다는 것은
논의하지 않는다(이 점은 묵가에서 많이 토론되었다). 인을 명확하게 정의
하기를 피할뿐더러 당시의 인물 중에서 누구에게나 인으로 허락하기
를 주저했다. 이런 견지에서 한 말이라 하겠다. 이 장의 독법(讀法)에
관해서는 몇 가지 이설이 있다.

...

2. 달항당(達巷黨)의 사람이 "위대하도다, 공자여! 박학하면서도 그것으로 명성을 이루신 바 없으시니" 하고 말하였다. 선생님께서 이 말을 들으시고 제자들에게 말씀하셨다. "나는 무엇을 가지고 해야 하겠니? 궁술(弓術)을 가지고 할까? 나는 수레 모는 기술이나 가지고 해야 할 것이다."

達巷黨人曰: 大哉孔子! 博學而無所成名. 子聞之, 謂門弟子曰: 吾何執? 執御乎? 執射乎? 吾執御矣.

解説　　오백호(五百戶)가 당(黨)인데, 달항은 당의 이름. 그곳이 어디였는지는 알 길이 없다. 그곳의 어떤 사람이 공자를 찬미하는 말을 한 것이다. 박학하면서도 무엇을 독특하게 한 가지 잘한다는 명성을 내지 않고 있다. 이것은 다 잘한다는 뜻으로 마치 요 임금의 덕이 너무 커서 그 덕을 무엇이라 이름 짓지 못하는 예와 같다고 설명하는 사람도 있다. 이 달항당인(達巷黨人)에 관해서는 동자(『사기』 제7의 28 참조), 배우지 않고 절로 아는 항탁(『한서(漢書)』「동중서부주(董仲舒傳注)」] 등 제설이 있으나 근거가 없다. 공자는 이 말을 듣고 제자들에게 자기가 독특하게 한 가지 잘해서 명성을 올리기 위해서는 무엇을 가지고 힘을 써야 마땅한가 묻고 수레 모는 기술은 육예(六禮) 중에서도 가장 대단치 않은 것이니, 그것이나 가지고서 명성을 올린다면 올리게 될지 모르겠다는 말을 한 것이다.

...

3. 선생님께서 말씀하셨다. "삼실로 만든 관면(冠冕)이 예법 (禮法)에 맞는 것인데, 지금 명주실을 쓰는 것은 절약하기 위해서이므로, 나는 여러 사람들을 따르겠다. 당하(堂下)에서 임금께 배례하는 것이 예법에 맞는 것인데, 지금 당상(堂上)에서 배례하는 것은 교만한 짓이므로, 나는 당하에서 배례하는 데 따르겠다."

子曰: 麻冕, 禮也, 今也純, 儉, 吾從衆. 拜下, 禮也, 今拜乎上, 泰也. 雖違衆, 吾從下.

解説 삼실의 관면은 제례에 쓰는 것으로, 삼실을 내는 것이 품이 들고, 또 그것을 짜는 데도 큰 품이 들기 때문에 그 공력(功力)이 대단하다. 명주실로 하면 그 공력이 덜하므로 절약이 된다는 것이다. 절약하기 위해서 편법을 쓰는 것은 그 의의가 없지 않으므로 공자도 시속(時俗)에 따르겠다고 한 것이다. 그러나 임금에게 배례할 때 당상에서 한다는 것은 단순히 교만한 태도를 보이는 것밖에는 아무 의의도 없으므로 공자는 당하에서 배례하는 종래의 예법을 따르겠다고 한 것이다. 삼실의 관면과 명주실에 관해서는 제가(諸家)의 고증이 일정하지 않다.

...

4. 선생님께서는 전혀 안하시는 일이 네 가지 있으셨다. 즉, 억측하는 일이 없으셨고, 장담하는 일이 없으셨고, (자기 의견

만을) 고집하는 일이 없으셨고, 이기적인 일이 없으셨다.

子絶四, 毋意, 毋必, 毋固, 毋我.

解説　　무슨 일이든 확실하지 않은데 지레짐작으로 단정을 내리는 일을 하지 않는다. 자기의 언행에 있어 반드시 틀림없다고 스스로 다짐하는 일을 하지 않는다. 남의 의견이 좋을 때는 그것에 따르지, 자기의 의견만이 옳다고 고집하는 일을 하지 않는다. 매사에 자기의 편리만을 위해서 다투는 일을 하지 않는다. 이 네 가지는 공자가 절대로 하지 않았다는 것이다. 이것은 군자의 풍도와 기개라 하겠고, 또한 하기 어려운 일들이다. 그래서 제자들이 특별히 기록하여 둔 것이다.

...

5. 선생님께서 광(匡)에서 위험 속에 빠졌을 때 말씀하셨다. "문왕(文王)이 돌아가 버리고 나서는 (그가 이룩한) 문화가 나에게 전해져 있지 않느냐? 하늘이 이 문화를 없애 버리려 하였다면, (나 같은) 뒤에 죽을 사람들이 이 문화에 관계를 갖지 못하였을 것이다. 하늘이 이 문화를 없애 버리려고 하지 않는다면, 광의 사람들이 나를 어쩌겠느냐?"

子畏於匡, 曰: 文王旣沒, 文不在玆乎? 天之將喪斯文也, 後死者不得與於斯文也 天之未喪斯文也, 匡人其如予何!

解説　　춘추 시대에는 광이라는 지명이 여러 군데 있었으므로 공자가 포위당하였던 광이 어딘가는 아직 정설이 없다. 노·송·위·진의

경계에 위치한 요충이었던 것 같다. 『장자』·『한시외전(韓詩外傳)』·『사기세가(史記世家)』·『설원(設苑)』 등에 공자가 광인(匡人)에게 포위당한 이야기가 나온다. 그 이야기는 대략 다음과 같다. 노나라의 장수 양호(陽虎)가 광을 공략할 때 성을 뚫고 들어가 포악한 짓을 했다. 그때 공자의 제자 안각(顏刻)이 양호를 수행하였다. 그런데 공자의 모습이 양호와 비슷하였다. 송 간자(簡子)가 양호를 죽이려고 대기하고 있을 때 마침 공자가 광을 지나게 되었고, 또 공교롭게도 안각이 공자의 수레를 몰면서 양호와 함께 뚫고 들어갔던 성벽의 무너진 곳을 가리키며 광에 돌입하였던 일을 공자에게 이야기하였다. 그 소리를 들은 광인들은 공자가 양호인 줄 알고 무장을 하고 여러 겹으로 포위했다. 성급한 자로는 분이 나서 창을 휘두르며 내려가 싸우려 했다. 공자는 그것을 막고 "유(由)야, 인의에 어찌 그리 여유가 없느냐? 시서(詩書)를 익히지 않고, 예악(禮樂)을 강론하지 않은 것이 나의 죄다. 그러나 내가 양호가 아닌데 나를 양호로 생각하는 것은 나의 죄가 아니다. 운명이다. 노래를 부르면 내가 따라 부르겠다"라고 말했다. 자로가 노래를 부르자 공자가 그것에 맞춰 불렀다. 3절이 끝나자 무사가 들어와 "양호인 줄 알고 그랬습니다" 하고 포위를 풀었다. 또 일설에는 공자의 생김새가 양호와 같았던 것이 아니라 공자가 양호를 수행한 안각과 같이 가며 광성을 돌입하던 곳을 가리키면서 이야기하는 것이 양호임에 틀림없다고 생각하여 포위하기에 이른 것이라고도 한다. 공자의 생김새는 『사기세가』에 어떤 정나라 사람의 말로 다음과 같이 전해진다. 즉, 이마는 요 임금 같고, 목은 고요(皋陶) 같고, 어깨는 정자산(鄭子産) 같은데 허리 밑은 우 임금보다 세 치가 모자란다. 이 장의 공자의 말은 사명과 자신을 피력하여 제자들을 격려한 것이라 하겠다.

...

6. 대재(大宰)가 자공에게 물었다. "당신의 선생님이 성인이
시오? 그렇다면 어찌 그리 할 줄 아는 것이 많으시오?"

자공이 말하기를, "정말 하늘이 내놓은 큰 성인이시고 또
할 줄 아는 것이 많으십니다" 하였다. 선생님께서 이 이야기를
들으시고 하시는 말씀이 "대재가 나를 바로 아는가 보다. 내
가 젊었을 때에 미천하였으므로 대단치 않은 일을 많이 할 수
있게 된 것이다. 군자야 할 줄 아는 일이 많겠느냐, 많지 않느
니라" 하셨다.

금뢰(琴牢)가 말했다. "선생님께선 '내가 등용되지 않았기
때문에 (여가가 많아서) 잔재주가 많아지게 된 것이다'라고 말
씀하셨다."

大宰問於子貢曰: 夫子聖者與? 何其多能也? 子貢曰: 固天縱之
將聖, 又多能也. 子聞之曰: 大宰知我乎! 吾少也賤, 故多能鄙事,
君子多乎哉? 不多也. 牢曰: 子云, 吾不試, 故藝.

解説 대재는 상대부(上大夫), 오(吳)라고도 하고 송(宋)이라고도
하는데, 어느 나라의 대재였는지 확실하지 않다. 소인만이 잔재주가
많은 것으로 알려져 있었던 것이라, 대재는 그것을 가지고 공자가 성
인일 수 있겠느냐는 뜻으로 자공에게 물어본 것이다. 금뢰는 공자의
제자. 자는 자개(子開) 또는 자장(子張), 금장(琴張)으로도 불렸다. 위나

라 사람이다.

...

7. 선생님께서 말씀하셨다. "내가 지혜가 있겠는가? 지혜는 없다. 그러나 비천한 사나이가 나에게 물어보는데, 아무것도 모르면 그것을 처음부터 끝까지 철저하게 구명하여 주기는 한다."

子曰: 吾有知乎哉? 無知也. 有鄙夫問於我, 空空如也, 我叩其兩端而竭焉.

...

8. 선생님께서 말씀하셨다. "봉(鳳)이 오지 않고, 황하(黃河)에서 도판(圖版)이 나오지 않으니, 나는 다 틀렸나 보다."

子曰: 鳳鳥不至, 河不出圖, 吾已矣夫!

解説　성인이 나오면 봉황이 날아오고 하도(河圖)가 나타난다는 의미에서 한 말이다. 봉은 신령한 새로 믿었다. 전설에 의하면 순 임금 때에 날아왔고, 문왕 때에 기산(岐山)에서 울었다. 하도는 황하에서 용마가 도판을 지고 나타난 것으로, 복희(伏羲) 때의 일이다. 하도는 팔괘로 천지 만물이 변화하는 이치를 나타낸 것으로 알려지고 있다. 이러한 복희·순·문왕의 상서(祥瑞)가 나타나지 않는다는 것은 결국 자기가 이상으로 하는 정치가 자기 세대에 이룩되지 않는 것을 의미하는 것이기 때문에 절망적인 개탄을 말하기에 이른 것이라 하겠다.

...

9. 선생님께서 상복을 입은 사람과 면복을 입은 사람과 눈먼 사람을 만나시는데, 이들이 비록 연소(年少)하더라도 반드시 일어나시고, 이들이 지나가게 되면 반드시 걸음을 빨리 옮기신다.

子見齊衰者, 冕衣裳者, 與瞽者. 見之, 雖少必作, 過之必趨.

解説 상을 당한 사람을 슬퍼하고, 높은 벼슬자리에 있는 사람을 존경하고, 불구한 사람을 불쌍하게 여기는 심정의 발로라 하겠다.

...

10. 안연(顏淵)이 깊이 탄식하여 말했다. "(선생님의 도는) 우러러보면 볼수록 더욱 높이 올라가고, 뚫고 내려가면 갈수록 더욱 굳어져 들어가고, 앞에 있는 것을 보고 있자면 어느 틈에 뒤에 와 있다. 선생님께서는 사람을 차근차근 잘 유도하신다. 글로 나의 지식을 넓혀 주시고, 예(禮)로 나의 행위를 단속하여 주신다. 내가 그만두고자 해도 그만둘 수 없어, 내 재주가 다해 버리기에 이르러도, 우두커니 서 있는 것이 있는 것 같아진다. 그래서 그것을 따라가려고 하지만 따라갈 길이 없다."

顏淵喟然歎曰: 仰之彌高, 鑽之彌堅, 瞻之在前, 忽焉在後. 夫子循循然善誘人. 博我以文, 約我以禮. 欲罷不能, 既竭吾才, 如有所立卓爾. 雖欲從之, 末由也已.

解説　안회는 공자의 애제자로, 공자도 그가 "진보하는 것을 보 았을 뿐 멈추어 있는 것을 보지 못하였다"고 했을 정도로, 공자의 학 문과 인격, 이념과 실천을 비롯한 모든 면을 배우고 따라가려고 심력 을 기울였다. 안회가 자기 노력을 반성하고 그에 따르는 공자의 위대 성에 대한 새삼스러운 인식을 갖게 되어 이러한 말을 하기까지에 이른 것이라 하겠다. 안회가 공자의 도의 위대한 것에 감탄해서 한 말이 『장자』「전자방(田子方)」편에도 나온다. 우언(寓言)이라고는 하지만 참 고할 만한 가치가 없지는 않다.

...

11. 선생님께서 몹시 편찮으시자, 자로(子路)가 제자들을 시 켜 가신(家臣)이라는 방법으로 시종하게 하였다. 병환이 좀 좋 아지자, 이렇게 말씀하셨다.

"오래되었구나, 유(由)가 거짓을 행한 지가. 가신이 없는데 가신이 있는 것으로 한다면, 나는 누구를 속이자는 것이냐? 하늘을 속이자는 것이냐? 또 나는 가신의 손에 죽기보다는 차라리 너희들 제자들의 손에서 죽는 것이 나을 것이다. 또 내가 대규모의 장례를 받지 못한다손 치더라도 길에서야 죽 겠느냐."

子疾病, 子路使門人爲臣. 病間, 曰: 久矣哉, 由之行詐也. 無臣而 爲有臣. 吾誰欺? 欺天乎? 且予與其死於臣之手也, 無寧死於 二三子之手乎? 且予縱不得大葬, 予死於道路乎?

解説   자로는 우직하였으므로 한갓 공자를 높이 받들려는 일념에서, 당시 공자가 벼슬이 없어 가신을 부릴 수 없다는 점은 고려하지 않고 다만 공자가 한때 노나라의 대부로 있어 가신을 거느리고 있었던 일을 가지고 공자가 세상을 떠날 때 대부에 합당한 대규모의 장례로 모시려고 제자들에게 가신 노릇을 시킨 것이다. 공자는 병이 위독하였을 때는 그것을 살필 수 없었으나 병이 좋아지자 그것을 알게 되고 자로의 의도를 헤아려 그러한 말을 하게 된 것이다.

...

12. 자공이, "이제 아름다운 옥(玉)이 여기에 있다면, 궤 속에 넣어서 감춰 둘 것입니까? 값을 잘 아는 사람을 찾아서 팔 것입니까?" 하고 말씀 드렸다. 선생님께서 말씀하셨다. "팔아야 하고말고, 팔아야 하고말고. 나는 값을 아는 사람을 기다리는 사람이다."

子貢曰: 有美玉於斯, 韞匵而藏諸? 求善賈而沽諸? 子曰: 沽之哉, 沽之哉, 我待賈者也.

解説   예부터 군자의 덕을 옥에 비유한다. 자공은 공자가 덕이 갖추어져 있으면서 숨어 있을 것인가, 그렇지 않으면 나가서 벼슬을 하여 그 덕을 발휘할 것인가를 물어본 것이다. 공자는 적절히 등용해 주면 나가서 자기 이념에 따라 일할 사람임을 말한 것이라 하겠다. 일설에는 "팔아야 하고말고"를 '들고 다니며 팔기야 하겠느냐'로 풀이하고, 또 "나는 값을 아는 사람을 기다리는 사람이다"를 '나는 사러 오

154

는 사람을 기다려서 파는 사람이다'로 풀이하나 묻는 말에 적절한 대답이라고는 볼 수 없다.

…

13. 선생님께서는 동방의 여러 종족 사이에 사시기를 원하였다. 어떤 사람이, "누추할 터인데 어떻게 하시렵니까?" 하고 말씀드렸다. 선생님께서 말씀하셨다. "군자가 사는데 무슨 누추한 게 있겠느냐?"

子欲居九夷. 或曰: 陋, 如之何? 子曰: 君子居之, 何陋之有?

解説 제5의 6 참조. "동방의 여러 종족"은 "九夷(구이)"를 옮긴 말인데, 일설에는 한국을 가리킨 것이라고도 하고, 한국은 그 가운데의 하나라고도 한다. 그러나 여기서는 중국과 중국 이외의 종족이 사는 고장을 대조하여 말한 정도에 지나지 않는 것이므로 반드시 어느 한 특정한 장소를 지정하여 말한 것으로 볼 수는 없다. 중국에서 뜻이 이루어지지 않으므로 이민족 사이에 가서 자기의 이념대로 정치해 볼 생각까지 가져 보는 일종의 비관적인 심정의 표명이라 하겠다. 그 점을 헤아리지 않고 문화의 정도가 낮은 족속들은 누추할 것인데 어떻게 살 것이냐고 물은 것이다. 공자는 그 물음에 대해 군자가 가서 살게 되면 감화되어 누추한 것이 없게 될 것이므로 그러한 근심이 필요 없음을 말해 준 것이라 하겠다.

...

14. 선생님께서 말씀하셨다. "내가 위나라에서 노나라로 돌아온 후에 음악이 바로잡혔고, 아(雅)와 송(頌)이 올바르게 정리되었다."

子曰: 吾自衛反魯, 然後樂正, 雅頌各得其所.

解説 공자는 세상을 떠나기 5년 전에 위나라에서 노나라로 돌아왔다. 그 이전에는 노나라의 음악에는 혼란이 있었는데, 공자가 각국을 두루 다니는 동안에 얻은 지식을 가지고 정리한 것이다. 대체로 아(雅)는 궁정의 악가(樂歌), 송(頌)은 종묘의 악가라 할 수 있는데, 그 가사는 지금 전하는 『시경』에 들어 있다. 시경은 풍(風)·소아(小雅)·대아(大雅)·송(頌)으로 4대분하는데, 풍은 민간 가요를 수집한 것이다. 또 공자의 이 말은 자기가 시정한 것이 아니라, 자기가 위나라에서 돌아오기 전까지는 혼란했던 음악이 돌아와 보니 바로잡혀 있었다고 한 것으로 취할 수도 있으나, 공자가 노나라의 대사악(大師樂)을 만난 일이 있고 음악을 평한 말이 나오는 것 등으로 미루어 역시 공자가 음악을 재정리하는 데 참여하였으리라는 점은 의심하기가 힘들 것이다.

...

15. 선생님께서 말씀하셨다. "나가면 공경(公卿)을 섬기고, 들어오면 부형(父兄)을 섬기고, 상사(喪事)에는 감히 게을리 굴지 않고, 술로 말미암아 난잡해지지 않는 데는 나는 자신이 있다."

子曰: 出則事公卿, 入則事父兄, 喪事不敢不勉, 不爲酒困, 何有
於我哉?

解説 "나가면"은 제후국에 나가 벼슬살이를 함을 말한 것이고,
공(公)은 그 국군(國君), 경(卿)은 그 대신(大臣)들. 술에 관해서는 제10
의 8 참조.

...

16. 선생님이 냇가에서 말씀하셨다. "지나가는 것은 이와 같
은 것이라, 밤낮없이 멈추지 않는다."

子在川上曰: 逝者如斯夫, 不舍晝夜.

解説 시간이 흘러 묵은 것은 지나가고 새것이 오곤 하는 것이
쉴 사이 없이 되풀이되는 것을 냇물 흐르는 것에 비유해서 말한 것이
다. 제가(諸家)의 해설이 구구하다. 자기의 향상을 위해 끊임없이 노력
할 것을 권면한 말로 보는 설도 있다.

...

17. 선생님께서 말씀하셨다. "나는 여태껏 덕을 닦기 좋아하
는 것을 여색(女色)을 좋아하는 것같이 하는 사람을 구경하지
못하였다."

子曰: 吾未見好德如好色者也.

...

18. 선생님께서 말씀하셨다. "이를테면 산을 쌓아올리는 데한 삼태기의 흙이 모자라서 완성을 보지 못하였다 해도, 그일을 그만두었으면 자기가 그만둔 것이다. 이를테면 땅을 고르는 데 한 삼태기의 흙을 부어 놓았다 해도, 그 일을 진척시켰으면, 그것은 자기가 진척시킨 것이다."

子曰: 譬如爲山, 未成一簣, 止, 吾止也 譬如平地, 雖覆一簣, 進, 吾往也.

...

19. 선생님께서 말씀하셨다. "일러 주어서 그것을 받들기를게을리하지 않은 사람은 회(回)일 게다."

子曰: 語之而不惰者, 其回也與.

...

20. 선생님께서 안연(顏淵)에 대해 말씀하셨다. "아깝다. 나는 그가 앞으로 나아가는 것을 보았지 멈추어 있는 것은 보지 못하였다."

子謂顏淵曰: 惜乎! 吾見其進也, 未見其止也.

解説   공자는 안회가 늘 자기 향상을 위해 꾸준히 노력하고, 그노력을 중단하지 않았던 일을 회상하여 그가 일찍 죽은 것을 애석해한 것이다.

...

21. 선생님께서 말씀하셨다. "싹이 돋고서 꽃을 피워 내지 않는 경우도 있고, 꽃을 피워 내고서 열매를 맺지 않는 경우도 있다."

子曰: 苗而不秀者, 有矣夫, 秀而不實者, 有矣夫.

...

22. 선생님께서 말씀하셨다. "젊은 사람들은 무섭다. 앞날이 지금만 못하리라고야 어찌 알겠는가? 그러나 40, 50이 되어도 이름이 알려지지 않는다면 그러한 사람은 또 무서울 게 없다."

子曰: 後生可畏, 焉知來者之不如今也? 四十五十而無聞焉, 斯亦不足畏也已.

...

23. 선생님께서 말씀하셨다. "바른 말을 따르지 않을 수 있으랴마는 그 말에 따라 그릇된 것을 고치는 것이 중요하다. 부드럽게 타이르는 말을 기뻐하지 않을 수 있으랴마는 그 말의 참뜻을 찾아내는 것이 중요하다. 기뻐하면서도 참뜻을 찾아내지 않고, 따르면서도 그릇된 것을 고치지 않는다면 나로서는 그러한 사람을 어찌해 볼 수 없다."

子曰: 法語之言, 能無從乎, 改之爲貴. 巽與之言, 能無說乎, 繹之爲貴. 說而不繹, 從而不改, 吾末如之何也已矣.

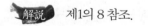 바른말을 해 주고 부드러운 말로 타일러 주어도, 눈앞에서만 지당한 듯이 행동하다가 돌아서서는 안 들었을 때와 마찬가지로 된다면, 아무리 말해 주고 타일러 주어도 그것은 부질없는 수고다. '바른말'은 "法語之言(법어지언)"을 옮긴 것인데, 법어는 『장자』 등에 나오는 법언(法言)과 같고, 그것을 일종의 정도(正道)를 가르치는 책으로 보는 학자도 있다. "부드럽게 타이르는 말"은 "巽與之言(손여지언)"을 옮긴 것인데, '손여' 역시 일종의 도의(道義)를 풀이한 책으로 보는 학자도 있다.

…

24. 선생님께서 말씀하셨다. "충성과 신용을 주로 하고, 자기만 못한 사람을 벗으로 사귀지 말고, 과오를 저지르면 그것을 고치기를 꺼려하지 말라."

子曰: 主忠信, 毋友不如己者, 過則勿憚改.

解說 제1의 8 참조.

…

25. 선생님께서 말씀하셨다. "삼군(三軍)에서 그 장수를 빼앗을 수는 있을 것이나, 한 사나이한테서 그 지조를 빼앗을 수는 없을 것이다."

子曰: 三軍可奪帥也, 匹夫不可奪志也.

...

26. 선생님께서 말씀하셨다. "해진 베 부스러기를 두어 만든 두루마기를 입고서 여우나 담비 털옷을 입은 사람과 함께 서서도 부끄러워하지 않을 사람은 유(由)일 게다."

"해치지도 않고 탐내어 달라지도 않거니와 무엇 때문에 나쁘다는 건가?"

자로는 이 두 문구를 평생을 두고 되풀이 외울 기세였다. 선생님께서 말씀하셨다. "그 두 문구가 무엇이 그리 대단할 게 있겠느냐?"

子曰: 衣敝縕袍, 與衣狐貉者立而不恥者, 其由也與? '不忮不求, 何用不臧?' 子路終身誦之. 子曰: 是道也, 何足以臧?

 중유(仲由), 자는 자로. 자로는 평생의 교훈으로 삼기 위해서 그 시구를 외울 작정을 한 것을, 그보다 더 좋은 것이 있는데 무엇하러 그런 것을 평생을 두고 외우려고 하느냐고 일러 준 것이다. 이 시구는 『시경』 「패풍(邶風)」 웅치편(雄雉篇) 제4장 제3~4구.

...

27. 선생님께서 말씀하셨다. "날씨가 추워진 연후에 소나무와 전나무가 더디 조락한다는 것을 알게 된다."

子曰: 歲寒, 然後知松柏之後彫也.

 "더디 조락한다"를 '조락하지 않는다'로 보는 설도 있다.

...

28. 선생님께서 말씀하셨다. "지혜로운 사람은 당황하지 않고, 인자한 사람은 근심하지 않고, 용기 있는 사람은 두려워하지 않는다."

子曰: 知者不惑, 仁者不憂, 勇者不懼.

...

29. 선생님께서 말씀하셨다. "함께한 자리에서 공부할 수 있다 하여도 그것만으로는 함께 도를 지향해 나갈 수는 없는 것이고, 함께 도를 지향해 나갈 수 있다 해도 그것만으로는 함께 해 나갈 수 없는 것이고, 함께 해 나갈 수 있다 해도 그것만으로는 함께 일의 경중에 따라 임기응변하여 나갈 수는 없는 것이다."

子曰: 可與共學, 未可與適道 可與適道, 未可與立 可與立, 未可與權.

解説　"함께 해 나간다" 함은 공자의 시대로 말하면 벼슬을 살며 이념에 따라 남을 위해 일하는 것이라 하겠다.

...

30. "산앵두나무의 꽃은 그냥 되돌아가기만 한다. 어찌 그대를 생각하지 않겠소마는 그대의 집이 멀리 떨어져 있소이다."
선생님께서 말씀하셨다. "그를 생각하지 않은 것이다. (진정으로 생각한다면) 먼 데가 어디 있겠는가!"

'唐棣之華, 偏其反而. 豈不爾思, 室是遠而.' 子曰: 未之思也, 夫
何遠之有!

解說　"산앵두나무" 4구는 『시경』에는 실려 있지 않은 이른바 일
시(逸詩). 공자는 이 시에 표백된 애정이 진정하지 않은 점을 지적하여,
마치 진정으로 사랑한다면 먼 것이 문제가 안 되는 것같이, 인을 진정
으로 지향한다면 요원하다고 생각되기 쉬운 인은 의외로 수월하게 얻
을 수 있음을 말한 것이라 하겠다. 29와 30을 한 장으로 다루는 학자
도 있으나 옳다고 할 수 없다.

10. 향당(鄕黨)

구설(舊說)에 따르면 「향당」은 전체가 1장으로 되어 있는데, 17·18·19 등 여러 단(段)으로 분절하여 풀이하는 것이 보통이다. 여기서는 19장으로 나누기로 하였다. 공자의 행동거지를 기록한 것인데, 기록자의 관찰이 경탄할 만큼 세밀하다.

   ...

1. 공자께서 향리에 계실 때에는 공손해서 말할 줄 모르는 사람 같으셨고, 종묘와 조정에 계실 때에는 잘 따져서 말씀하셨으며 다만 조심하시기는 하셨다.

孔子於鄕黨, 恂恂如也, 似不能言者. 其在宗廟朝廷, 便便言, 唯謹爾.

 『사기』「공자세가」에 의하면 공자는 노나라 창평향 추읍,

즉 지금의 산둥 성 추현 북부에서 태어났다. 또 공자의 선조가 송나라 사람이었고, 공자도 송나라에서 상당히 오랫동안 머물러 있었다. 따라서 공자의 향리라 하면 노나라, 송나라 두 군데의 거처하던 곳을 의미한다고 볼 수 있다.

...

2. 조회 때에 하대부와 말씀하시는 것은 화락(和樂)하셨고, 상대부와 말씀하시는 것은 고지식하셨다. 임금님이 계시면 태도가 공경스러우셨으며 굽죽하게 굴지 않으셨다.

朝, 與下大夫言, 侃侃如也, 與上大夫言, 誾誾如也. 君在, 踧踖如也, 與與如也.

解説 제후국에는 경(卿)·대부(大夫)·사(士)가 있는데, 그것이 또 상·중·하로 삼분되어 아홉 계급이 된다. 공자는 노나라에서 하대부가 맡는 직책인 사구(司寇)의 벼슬을 지녔으므로 동렬(同列)인 하대부와의 이야기는 화락한 태도로 하였고, 상렬(上列)인 상대부와는 해학(諧謔)이 없이 고지식하게 하였던 것이다. 임금이 조회에 나와 있을 적에 공경스럽다 함은 임금을 존경하는 마음으로 조심스러운 태도로 임하는 것을 말하는 것인데, 그렇다고 행동에 있어 자신이 없는 것같이 또는 겁내는 것같이 허둥지둥하지는 않았다는 것이다.

...

3. 임금님이 부르셔서 내빈의 접대를 명하시면, 얼굴빛이 달

라지시고 발걸음이 빨라지셨다. 함께 서 있는 내빈에게 읍하실 때에는, (왼쪽에 있는 주객의 수행원에게는) 손을 왼쪽으로 돌려서 하시고, (바른쪽에 있는 주객에게는) 바른쪽으로 돌려서 하셨는데, 조복의 앞뒤 자락이 가지런히 움직였다. 종종걸음으로 나가실 적에는 동작이 단정하셨다. 내빈이 물러가면 반드시, "손님은 더 돌아보지 않았습니다" 하고 복명하셨다.

君召使擯, 色勃如也, 足躩如也. 揖所與立, 左右手, 衣前後, 襜如也. 趨進, 翼如也. 賓退, 必復命曰: 賓不顧矣.

解説　임금의 명령을 공경스럽게 받드는 마음이 얼굴에 나타나므로 얼굴빛이 달라지고, 군명(君命)은 지체 없이 수행해야 하므로 발걸음이 빨라지는 것이다. 좌우로 읍하는 상대는 동료라는 설도 있다.

...

4. 대궐 문을 들어가실 때에는 몸을 굽히는 것이 마치 문이 작아서 그러시는 것 같으셨고, 멈추었을 경우에는 문 가운데는 피하셨고, 가실 때에는 문지방을 밟지 않으셨다. 임금님이 나와서 서시는 자리를 지나가실 때에는 얼굴빛이 달라지시고, 발걸음이 빨라지시고, 말씀은 마치 말씀이 모자라시는 것같이 하셨다. 옷자락을 잡으시고 대청에 오르시는데, 몸을 굽히시고, 숨은 쉬지 않으시는 것같이 멈추셨다. 나오실 때에는 층계를 한 단(段) 내려오셔서 얼굴빛을 풀으셨는데 기꺼우신 것 같으셨다. 층계를 다 내려오셔서 종종걸음으로 나가실

때에는 동작이 단정하셨다. 본래의 자리로 돌아가셔서는 태도가 공경스러우셨다.

入公門, 鞠躬如也, 如不容, 立不中門, 行不履閾. 過位, 色勃如也, 足躩如也, 其言似不足者. 攝齊升堂, 鞠躬如也, 屏氣似不息者. 出, 降一等, 逞顏色, 怡怡如也. 沒階, 趨進, 翼如也, 復其位, 踧踖如也.

...

5. 규(圭)를 잡고 계시면 몸을 굽히시어 그것을 못 이기시는 것같이 하셨다. 그것을 올리시는 것은 읍하시는 정도로 하시고, 내리실 때는 물건을 내주실 때 정도로 하시는데, 두려워하시는 것 같은 얼굴빛으로 변하시고, 발은 뒤꿈치로 옮겨 가시는데 무엇인가를 더듬어 가시는 것같이 하셨다. 정식 연회 석상에서는 점잖은 기색을, 사적인 면회엔 즐거운 기색을 보이셨다.

執圭, 鞠躬如也, 如不勝. 上如揖, 下如授, 勃如戰色, 足蹜蹜如有循. 享禮, 有容色. 私覿, 愉愉如也.

解説 이것은 공자가 다른 나라에 파견되어 가서 그 나라 국군을 정식으로 만날 때에 한 의례를 쓴 것. 규(圭)는 국군의 위임을 상징하는 것으로 다른 나라에 사신을 보낼 때에 가지고 가게 하는 예기(禮器). 사람의 형상으로 만든 7척 길이의 옥이다.

...

6. 군자는 곤색과 주홍빛으로 깃을 달지 않고, 붉은빛과 자줏
빛으로는 평복을 만들지 않는다. 더운 철에는 가는 갈포와 거
친 갈포의 홑옷을 반드시 맨 위에 입는다. 검정 옷에는 (검정)
염소 갖옷이고, 흰 옷에는 어린 사슴 갖옷이고, 누런 옷에는
여우 갖옷이다. 평소에 입는 갖옷은 긴데, 오른쪽 소매를 짧
게 만든다. 잘 때에는 반드시 잠옷을 입는데, 그 길이가 키의
한 배 반이다. 여우와 담비의 두꺼운 털옷은 집에서 입는다.
상(喪)을 벗으면 무슨 패옥(佩玉)이나 다 찬다. 조회나 제사
때 입는 것이 아니면 아래옷(치마)은 (주름을 잡지 않고) 엇 잘
라서 해 입는다. 검정 염소 갖옷에 검정 갓으로는 조상(弔喪)
을 가지 않는다. 매달 초하룻날에는 반드시 조복을 입고 조회
에 나간다.

君子不以紺緅飾, 紅紫不以爲褻服. 當署, 袗絺綌, 必表而出之.
緇衣, 羔裘. 素衣麑裘. 黃衣狐裘. 褻裘長, 短右袂. 必有寢衣, 長
一身有半. 狐貉之厚以居. 去喪, 無所不佩. 非帷裳, 必殺之. 羔裘
玄冠, 不以弔. 吉月, 必朝服而朝.

解説　군자는 공자를 가리킨다고 보는 것이 통설이다. 어떤 학자
는 "군자"는 '공자의 오기(誤記)라고 까지 주장하기도 한다. 속에 입는
옷의 빛깔과 갖옷의 빛깔을 맞춰 입었는데, 이것은 외출할 때이고, 평
소에 입는 갖옷은 따뜻하게 길게 만들고 오른쪽의 활동 따위가 자유
스럽도록 오른손 소매를 짧게 한 것이다. 고대의 복제(服制)에는 각띠

가 있는데, 상중(喪中)이 아니면 반드시 패옥(佩玉)을 달았다. 또 남자
도 앞치마 같은 아래옷을 입었는데, 조복 내지 제복이 아니면 밑단이
허리의 두 배 길이가 되도록 옆단은 엇 잘라서 만들었다는 것이다. 길
복(吉服)에 검정 빛깔을 쓰기 때문에 조문하러 갈 때는 검정빛의 차림
으로는 가지 않았다는 것이다.

...

7. 재계(齋戒)하실 때에는 반드시 목욕옷을 가지셨는데, 갈포
로 만드셨다. 재계하실 때에는 반드시 음식은 평소의 것과는
달리 하시고, 앉으시는 자리도 바꾸셨다.

齊, 必有明衣, 布. 齊必變食, 居必遷坐.

解説　　재계는 몸과 마음을 깨끗이 하여 제사에 참례하기 위한
준비로 정성이 신명에 통하도록 하기 위한 것이라고 설명되어 왔다.

...

8. 밥은 부드러운 것을 싫어하지 않으셨고, 회는 가늘에 썬 것
을 싫어하지 않으셨다. 밥이 쉬어서 맛과 빛이 변한 것, 생선
이 뭉그러지고 고기가 썩은 것은 잡수시지 않으셨고, 빛깔이
나쁜 것은 잡수시지 않으셨고, 냄새가 나쁜 것은 잡수시지 않
으셨고, 알맞게 익혀지지 않은 것은 잡수시지 않으셨고, 제
철의 과일이 아니면 잡수시지 않으셨고, 고기 썬 것이 반듯하
지 않으면 잡수시지 않으셨고, 맞는 장(醬)이 없으면 잡수시

지 않으셨다. 고기를 많이 잡수신다 하더라도 밥 기운을 누를 만큼까지는 잡수시지 않으셨다. 술만은 일정한 양이 없었으나 난잡해질 때까지 이르지 않으셨다. 받아온 술과 사 온 육포는 잡수시지 않으셨고, 생강 잡수시는 일은 계속하였으나 많이 잡수시지는 않으셨다. 나라의 제사에 참례한 후에 받아오신 고기는 밤을 넘기지 않으셨다. 집안 제사에 쓴 고기는 사흘을 넘기지 않으셨고, 사흘이 넘으면 잡수시지 않으셨다. 잡수실 때에는 이야기하시지 않으셨고, 잠자리에 들어서는 말씀을 안 하셨다. 거친 밥에 채소 국이라 할지라도 반드시 제식(祭食)하시는 데 그 태도가 경건하셨다.

食不厭精, 膾不厭細. 食饐而餲, 魚餒而肉敗不食, 色惡不食, 臭惡不食. 失飪不食, 不時不食, 割不正不食, 不得其醬不食, 肉雖多, 不使勝食氣. 唯酒無量, 不及亂. 沽酒市脯不食, 不撤薑食, 不多食. 祭於公, 不宿肉. 祭肉不出三日, 出三日, 不食之矣. 食不語, 寢不言. 雖疏食菜羹瓜祭, 必齊如也.

解説　공자의 조상은 송나라 사람인데, 송나라는 술을 좋아하는 상나라의 후예다. 그래서인지 공자는 술만은 정량 없이 들었다. 다만 사리를 분별하지 못하고 난잡하게 굴지 않을 정도로 음주를 조절하였다는 것이다. 생강은 일종의 자극제로 당시로서는 기호물에 속했다. 제식은 음식을 처음 만든 사람에게 경의를 표하는 형식으로 식사 때에 상에 오른 음식을 약간씩 떠 놓는다. 이 장은 이설이 있는 곳이 몇 군데 있으나 소개는 생략하기로 한다.

...

9. 자리가 바로 깔려 있지 않으면 앉으시지 않으셨다.

席不正不坐.

...

10. 향리(鄕里)의 사람들과 술을 드실 때에는 지팡이를 짚은 노인이 나가면 그제야 나가셨다. 향리의 사람들이 나례(儺禮)를 지내면, 조복을 입으시고 동쪽 층계에 서셨다.

鄕人飮酒, 杖者出, 斯出矣. 鄕人儺, 朝服而立於阼階.

解説　나례는 연말에 집에서 역귀를 몰아내기 위한 고례의 하나인데, 방상씨(方相氏)를 비롯한 험상스러운 가면·가장을 하고 괴상한 동작을 하며 집 안의 역귀를 구축하는 시늉을 하는 연극에 가까운 행사다. 그러나 공자는 대부였으므로 나례가 행해지는 장소의 동쪽 층계에 서 있었던 것이다.

...

11. 다른 나라에 있는 사람에게 안부를 전할 때에는 가는 사람에게 두 번 엎드려 절하고 보내셨다.

問人於他邦, 再拜而送之.

...

12. 계강자가 약(藥)을 내리자 엎드려 절하시고, 그것을 받으

시며 말씀하셨다. "저는 모르겠으므로 감히 맛을 볼 수 없습니다."

康子饋藥, 拜而受之. 曰: 丘未達, 不敢嘗.

解説 계강자는 노나라 권문인 계가(季家)의 장(長). 제2의 20 참조. 고례에는 음식을 내리면 받아 맛을 보는 것이나, 그것이 약이므로 맛보는 예를 행할 수 없었기 때문에 그렇게 말한 것이다.

　…

13. 마구간에 불이 났었는데, 선생님께서 퇴근하셔서, "사람이 다쳤느냐?" 하고 말씀하시고 말은 물어보지 않으셨다.

廏焚. 子退朝, 曰: 傷人乎? 不問馬.

　…

14. 임금님께서 음식을 내리시면 반드시 자리를 바로 깔고 먼저 그 맛을 보셨다. 임금님께서 날고기를 내리시면 반드시 그것을 익혀서 제물(祭物)로 올렸다. 임금님께서 산 짐승을 내리시면 반드시 기르셨다. 임금님을 모시고 식사를 할 때에는 임금님께서 제식(祭食)하는 동안 먼저 진지를 드셨다. 병환 중에 임금님께서 문병 오시면 머리를 동쪽으로 두시고 조복을 덮으시고 띠 자락을 늘어 놓으셨다. 임금님께서 오라고 명령하시면 수레가 준비되는 것을 기다리지 않으시고 떠나셨다.

君賜食, 必正席先嘗之. 君賜腥, 必熟而薦之, 君賜生, 必畜之. 侍

172

食於君, 君祭先飯. 疾, 君視之, 東首, 加朝服, 拖紳. 君命召, 不俟

駕行矣.

 익힌 음식이 하사되면 조상에게 제물로 올리지 않고, 날고

기인 경우에는 익혀서 제물로 올렸다. 임금이 제(祭)하는 동안에 먼저

밥을 뜨는 것은 임금이 식사를 하기 전에 임금을 위해 먼저 음식을 맛

보아 주는 것이다. 임금이 부르면 우선 떠나고 뒤따라오는 수레를 타

고 간다는 것이다.

...

15. 태묘(太廟)에 들어가셔서는 매사(每事)를 물곤 하셨다.

入太廟, 每事問.

 제3의 15 참조.

...

16. 벗이 죽었는데 그를 치워 줄 친척이 없으면, "내 집에서 염

을 해야지" 하고 말씀하셨다. 벗들이 보내 주는 물건은 그것

이 수레나 말이라 할지라도, 제사에 썼던 고기 이외에는 엎드

려 절하시지 않으셨다.

朋友死, 無所歸, 曰: 於我殯. 朋友之饋, 雖車馬, 非祭肉, 不拜.

解説 사람이 죽으면 염을 해서 관에 넣어 일정한 장소에 두었다

가 매장한다. 여기서 벗이라 함은 막역한 친우를 말하는 것이고, 안면이 있어 서로 왕래하는 정도의 사람은 아니다. 벗이 자기 집에 와 있다가 죽었는데 돌려보낼 곳이 없으면 자기 집에서 염을 해야 한다고 말한 것으로 보는 설도 있다. 벗은 유무를 상통하는 정의(情誼)가 있으므로 보내온 물건이 아무리 큰 것이라 하여도 엎드려 절하는 일은 하지 않으나, 벗이 제사를 지내고 제물로 차려 놓았던 고기를 보내오면 벗의 조상을 자기 조상과 마찬가지로 높이는 뜻에서 엎드려 절한 것이다.

...

17. 주무실 때에는 시체같이 누우시지 않으셨고, 댁에 계실 때에는 엄숙한 얼굴을 짓지 않으셨다. 복(服)을 입은 사람을 만나면 비록 친밀한 사이라 할지라도 반드시 태도를 바꾸시고 대하셨다. 면복을 입은 사람과 앞 못 보는 사람을 만나시면 비록 자주 만나시는 처지라 할지라도 반드시 예모를 갖추시고 대하셨다. 거상(居喪)을 입은 사람에게는 상반신을 굽히셨다. 도판(圖版)을 진 사람에게는 상반신을 굽히셨다. 성찬(盛饌)이 나오면 반드시 얼굴빛을 바꾸고 일어나셨다. 급작스럽게 천둥이 치거나 바람이 세게 불면 반드시 태도를 고쳤다.

寢不尸, 居不容. 見齊衰者, 雖狎必變. 見冕者與瞽者, 雖褻必以貌. 凶服者式之. 式負版者. 有盛饌, 必變色而作. 迅雷風烈必變.

 "엄숙한 얼굴을 짓지 않으셨다"가 '손님같이 굴지 않으셨다'로 된 문장도 있다. 뜻에는 큰 차이가 없다. 복을 입은 사람은 가까운 친척을 잃은 사람이고, 거상을 입은 사람은 부모를 잃은 사람이다. 면복을 입은 사람은 백성을 다스리는 그의 직책을 존경하는 뜻에서, 눈먼 사람은 그의 불구함을 연민하는 뜻에서 예모를 갖추고 대한 것이다. 도판은 그 고장의 지도와 호적으로 그것을 지고 가는 사람에게 허리를 굽히는 것은 국토와 국민을 존중하는 뜻의 표현이고, 성찬이 나오면 얼굴빛을 바꾸고 일어서는 것은 주인에 대한 경의의 표시라 하겠다.

...

18. 수레에 오르실 때에는 반드시 그 앞에 똑바로 서서 손잡이를 잡으셨다. 그리고 수레 안에서는 뒤를 돌아다보시지 않으셨고, 말씀을 빨리 하시지도 않으셨고, 직접 손가락질하시는 일이 없으셨다.

升車, 必正立, 執綏. 車中不內顧, 不疾言, 不親指.

解說　옛날에는 수레에 올라탈 때에 탈 사람이 수레 앞에 서면 수레를 모는 사람이 손잡이를 내주어 그것을 잡고 올라탔다.

...

19. 꿩이 기색이 험한 것을 보고 이내 날아 올라가 빙빙 돌다가 내려앉았다. "산마루의 까투리는 때를 아는구나, 때를 아는구나" 하고 말씀하셨다. 자로가 함께 구경을 하자 꿩은 세

번 냄새를 맡아 보고는 날아가 버렸다.

色斯擧矣, 翔而後集. 曰: 山梁雌雉, 時哉時哉! 子路共之, 三嗅
而作.

解説　이 장에 관해서는 각가(各家)의 해석이 구구하여 종잡을
수 없다. 여기서는 서영(徐英)의 설에 따랐다. 공자는 꿩이 때와 장소를
가려서 거취를 작정하는 데 민감한 점에 감탄하여 그러한 말을 하게
되었다. 그 말을 듣고 자로가 꿩을 구경하러 나서자 꿩은 그 주변의 모
이를 살피느라고 세 번 냄새를 맡는 것같이 하더니 역시 위험을 느끼
고 날아가 버렸다는 것이다.

11. 선진(先進)

...

1. 선생님께서 말씀하셨다. "'예(禮)와 악(樂)을 벼슬하기 전
에 먼저 습득하는 것은 평민들이고, 예와 악을 벼슬을 얻은
후에 습득하는 것은 군자들이다'라고 하지만, 만약에 인물을
등용한다면 나는 예악을 먼저 습득하는 쪽에 따르겠다."

子曰: 先進於禮樂, 野人也, 後進於禮樂, 君子也. 如用之, 則吾
從先進.

解説 이 장의 해설은 구구하고 본지(本旨)를 파악하기 힘든 것
으로 알려져 있다. 여기에서는 청(淸)의 유보남(劉寶楠)의 설을 따랐다.
공자 당시에는 각국에서 작록(爵祿)을 세습하는 법이 행해져서 문음
(門蔭)으로 예악(禮樂)의 수련이 되기 전에 벼슬을 얻을 수 있었다. 그
래서 벼슬을 얻은 후에 예악을 배워야 했다. 그렇게 할 수 있는 사람

들은 당시의 상류 계급에 속하여 있었으므로 군자라고 한 것이다. 여기에 쓰인 군자라는 말은 결코 지덕이 겸비한 인격자를 가리키는 것이 아니다. 이와 반대로 평민들은 예악의 수련이 끝난 후 인재로서 인정되어야 비로소 벼슬을 얻게 된다. 그런데 그것은 고대의 인물 등용 방법이었고, 인재를 등용하는 좋은 길이었으므로 공자는 먼저 예악을 수련하고 나서 벼슬을 얻는 쪽을 지지한 것이다. 공자의 제자들 중에는 선진(先進)·후진(後進)이 다 있었다.

...

2-1. 선생님께서 말씀하셨다. "진나라와 채나라에서 나를 따라다니던 사람들은 다 벼슬자리를 얻지 못했던 사람들이었다."

子曰: 從我於陳蔡者, 皆不及門也.

解説 공자는 노(魯) 애공(哀公) 4년(기원전 491년)에 진나라에서 채로 갔는데, 그때부터 2년 후에(기원전 489년) 오나라가 진나라를 공격했다. 초나라가 진나라를 구해 주러 와서 공자를 초빙했다. 그 초빙에 응하기 위해 움직이다가 채나라에서 진나라로 가는 도중에 양곡이 떨어져 극심한 고생을 하였다. 이때에 공자를 따라다니던 제자들의 수는 상당히 많았겠으나, 지금으로서는 안연·자공·자로·재여 등 몇 사람 이외에는 알 길이 없다. 이들 가운데는 진·채 양국에서 벼슬을 하던 사람이 없어 곤경에 빠져서도 그것을 타개할 길이 막막하였던 것을 공자가 회상하여 말한 것이다. 『맹자』·『장자』 등에도 여러 곳

에 공자의 진채지액(陳蔡之厄)이 언급되어 있다. 이 공자의 말을 주희는 공자가 노나라에 돌아와 제자들을 가르칠 때에 진·채에서 수종하였던 제자들이 자기 문하에 같이 있지 않아서 그들을 생각해서 말한 것이라 풀이했다. 맹자 등의 말을 보면 진·채에서 벼슬한 사람이 없어서 고생하였던 일을 회상한 말임이 분명해진다.

...

2-2 덕행(德行)으로 뛰어났던 제자들은 안연(顏淵)·민자건(閔子騫)·염백우(冉伯牛) 및 중궁(仲弓)이었고, 언어로 뛰어났던 제자들은 재아(宰我)와 자공(子貢)이었고, 정사(政事)로 뛰어났던 제자들은 염유(冉有)와 계로(季路)였고, 문학으로 뛰어났던 제자들은 자유(子游)와 자하(子夏)였다.

德行, 顏淵·閔子騫·冉伯牛·仲弓, 言語, 宰我·子貢. 政事, 冉有·季路, 文學, 子游·子夏.

解説 집주본(集注本)에는 앞 절과 합쳐서 1장으로 되어 있는데, 본래는 독립된 기록이었음이 분명하다. 이 절은 공자의 말이 아니고 단순히 제자들이 공문(孔門) 제자 중에 뛰어난 인물들을 4과로 구분하여 기록한 것이다(공자가 제자를 언급할 때는 반드시 그 이름을 쓰지 자를 쓰지 않았다). 이것이 이른바 공문 4과(孔門四科)다. 언어는 말을 재치 있게 잘하고 글을 잘 짓는 것을 겸한 것이고, 문학은 현대의 문학이라는 관념과 다르고, 주로 전적(典籍)의 연구와 이해라는 지금 말하는 학문 일반을 가리키는 말에 가깝다.

...

3. 선생님께서 말씀하셨다. "회(回)는 나에게 도움을 주는 사람은 아니었다. 내가 한 말치고 기뻐서 받아들이지 않은 것이라고는 없었으니."

子曰: 回也, 非助我者也, 於吾言無所不說.

解説　안회는 공자의 말을 모두 깊이 이해하고 희열을 느낄 수 있어, 반문 또는 힐난하여 공자로 하여금 새로운 경지를 개척할 기연(機緣)을 만들게 할 필요조차 없을 정도였다는 것이다.

...

4. 선생님께서 말씀하셨다. "'효성스럽도다, 민자건(閔子騫)이여'라고 하니 남이 그의 부모와 형제의 말에 이의를 달지 않은 것이다."

子曰: 孝哉閔子騫! 人不間於其父母昆弟之言.

解説　민손(閔損)의 자가 자건(子騫)이다. 공자는 제자를 말할 때에는 반드시 이름을 부르고 자를 부르지 않는데, 여기서 손(損)이라 하지 않고 민자건이라 하여 성과 자를 쓴 것은 민손의 효를 찬탄하는 일반의 말을 공자가 그대로 옮겨 놓은 것이라 하겠다. 송본(宋本)『한시외전(韓詩外傳)』,『당본설원(唐本說苑)』,『예문류취(藝文類聚)』,『논어혹문(論語或問)』 등에 민자건의 효에 관한 이야기가 보인다. 그 이야기를 종합해 보면 대체로 다음과 같다. 민자건은 어려서 모친을 잃었다.

그의 부친은 후실을 얻어 다시 아들 둘을 얻었는데, 계모는 자건을 미워하여 갈꽃으로 옷을 해 입는 등 박대하였다. 어느 추운 날 자건이 그의 부친을 모시고 수레를 몰고 가다가 고삐를 놓쳤다. 그의 부친이 자건의 손을 잡아 보니 형편없이 얇은 토시를 끼고 있었다. 그의 부친은 곧 집으로 돌아가 후실 자식들을 불러서 그들의 손을 잡아 보았는데, 두껍고 따뜻한 토시를 끼고 있었으므로 후실에게 "내가 너를 데려온 것은 내 자식을 위해서였는데, 이제 네가 나를 속였으니 당장 나가라"고 말하였다. 자건이 그의 부친 앞에 나와서 "어머님이 계시면 한 아들만이 홑옷을 입으면 되지만 어머님이 나가시면 세 아들이 춥게 살게 됩니다" 하고 말했다. 그의 부친은 그 말이 착해서 계모를 내보내지 않았다. 그의 계모는 자기의 잘못을 뉘우쳐 그 후부터는 세 아들을 똑같이 키워 마침내는 자애로운 모친이 되었다는 것이다. 공자는 자건의 부모 형제가 그의 효성을 말했을 때 남들이 그것에 이의를 제기하는 일 없이 그대로 믿을 수 있었음을 말한 것이라 하겠다.

...

5. 남용(南容)이 백규장(白圭章)을 되풀이 외우자 공자께서는
자기 형의 딸을 그의 아내로 주셨다.

南容三復白圭, 孔子以其兄之子妻之.

解說 공자가 남용을 자기의 조카사위로 삼은 것에 관해서는 제5의 1참조. 백규장은 『시경』 「대아(大雅)」 억(抑)의 제5장. 그 끝의 4구 "白圭之玷 尙可磨也 斯言之玷 不可爲也(백규지점 상가마야 사언지점 불

가위야: 흰 옥홀에 있는 흠은 그래도 갈아 없앨 수 있으나, 이 말이란 것의 흠은 그렇게 할 수 없다)" 이것을 매일같이 되풀이 외우는 것은 말을 삼가기 위해 스스로를 경계하는 것으로, 그것을 통해 믿을 수 있는 인물임을 확신하고 조카딸을 그의 아내로 내주기까지 이른 것이다.

...

6. 계강자(季康子)가 제자들 중에서 누가 배우기를 좋아하는가를 묻자 공자께서 대답하셨다. "안회라는 사람이 있었는데, 배우기를 좋아하였지만 불행하게 단명하여 죽어 버렸습니다. 지금은 없습니다."

季康子問弟子孰爲好學. 孔子對曰: 有顔回者好學, 不幸短命死矣, 今也則亡.

 계강자에 관해서는 제2의 20 참조.

...

7. 안연(顔淵)이 죽자 안로(顔路)가 선생님의 수레로 덧관을 마련하고자 청하니 선생님께서 말씀하셨다. "잘났든 못났든 간에 각각 자기 자식을 이야기하는 것이요마는, 이(鯉)가 죽어서는 관(棺)만 쓰고 덧관은 쓰지 않았소이다. 수레로 덧관을 마련하고 걸어 다니지는 않겠소이다. 나는 대부(大夫)의 뒤를 따라가기 때문에 걸어갈 수는 없소이다."

顔淵死, 顔路請子之車以爲之槨. 子曰: 才不才, 亦各言其子也.

鯉也死, 有棺而無槨. 吾不徒行以爲之槨. 以吾從大夫之後, 不
可徒行也.

解説 안로는 안연의 부친. 공자의 수레를 처분하여 안회의 덧관
을 마련하도록 하자는 말을 한 데 대해 공자가 그 요구에 응할 수 없
음을 말한 것이다. "잘났든 못났든 간에"는 공자가 자기 아들 이야기
를 하는 데 있어서 먼저 겸손하게 말을 붙인 것이라 하겠다. 공자의
아들 이(鯉)의 자는 백어(伯魚), 50세에 공자에 앞서 죽었고 또 이 글
을 보면 안회보다도 먼저 죽었다. 공자가 아들을 낳자 노 소공(昭公)이
잉어를 공자에게 하사하였기 때문에 이름을 '이'라고 하였다 한다. 일
설에는 공리(孔鯉)가 안회보다 나중에 죽었다고 하나 옳지 않다. 대부
의 뒤를 따라간다 함은 자기가 하대부(下大夫)였으므로 대부들의 말
미에 따라 간다는 겸사. 이것을 공자가 대부 다음의 계급인 사(士)였
음을 말한 것으로 보는 설도 있으나 옳다고는 할 수 없다. 대부는 송
장(送葬) 때에 수레를 타고 따라가는 것이 고례였던 것 같다.

...

8. 안연이 죽자 선생님께서 말씀하셨다. "아아, 하늘이 나를
없애는 거다, 하늘이 나를 없애는 거야!"

顔淵死. 子曰: 噫! 天喪予! 天喪予!

...

9. 안연이 죽자 선생님께서는 통곡하셨다. 따라갔던 사람이

"선생님께서는 통곡하셨습니다" 하고 말씀드렸다. "내가 통곡했던가? 그 사람을 통곡하지 않는다면 누구를 통곡하겠느냐?" 하고 말씀하셨다.

顔淵死, 子哭之慟. 從者曰: 子慟矣. 曰: 有慟乎? 非夫人之爲慟, 而誰爲?

...

10. 안연이 죽자 문인(門人)들이 그를 성대하게 장사 지내 주려고 하였는데 선생께서는, "안 된다"고 말씀하셨다. 그러나 문인들이 그를 성대하게 장사 지내 주었다. 선생님께서 말씀하셨다. "회(回)는 나를 자기 부친같이 대하였는데, 나는 그를 내 자식같이 대접하지 못하였구나. 그렇게 된 것은 나 때문이 아니고 내 제자들이 그렇게 한 것이다."

顔淵死, 門人欲厚葬之. 子曰: 不可. 門人厚葬之. 子曰: 回也, 視予猶父也, 予不得視猶子也, 非我也, 夫二三子也.

解説　『예기』「단궁(檀弓)」에, 자유(子游)의 상구(喪具)에 관한 질문에 공자가 "집안의 형편에 맞춰서 쓰느니라" 하고 대답한 것이 보인다. 안연은 집안이 빈한하였는데, 그를 후장(厚葬)한다는 것은 공자로서는 사리에 맞지 않는다고 생각되어 후장을 반대하였던 것이다. "내 자식같이 대접하지 못하였구나" 한 것은 공자가 자기 주장대로 안회를 장사 지내 주지 못한 것을 말한 것이다.

...

11. 계로(季路)가 귀신 섬기는 일을 여쭈어보았다. 선생님께서, "사람을 섬기지 못하고서야 어찌 귀신을 섬길 수 있겠느냐?" 하고 말씀하셨다.

"죽음에 관해서 여쭈어보아도 좋겠습니까?"

"삶을 모르고서야 어찌 죽음을 알겠느냐?" 하고 말씀하셨다.

季路問事鬼神. 子曰: 未能事人, 焉能事鬼? 曰: 敢問死. 曰: 未知生, 焉知死?

解説   계로는 자로. 사람을 섬길 수 있게 되면 신을 섬기는 이치도 알게 되고, 삶에 관해서 알게 되면 죽음에 관해서도 알게 된다는 것을 소극적으로 말한 것이다. 사람도 채 제대로 섬기지 못하는데 귀신을 섬기는 데까지 힘을 쏟을 수는 없다. 삶에 관해서도 채 모르는 터에 죽음에 관해서야 더욱 알 수 없다는 뜻으로 말한 것이라는 설도 있다. 이 설에 따르면 이 장은 공자의 현실 위주의 사상이 피력된 것이라 하겠다. 그러나 공자는 그러한 점을 말한 것이 아니고 사람이 사리를 배우는데 그 차례를 알아야 한다는 점을 일러 준 것으로 봄이 타당할 것이다. 죽은 사람을 섬기는 것을 산 사람 섬기듯이 하라 한 것이라든지, 조상을 제사 지낼 때는 조상이 있는 것같이 할 것이고, 신을 제사 지낼 때는 신이 있는 것같이 할 것(제3의 12)이라고 한 것을 보면 결국 산 사람을 섬기는 도리를 알면 죽은 귀신을 섬기는 도리도 알게 된다는 결론이 된다.

...

12-1. 민자건(閔子騫)이 선생님 곁을 모시고 있을 적에는 그 태도가 공손하였고, 자로는 강직하였고, 염유(冉有)와 자공(子貢)은 화락(和樂)하였다. 선생님께서는 즐거워하셨다.

閔子侍側, 誾誾如也. 子路, 行行如也. 冉有·子貢, 侃侃如也. 子樂.

解說   제자들이 시측(侍側)하고 있는 태도는 달랐으나 다 각자의 타고난 성품에서 우러난 자연스러운 태도였으므로, 그러한 순직한 제자들을 가르치는 것을 즐거워한 것이라 하겠다. 맹자는 천하의 영재를 얻어 그들을 교육하는 것을 한 가지 즐거움이라 하였다.

...

12-2. 선생님께서 말씀하셨다. "유(由) 같은 사람은 제 명에 죽지 못할까 걱정이다."

若由也, 不得其死然.

解說   자로는 강직하였으므로 정의를 위해서는 목숨까지 아끼지 않을 것을 짐작하여 한 말일 것이다. 애공(哀公) 15년『좌전(左傳)』에 공자가 위나라에 난동이 일어났다는 소식을 듣고 "유는 (이번에는) 죽었다"고 말했다는 기사가 보인다. 자로는 위나라에서 자리(子悝)의 난에 목숨을 잃었다. 여기서는『문선유통부주(文選幽通賦注)』에 인용된 것에 따라 문두에 '자왈(子曰)' 두 자를 넣어서 공자의 말로 풀이한

것이다.

...

13. 노나라 사람들이 장부(長府)를 만들자 민자건이, "본래 하던 대로 하면 어떤가? 무엇하러 다시 만드는 건가?" 하고 말했다. 선생님께서는, "그 사람은 말을 하지 않지만, 말을 하게 되면 반드시 문제의 핵심을 찌른다"고 말씀하셨다.

魯人爲長府, 閔子騫曰: 仍舊貫, 如之何? 何必改作? 子曰: 夫人不言, 言必有中.

解説　　장부를 만드는 일에 관해서는 상세한 것을 알 수 없다. 장부는 (군사 등) 장기간의 소비에 응하기 위하여 재화를 수장하는 건물로 짐작된다. 민자건은 본래 하던 대로 하고 구태여 민간의 노력을 소모하여 그러한 것을 만들 필요가 없다는 것을 지적한 것이다.

...

14. 선생님께서, "유(由)는 25현금을 왜 내 집에서 타는 거냐?" 하고 말씀하셔서 제자들이 자로를 존경하지 않게 되었다. 선생님께서 말씀하셨다. "유는 대청에는 올라섰고, 방 안에는 들어오지 못한 것이다."

子曰: 由之瑟, 奚爲於丘之門? 門人不敬子路. 子曰: 由也升堂矣, 未入於室也.

자로는 성질이 강용(剛勇)해서 그가 타는 거문고 소리도 살벌하고 화락하게 조화를 이룬 음성을 내지 못했다는 것이다. 『설원(說苑)』 「수문편(修文篇)」에 의하면 자로가 타는 거문고에서는 북비(北鄙)의 살벌한 소리가 나서 공자가 그런 말을 하였는데, 자로는 그 말을 듣고 스스로 뉘우쳐 7일 동안이나 음식을 끊었다는 것이다. 자로는 자기의 단점을 고치기에도 용감하였음을 알 수 있다. 공자는 제자들이 자로를 존경하지 않는 것을 보고 자로가 깊은 곳의 정미한 이치를 터득하지 못했을 뿐이지 상당한 수준에 까지 도달하였음을 말하여 제자들이 자로를 존경하지 않는 것이 옳지 않음을 일러 준 것이다.

...

15. 자공이 사(師)와 상(商) 어느 쪽이 더 똑똑한가를 여쭈어 보았는데 선생님께서, "사(師)는 지나치고 상(商)은 모자란다"고 말씀하셨다. "그러면 사(師)가 낫습니까?" 하니 선생님께서는, "지나친 것은 모자라는 것이나 마찬가지다"라고 말씀하셨다.

子貢問師與商也, 孰賢. 子曰: 師也過, 商也不及. 曰: 然則師愈與? 子曰: 過猶不及.

 사(師)는 자장(子張)의 이름, 상(商)은 자하(子夏)의 이름.

...

16. 계씨(季氏)는 주공(周公)보다 부유한데, 구(求)는 그를 위

해 부세(賦稅)를 거둬 모아다가 재산을 더 늘려 주었다. 선생님께서는, "그 사람은 내 제자가 아니다. 너희들이 북을 울려 가며 그를 성토하여도 좋다"고 말씀하셨다.

季氏富於周公, 而求也爲之聚斂而附益之. 子曰: 非吾徒也. 小子
鳴鼓而攻之, 可也.

 계씨는 한 제후국인 노나라의 경(卿)으로, 그 재산이 노나라의 시조이며 주실(周室)의 지친(至親)으로 대공을 세우고 총재(冢宰)의 자리에 있던 주공보다도 많았다. 그것만으로도 계씨는 이미 외람할 지경이었는데, 당시 계씨의 가재(家宰)로 있던 공자의 제자 염구[冉求, 자(字)는 자유(子有)]는 다시 백성들의 부세(賦稅)를 배로 올려 긁어 들여다가 그 재산을 한층 더하게 해 주었다. 애공(哀公) 11년『좌전』에 의하면 계손(季孫)이 염구를 시켜 공자에게 전부(田賦)를 과할 것을 물어보았는데, 공자는 그것에 반대하였다. 그러나 공자의 말을 듣지 않고 전부 시행을 강행하였다. '구(求)'라고 이름을 직접 쓴 것을 근거로 하여 이 장을 염구의 자술이라고 보는 사람도 있다.

...

17. 시(柴)는 어리석고, 삼(參)은 둔하고, 사(師)는 한쪽으로 치우치고, 유(由)는 거칠다.

柴也愚, 參也魯, 師也辟, 由也喭.

 제자의 이름을 직접 쓴 것으로 보아 공자의 말이었으리라고 짐작된다. 시(柴)는 고시(高柴), 자(字)는 자고(子高). 정나라 사람이라고도 하고 제나라 사람이라고도 하는데, 공자보다 30세 연소하였다. 삼은 효로 유명한 증삼(曾參)이다.

...

18. 선생님께서 말씀하셨다. "회(回)는 거의 도(道)에 통달하였다고 하겠는데, 끼니를 못 잇는 일이 많다. 사(賜)는 운명을 감수하지 않고 재물을 늘렸는데 그가 억측하는 것이 적중한다."

子曰: 回也其庶乎, 屢空. 賜不受命, 而貨殖焉, 億則屢中.

解説 회는 안회, 집안이 대단히 가난해서 끼니를 못 잇는 일이 잦았고, 겨를 먹는 것도 싫어하지 않았다는 것이다. 사는 자공, 공자의 제자 중에서 가장 부유했다.

...

19. 자장(子張)이 선인(善人)이 지녀야 할 도리를 여쭈어보았다. 선생님께서 말씀하셨다. "자취를 밟지 않으면 역시 방 안에는 들어가지 못한다."

子張問善人之道. 子曰: 不踐迹, 亦不入於室.

解説 자취를 밟는다는 것은 옛날 성인들의 도를 실천한다는 뜻이라 하겠고, 방 안에 들어가지 못한다는 것은 본편 14의 경우와 같

이 깊고 오묘한 도리를 터득하지 못한다는 뜻이라 하겠다. 선인이 지녀야 할 도리는 성인이 덕화(德化)를 위해 재정한 예악(禮樂)을 따라가지 않으면 터득하게 되지 못할 것이라고 일러 준 것이다. 방에는 그곳에 들어가는 길이 있는데, 그 길은 곧 먼저 들어간 사람의 자취라할 수 있다. 그 자취, 즉 그곳에 이르는 길을 따라가야 목표하는 방에들어갈 것임은 자명한 일이다.

...

20. 선생님께서 말씀하셨다. "언론(言論)이 독실하면 그 편을들기는 하나 (그것만으로는) 군자다운 사람일는지 또는 외모만공손한 사람일는지 알 수 없다."

子曰: 論篤是與, 君子者乎? 色莊者乎?

解説 이 장의 해설은 구구하다. 여기서는 대체로 주희의 설에 따랐다. 일설에는 이 장을 윗장의 계속으로 보고, 공자의 말을 "언론이독실한 것을 그것이라고 할까, 군자다운 사람을 그것이라고 할까, 용모가 공손한 사람을 그것이라고 할까?"로 풀이하여 선인의 조건으로세 가지를 겸손하게 열거한 것으로 취하기도 하나 어색하다.

...

21. 자로가 의로운 일을 들으면 곧 그것을 행할 것인가를 여쭈어보자 선생님께서, "부형이 계시는데 어떻게 의로운 일을 들었다고 곧 그것을 행하겠느냐?" 하고 말씀하셨다. 염유(冉有)

가 의로운 일을 들으면 곧 그것을 행할 것인가를 여쭈어보자 선생님께서는, "의로운 일을 들으면 곧 그것을 행하도록 하여라" 하고 말씀하셨다.

공서화(公西華)가, "유(由)가 의로운 일을 들으면 곧 그것을 행할 것인가를 여쭈어보자, 선생님께서는 '부형이 계시다'라고 말씀하셨습니다. 그리고 구(求)가 의로운 일을 들으면 곧 그것을 행할 것인가를 여쭈어보자, 선생님께서는 '의로운 일을 들으면 곧 그것을 행하도록 하여라' 하고 말씀하셨습니다. 저는 왜 그렇게 말씀하셨는지 도무지 알 수 없어 감히 여쭈어보는 바입니다" 하고 말씀드렸다.

선생님께서 말씀하셨다. "구는 뒤로 물러서는 편이기 때문에 앞으로 밀어내 주었고, 유는 기승한 사람이기 때문에 뒤로 물러나게 하여 준 것이다."

子路問聞斯行諸. 子曰: 有父兄在, 如之何其聞斯行之? 冉有問聞斯行諸. 子曰: 聞斯行之. 公西華曰: 由也問聞斯行諸, 子曰: 有父兄在. 求也問聞斯行諸, 子曰: 聞斯行之. 赤也惑, 敢問. 子曰: 求也退, 故進之. 由也兼人, 故退之.

...

22. 선생님이 광(匡)에서 위험에 빠지셨을 때 안연(顔淵)은 뒤에 처졌었다. 선생님께서, "나는 네가 죽은 줄 알았다" 하고 말씀하셨는데 안연은, "선생님께서 살아 계시는데 제가 어찌 감히 죽겠습니까?" 하고 말씀드렸다.

子畏於匡, 顏淵後. 子曰: 吾以女爲死矣. 曰: 子在, 回何敢死?

解説 　제9의 5 참조. 『여씨춘추(呂氏春秋)』「권학편(勸學篇)」에도
같은 말이 나온다. 안회는 공자를 마치 친부같이 받들었던 것이다.

…

23. 계자연(季子然)이, "중유(仲由)와 염구(冉求)는 훌륭한 신
하라 할 수 있습니까?" 하고 물었다. "나는 당신이 이상한 질
문을 하신다고 생각합니다. 그래 유와 구를 물어보시는 정도
입니까. 이른바 훌륭한 대신(大臣)이라는 것은 정도(正道)로
임금을 섬기고 그것이 불가능하면 그만둡니다. 이제 유와 구
는 신하의 수나 채운 사람들이라고 말할 수 있습니다."

　"그러면 임금이 하고자 하는 대로 따라가는 사람들입니
까?" 하고 물었다. 선생님께서 말씀하셨다. "아비와 임금을
죽이는 일에는 이 사람도 나서지 않습니다."

季子然問 仲由冉求, 可謂大臣與? 子曰: 吾以子爲異之問, 曾由
與求之問. 所謂大臣者, 以道事君, 不可則止. 今由與求也, 可謂
具臣矣. 曰: 然則從之者與? 子曰: 弑父與君, 亦不從也.

解説 　계자연은 노나라의 권신(權臣), 계환자(季桓子) 사(斯)의 동
생이다. 이때 계씨는 중유(자로)와 염구(염유) 두 사람을 가신으로 쓰
고 있었다. 공자의 대답은 다 계씨의 무도한 것을 풍자한 것이다. 이 두
사람은 보잘것없는 신하들이기는 하나 당신네들처럼 군부를 죽이는

일에 따라 나설 사람들은 아니라는 것이다.

...

24. 자로가 자고(子羔)를 시켜 비(費)의 읍재(邑宰)를 살게 했다. 선생님께서, "남의 자식을 해치는구나" 하고 말씀하셨다. 자로가 "그곳에는 백성들이 있고 사직이 있습니다. '하필 책을 읽은 연후에만 공부를 했다고 하겠습니까?'" 하고 말씀드렸다.

"그렇게 때문에 말 잘 둘러대는 사람을 미워하는 것이다."

子路使子羔爲費宰 子曰: 賊夫人之子. 子路曰: 有民人焉, 有社稷焉, 何必讀書, 然後爲學? 子曰: 是故惡夫佞者.

解説　정공(定公) 12년『좌전』에 자로가 계씨의 가재(家宰)라는 기록이 나온다. 그러나 자로가 자고를 시켜 비(費)의 읍재(邑宰)를 살게 했다는 기록은 없다. "남의 자식을 해친다"고 한 것은 자고가 예악을 중심으로 한 학문에 숙달하기 전에 정사를 맡게 하면 사람을 버리기 쉽다는 입장에서 말한 것이라 하겠다. "하필 책을 읽은 연후에만"은 공문(孔門)에서 마음이 성실하고 행동이 올바르면 안 배워도 배웠다고 할 수 있다는 말(제1의 7 참조)이 늘 일컬어지는 것을 따서 말한 것이라 하겠고, 자로가 그러나 말로 공자의 비판을 반격한 것은 공자 자신이 하는 말로 공자를 궁지에 빠지게 한 것이므로 공자는 "말 잘 둘러대는 사람을 미워한다"고까지 하기에 이른 것이다.

25. 자로와 증석(曾晳)과 염유와 공서화가 선생님을 모시고 앉아 있었다. 선생님께서, "내가 너희들보다 나이가 약간 많지만 나를 염두에 둘 것은 없다. 어떤 사람이 너희들의 실력을 알아준다면 어떻게 하겠느냐?" 하고 말씀하셨다. 자로가 벌떡 일어나서 이렇게 대답하였다.

"천승(千乘)의 나라로 큰 나라들 틈에 끼어서 대군의 침범을 받고 거기다 기근까지 덮쳐 있다 하여도 제가 그 나라를 다스려 3년만 되면 그 나라 사람들을 용감하게 만들고, 또 (정의의) 방향을 알도록 만들 수 있겠습니다."

선생님이 이 말을 듣고 웃으셨다.

"구(求)야, 너는 어떠하냐?" 하고 말씀하시자 이렇게 대답하였다.

"사방(四方) 60~70리나 50~60리 되는 곳을 제가 다스려서 3년만 되면 그 고장의 백성들이 부족 없이 살아가도록 만들 수 있겠습니다. 그 고장의 예악(禮樂)에 관해서는 다른 군자의 힘을 기다려야 하겠습니다."

"적(赤)아, 너는 어떠하냐?" 하고 말씀하시자 이렇게 대답하였다.

"해낼 수 있다고 말씀드리는 것은 아닙니다만 다음과 같이 할 수 있도록 배우고 싶습니다. 종묘의 제사와 (제후들의) 회합 같은 데에 현단(玄端)과 장보관(章甫冠)을 착용하고 의식을 거행할 때에 그 대수롭지 않은 부분을 돕는 사람이 되고 싶습니다."

"점(點)아, 너는 어떠하냐?" 하고 말씀하시자, 점은 25현
금 타던 속도를 늦추어서 멈추고, 25현금을 밀어 내놓고 일어나
서, "저는 세 사람들의 생각과는 다릅니다" 하고 대답하였다.
선생께서, "무슨 상관이 있겠느냐? 그렇더라도 각각 자기 지
망을 말하는 것인데" 하고 말씀하셨다.

"늦은 봄에 봄옷이 다 되어서 성인 5~6명과 아이들 6~7명
이 기수(沂水)에서 몸을 씻고 무우(舞雩)에서 바람을 쐬고서
읊조리며 돌아오는 것입니다" 하고 말씀드렸다. 선생님께서
깊이 탄식하시고 말씀하셨다.

"나는 점의 편을 들겠다."

세 사람이 나가고 증석이 뒤에 남아 있었다. 증석이, "그런
데 세 사람이 한 말은 어떠하옵니까?" 하고 여쭈어보았다. 선
생님께서, "그런대로 각각 자기의 지망을 말한 것일 따름이
다" 하고 말씀하셨다.

"선생님께서는 왜 유(由)를 웃으셨습니까?" 하고 여쭈어보
았다.

"나라를 다스리는 데는 예(禮)를 가지고 하는 것인데 그 사
람의 말이 사양하는 점이 없다. 그렇기 때문에 그를 웃은 것
이다."

"구(求)의 경우라 하더라도 그것이 나라가 아니겠습니까?"

"어찌 사방 60~70리나 50~60리가 나라가 아닐 수 있겠
느냐?"

"적(赤)의 경우라 하더라도 나라가 아니겠습니까?"

"종묘와 회합이면 제후의 나라가 아니고 무엇이겠느냐? (그러나) 적(赤)이 대수롭지 않은 부분을 다룬다면 누가 주요한 부분을 다룰 수 있겠느냐?"

子路·曾晳·冉有·公西華侍坐. 子曰: 以吾一日長乎爾, 毋吾以也. 居則曰不吾知也, 如或知爾, 則何以哉? 子路率爾而對曰: 千乘之國, 攝乎大國之間, 加之以師旅, 因之以饑饉, 由也爲之, 比及三年, 可使有勇, 且知方也. 夫子哂之. 求, 爾何如? 對曰: 方六七十; 如五六十; 求也爲之, 比及三年, 可使足民. 如其禮樂, 以俟君子. 赤, 爾何如? 對曰: 非曰能之, 願學焉. 宗廟之事, 如會同, 端章甫, 願爲小相焉. 點, 爾何如? 鼓瑟希, 鏗爾. 舍瑟而作, 對曰: 異乎三子者之撰. 子曰: 何傷乎, 亦各言其志也. 曰: 莫春者, 春服旣成, 冠者五六人, 童子六七人, 浴乎沂, 風乎舞雩, 詠而歸. 夫子喟然歎曰: 吾與點也. 三子者出, 曾晳後. 曾晳曰: 夫三子者之言何如? 子曰: 亦各言其志也已矣. 曰: 夫子何哂由也? 曰: 爲國以禮, 其言不讓, 是故哂之. 唯求則非邦也與? 安見方六七十如五六十而非邦也者? 唯赤則非邦也與? 宗廟會同, 非諸侯而何? 赤也爲之小, 孰能爲之大?

解説　자로의 이름은 유, 증석의 이름은 점, 증삼의 부친. 염유의 이름은 구, 공서화의 이름은 적. 현단(玄端)은 정식 예복. 장보관(章甫冠)은 본래 상나라의 관이었으나 주나라에서도 그것을 그대로 예모(禮帽)로 사용하였다. "대수롭지 않은 부분을 돕겠다"고 한 것은 공서

화의 겸사. '5~6명, 6~7명'을 승수로 보아 각각 30명, 42명으로 보는 설도 있으나 적합하다고 할 수 없다. 기수(沂水)는 지금의 산둥 성 곡부현 남부에 있었던 것으로, 일설에는 그곳에 온천이 있었다고 한다. 무우는 기우제를 지내는 제단이 있었던 곳. "바람을 쒼다"를 왕충(王充)의 『논형(論衡)』에서는 노래를 부른다는 뜻으로 취하였으나, 그다음에 나오는 "읊조린다"와 중복된다. "돌아온다"를 제사 지낸다는 뜻으로 하는 설도 있었으나 마땅하지 않다.

12. 안연(顔淵)

...

1. 안연이 인(仁)에 관하여 여쭈어보았다. 선생님께서 말씀하셨다. "'자기를 극복하고 예로 돌아가는 것이 인이다.' 어느 때이건 자기를 극복하고 예로 돌아가게 되면 온 천하가 인에 따르게 될 것이다. 인을 실천하는 것은 자기로부터 시작되지 남으로부터 시작되기야 하겠느냐?"

안연이, "그 세목을 말씀하여 주셨으면 좋겠습니다" 하였다. 선생님께서, "예가 아니면 보지 말고, 예가 아니면 듣지 말고, 예가 아니면 말하지 말고, 예가 아니면 움직이지 말라" 하고 말씀하셨다. 안연이, "제가 불민하기는 하옵니다만 이 말씀을 받들어 실천하기에 힘쓰겠습니다"라고 말씀드렸다.

顔淵問仁. 子曰: 克己復禮爲仁. 一日克己復禮, 天下歸仁焉. 爲仁由己, 而由人乎哉? 顔淵曰: 請問其目. 子曰: 非禮勿視, 非禮勿聽非禮勿言, 非禮勿動. 顏淵曰: 回雖不敏, 請事斯語矣.

解説　"자기를 극복하고 (……) 인이다"는 소공 12년『좌전』에 공자가 고어로 인용한 말로 기록되어 있다. "자기를 극복한다" 함은 자기의 개인적 욕구, 즉 사욕을 억제하는 것. 예는 결국 겸양을 기본으로 한 대인관계에 있어서의 자율적인 행위 규범이므로, 사리사욕을 억제하고 남의 이익과 욕구를 먼저 충족시켜 주는 방향으로 나가면 세상 사람들이 다 인자해질 것이다. 여기에 밝혀져 있지는 않으나 어느 한 사람이라도 극기복례(克己復禮)하면 천하가 인에 따르게 된다는 것은 아니고, 위정자가 그렇게 할 적에는 국민들이 그것에 따라 인을 지향하게 되리라는 의미로 말한 것이라 생각된다.

...

2. 중궁(仲弓)이 인에 관해서 여쭈어보았다. 선생님께서 말씀하셨다. "문을 나설 때는 큰 손님을 만나는 것같이 하고, 국민들을 부릴 때는 큰 제사를 받드는 것같이 하고, 자기가 원하지 않는 일을 남에게 하지 말아라. (그렇게 하면) 나라에서 일을 해도 원망이 없을 것이고, 집에서 일을 해도 원망이 없을 것이다."

중궁이, "제가 불만하기는 하옵니다마는 이 말씀을 받들어 실천하기에 힘쓰겠습니다"라고 말씀드렸다.

仲弓問仁. 子曰: 出門如見大賓, 使民如承大祭. 己所不欲, 勿施於人. 在邦無怨, 在家無怨. 仲弓曰, 雍雖不敏, 請事斯語矣.

解説 "문을 나선다" 함은 집에서 나와 공무를 다루는 것. 큰 손님은 외국의 사신과 같이 공손하게 접대해야 할 빈객(賓客). 큰 제사는 천제(天祭)와 같이 경건한 마음으로 받들어야 할 제사. 큰 손님을 대하고 큰 제사를 받드는 데 비유한 것은 모두 신중을 강조하기 위한 것이라 하겠다. 나라는 제후국, 집은 경대부(卿大夫)의 집.

...

3. 사마우(司馬牛)가 인에 관해서 여쭈어보았다. 선생님께서, "인자한 사람은 말하는 것이 더듬거린다"라고 말씀하셨다. "말하는 것이 더듬거리면 곧 인자하다는 것입니까?" 하고 말씀드리자 선생님께서는, "인을 실천하기가 힘드는데 그것을 말하는 것이 더듬거려지지 않을 수 있겠느냐?" 하고 말씀하셨다.

司馬牛問仁. 子曰: 仁者, 其言也訒. 曰: 其言也訒, 斯謂之仁已乎? 子曰: 爲之難, 言之得無訒乎?

解説 사마(司馬)는 복성(複姓). 우(牛)는 자(字). 그 이름은 리(犁). 송나라 사람, 공자의 제자로 나이는 미상. 『사기』에는 사마우의 이름은 경(耕)으로, 말이 많고 조급한 사람으로 되어 있다. 사마우는 공자를 제거하려던 환퇴의 동생이었는데, 공자에게 배우기 위해 송나라에서 찾아왔던 것이다. "더듬거린다"는 말은 "訒(인)"을 옮긴 것인데, '말 꺼내기 힘들어 한다'가 본뜻이다.

...

4. 사마우가 군자에 관해서 여쭈어보았다. 선생님께서 말씀
하셨다. "군자는 근심하지도 않고 두려워하지도 않는다."

"근심하지도 않고 두려워하지도 않으면 곧 군자라는 것입
니까?" 하고 말씀드리자 선생님께서, "자기의 마음을 살펴보
고 흠잡을 데가 없으면 대체 무엇을 근심하고 무엇을 두려워
하겠느냐?" 하고 말씀하셨다.

司馬牛問君子. 子曰: 君子不憂不懼. 曰: 不憂不懼, 斯謂之君子
已乎? 子曰: 內省不疚, 夫何憂何懼?

...

5. 사마우가 근심스러운 표정으로, "남들은 다 형제가 있는데
나만 없다"고 말했다. 자하(子夏)가 말했다. "내가 들은 말이지
만 '죽고 사는 것은 운명이고, 부자가 되고 귀해지는 것은 하늘
에 달렸소.' 군자가 조심하여 실수하는 일이 없고, 남과 접촉하
는데 공손하고 예의(禮義)가 있으면 온 세상 사람들이 다 자기
의 형제들이오. 군자가 어찌 형제 없는 것을 근심하겠소."

司馬牛憂曰: 人皆有兄弟, 我獨亡. 子夏曰: 商聞之矣, '死生有命,
富貴在天.' 君子敬而無失, 與人恭而有禮, 四海之內, 皆兄弟也.
君子何患乎無兄弟也?

解説　사마우는 자기의 형 환퇴가 공자를 제거하려던 인간이었
으므로 형제가 없다는 말을 한 것이다. 그가 죽을 때(기원전 481년)에

도 형제가 셋이나 있었다. "실수하는 일이 없고"를 '헛되이 시간을 보낸다'로 풀이하는 설도 있으나 어울리지 않는다.

...

6. 자장(子張)이 명철한 것에 관해서 여쭈어보았다. 선생님께서 말씀하셨다. "은연중에 스며들어 오는 참소(讒訴)와 자신에게 직접 자극을 주는 탄원(歎願)을 그대로 받아들여 처리하지 않는다면 명철하다고 말할 수 있다. 은연중에 스며들어 오는 참소와 자신에게 직접 자극을 주는 탄원을 그대로 받아들여 처리하지 않는다면 선견지명(先見之明)이 있다고 말할 수 있다."

子張問明. 子曰: 浸潤之譖, 膚受之愬, 不行焉, 可謂明也已矣. 浸潤之譖, 膚受之愬, 不行焉, 可謂遠也已矣.

 명철은 지력(知力)이 투철하여 사리에 밝은 것을 말한다.

...

7. 자공이 정치에 관해서 여쭈어보았다. 선생님께서, "식량을 충분하게 마련하고, 무기를 충분하게 마련하고, 국민들이 위정자(爲政者)를 믿게 하는 것이다"라고 말씀하셨다. 자공이, "반드시 한 가지를 버리지 않으면 안 된다면 세 가지 가운데서 무엇을 먼저 버려야 합니까?"라고 말씀드렸는데, "무기를 버려라"라고 말씀하셨다. 자공이, "반드시 한 가지를 버리지

않으면 안 된다면 두 가지 가운데 무엇을 먼저 버려야 합니까?"라고 말씀드렸더니, "식량을 버려라. 옛날부터 죽음이란 모든 사람에게 있어 왔다. 국민들이 위정자를 믿지 않으면 정치를 해 나갈 수 없는 것이다"라고 말씀하셨다.

子貢問政. 子曰: 足食足兵, 民信之矣. 子貢曰: 必不得已而去, 於斯三者何先. 曰: 去兵. 子貢曰: 必不得已而去, 於斯二者何先? 曰: 去食. 自古皆有死, 民無信不立.

...

8. 극자성(棘子成)이 "군자는 질(質)이면 되었지 문(文)은 해서 무엇하오?"라고 말했는데 자공이, "가석(可惜)합니다. 선생님의 말씀은 군자의 말씀입니다. 네 필 말의 수레로도 혀는 따라가 내지 못합니다. 문도 질감이 중요하고 질도 문같이 중요합니다. 범이나 표범의 털 뽑은 가죽이라면 개나 양의 털 뽑은 가죽이나 마찬가지입니다"라고 말했다.

棘子成曰: 君子質而已矣, 何以文爲? 子貢曰: 惜乎, 夫子之說君子也. 駟不及舌. 文猶質也, 質猶文也, 虎豹之鞹, 猶犬羊之鞹.

解説 극자성은 위나라의 대부. 질은 타고난 바탕, 문은 후천적인 교양에 의한 수식. 자공은 극자성의 실언을 지적하여 그것이 보잘것없는 평민의 입에서 나온 말이 아니고 높은 지위에 있는 사람의 말이므로 그 영향력이 대단하리라는 것을 말한 것이다. 네 필 말의 수레로도 혀는 따라가 내지 못한다는 것은 춘추 시대 때 관용어의 하나였다.

타고난 바탕은 다 같으나 학문과 수양으로 이룩된 문채로 인물의 고하가 구별되므로, 털 뽑은 가죽은 범이나 개나 다 같으나 범과 개가 구별되는 것은 그 털의 무늬에 달렸다는 것을 가지고 비유한 것이다. 문과 질을 다 존중하는데, 역시 문을 더 높이 보는 경향이 나타나 있다고 하겠다. "선생님의 말씀은 군자의 말씀입니다"를 '선생님께서 군자를 말씀하시다'로 보는 설도 있다.

...

9. 애공(哀公)께서 유약(有若)에게, "흉년이 들어서 세입(歲入)이 부족하니 어떻게 하오?"라고 물으셨다. 유약이, "왜 11조(租)를 거두시지 않으십니까?"라고 대답하였다. "10분의 2로도 나는 여전히 부족한데 11조를 가지고 어떻게 하겠소?"라고 말씀하셨다.

"백성들이 풍족하게 지내면 임금이 누구와 부족하게 지내겠습니까? 백성들이 부족하게 지내면 임금이 누구와 풍족하게 지내겠습니까?"

哀公問於有若曰: 年饑, 用不足, 如之何? 有若對曰: 盍徹乎? 曰: 二, 吾猶不足, 如之何其徹也? 對曰: 百姓足, 君孰與不足? 百姓不足, 君孰與足?"

解説   유약은 군민이 일체가 되어야 한다는 뜻을 드러낸 것이다. 흉년이 들면 국민들의 수입이 줄어들므로 수입에 의해 바치는 조세도 줄어들어 나라의 경비도 자연 줄어들게 된다. 11조는 수입의 10분의

1을 바치는 세율.

...

10. 자장이 덕을 숭상하는 것과 모순됨을 가려내는 것에 관해서 여쭤어보았다. 선생님께서 말씀하셨다. "충성과 신용을 주로 하고, 의로운 데로 옮겨 가는 것이 덕을 숭상하는 것이다. 사랑할 때에는 살기를 바라다가 미워할 때에는 죽기를 바라는데, 이것은 살기를 바라고 또 죽기를 바라는 것이니 모순이다. 진실로 재물이 많기 때문이 아니고, 역시 단순히 다른 것이기 때문이다."

子張問崇德辨惑. 子曰: 主忠信, 徙義, 崇德也. 愛之欲其生, 惡之欲其死, 旣欲其生, 又欲其死, 是惑也. 誠不以富, 亦祇以異.

解説 의로운 데로 옮겨간다는 것은 언제나 정의를 찾아서 그것을 따라 행동함을 말한 것. 보통 자기와 가까운 사람에게 대해서도, 좋아할 때는 살아 주기를 원하다가 한때 미워하게 되면 살아 주기를 원하던 일은 까맣게 잊어버리고 그가 죽어 없어져 주기를 원한다. 이것은 확실히 큰 모순임에 틀림없다. 이러한 것은 한결같은 마음이 없기 때문이다. 그래서 다른 일에 있어서도 이와 같은 모순을 인식하지 못하고 정반대의 방향으로 마음을 먹게 되는 수가 많다. 인용된 시는 『시경소아(詩經小雅)』「아행기야(我行其野)」제3장의 5, 6구인데, 이 시는 버림받은 여인의 넋두리이다. 이 두 구는 자기를 버리고 새 여자를 얻어다 사는 것은 그 여자가 재물이 많아 자기에게 없는 혜택을 입기

위해서가 아니라, 결국 같은 여인에 불과한데 다만 다른 여인을 가져 보자는 아무 의의가 없는 호기심에서 우러난 짓이라는 뜻이다. 별다른 것 없는 여인인데 다만 다르다는 것 하나로 고생하며 살아오던 아내를 버리고 새 여인을 맞이한다는 것은 분명한 모순이다. 공자는 모순된 행동의 예로 이 두 구의 시를 인용한 것이다. 이 두 구는 착간(錯簡)이라고 하는 설도 있으나 취하지 않는다.

...

11. 제나라 경공(景公)이 공자에게 정치에 관해서 물어보았다. 공자께서, "임금은 임금 노릇을 하고, 신하는 신하 노릇을 하고, 아비는 아비 노릇을 하고, 자식은 자식 노릇을 하는 것입니다"라고 대답하셨다.

공(公)이 말했다. "좋은 말씀이오. 정말 임금이 임금 노릇을 하지 않고, 신하가 신하 노릇을 하지 않고, 아비가 아비 노릇을 하지 않고, 자식이 자식 노릇을 하지 않는다면, 곡식이 있다 한들 어찌 그것을 먹을 수 있겠소?"

齊景公問政於孔子. 孔子對曰: 君君, 臣臣, 父父, 子子. 公曰: 善哉! 信如君不君, 臣不臣, 父不父, 子不子; 雖有粟, 吾得而食諸?

解説 제나라 경공의 성은 강(姜), 이름은 저구(杵曰). 공자는 노소공 말년에 제나라로 갔었다. 제 경공은 공자의 이 말을 옳게 여겨 깨달은 듯하였으나, 실지로 그것을 행하지 못하고 실정을 거듭하여 전화(田和)에게 나라를 빼앗겼다. "곡식이 있다 한들"은 나라가 망하게

된다는 말. 나라가 망해 버리면 나라의 곡식이 아무리 있은들 그것을 자기 것으로 먹게 되지 못함은 당연한 일이다.

...

12. 선생님께서 말씀하셨다. "한마디로 송사(訟事)에 판결을 내릴 수 있는 사람은 유(由)일게다."
   자로는 약속을 묵혀 두는 일이 없었다.

子曰: 片言可以折獄者, 其由也與. 子路無宿諾.

解説 자로는 충성스럽고 신용이 있었기 때문에 확고한 소신을 갖게 되어 송사를 처리하는 데에도 명석한 판단력을 발휘할 수 있었다. 『한시외전』과 『가어(家語)』에 자로가 3년 동안 포(蒲)를 다스렸는데, 공자가 자로의 청사(廳舍)에 들어가서는 "잘하는구나. 유는 밝게 살피고 결단력이 있다"고 말했다는 것이다.

...

13. 선생님께서 말씀하셨다. "송사를 처리하는 것은 나도 남과 다를 것이 없다. 반드시 송사가 없게 만들어야 할 것이다."

子曰: 聽訟, 吾猶人也, 必也使無訟乎.

...

14. 자장이 정치에 관해서 여쭈어보았다. 선생님께서 말씀하셨다. "가만히 있을 적에는 (마음속으로 올바른 정치를 할 생각

을) 게을리하지 말고, 실제로 정사(政事)를 다룰 적에는 충성
스럽게 하여라."

子張問政. 子曰: 居之無倦, 行之以忠.

...

15. 선생님께서 말씀하셨다. "군자로서 글을 널리 배우고 그
것을 예로써 요약한다면 또한 정도에서 어긋나지 않을 수 있
게 될 것이다."

子曰: 君子博學於文, 約之以禮, 亦可以弗畔矣夫.

 제6의 25와 같음.

...

16. 선생님께서 말씀하셨다. "군자는 남의 좋은 점을 발전시
켜 주고 남의 나쁜 점은 자라나게 하지 않는다. 소인(小人)은
이와 반대다."

子曰: 君子成人之美, 不成人之惡. 小人反是.

...

17. 계강자가 공자에게 정치에 관해서 물어보았다. 공자께서
대답하셨다. "정치라는 것은 바로잡는 일입니다. 선생님께서
바로 거느리시면 누가 감히 바르지 않게 굴겠습니까?"

季康子問政於孔子. 孔子對曰: 政者, 正也. 子帥以正, 孰敢不正?

解説 노나라의 실권을 장악하고 부정을 자행하던 계강자가 나라를 다스리는 묘책을 공자에게 구했는데, 공자는 그에게 자신부터 바로잡으라는 말을 일러 준 것이다.

...

18. 계강자가 도둑에게 시달려 공자에게 그 대책을 물었다. 공자께서 말씀하셨다. "선생께서 물건을 탐내시지 않으신다면 상을 준다 하더라도 훔치는 일은 하지 않았을 것입니다."

季康子患盜, 問於孔子. 孔子對曰: 苟子之不欲, 雖賞之不竊.

...

19. 계강자가 공자에게 정치에 관해서 물어보았다. "무도(無道)한 자들을 죽여서 올바른 길을 이룩하게 한다면 어떻겠습니까?" 하고 말했다. 공자께서 대답하셨다. "선생께서는 정치를 하는 것이지 죽이는 일은 해서 무엇하시렵니까? 선생께서 선(善)을 원하신다면 백성들은 선해집니다. 군자의 덕은 바람이라 하겠고, 소인의 덕은 풀이라 하겠습니다. 풀은 위로 바람이 지나가면 반드시 눕습니다."

季康子問政於孔子曰: 如殺無道, 以就有道, 何如? 孔子對曰: 子爲政, 焉用殺? 子欲善, 而民善矣. 君子之德風, 小人之德草, 草上之風必偃.

...

20. 자장(子張)이 선비는 어떻게 되면 통달했다고 말할 수 있는가를 여쭈어보았다. 선생님께서, "무엇을 의미하는 거냐, 네가 통달했다고 하는 것은?" 하고 말씀하셨다. 자장이, "나랏일을 하게 되어도 반드시 명성(名聲)이 나고, 대신(大臣)의 집일을 하게 되어도 반드시 명성이 나는 것입니다"라고 대답하였다.

"그것은 명성이 나는 것이지 통달한 것은 아니다. 통달했다는 것은 고지식하고 정의를 좋아하며, 남의 말을 살피고 얼굴빛을 헤아리며, 남에게 겸허하기를 생각하는 것이어서, 나랏일을 하게 되어도 반드시 통달하고 대신의 집일을 하게 되어도 반드시 통달하게 되는 것이다. 명성이 난다는 것은 얼굴빛은 인자하나 그 행동은 그것을 어기고 그렇게 살아가는 것에 의심을 품지 않는 것이어서, 나랏일을 하게 되어도 반드시 명성이 나고, 대신의 집일을 하게 되어도 반드시 이름이 나게 되는 것이다."

子張問 士, 何如斯可謂之達矣? 子曰: 何哉, 爾所謂達者? 子張
對曰: 在邦必聞, 在家必聞. 子曰: 是聞也, 非達也. 夫達也者, 質
直而好義, 察言而觀色, 慮以下人. 在邦必達, 在家必達. 夫聞也
者, 色取仁而行違, 居之不疑. 在邦必聞, 在家必聞.

解説　"통달"은 "達(달)"을 옮긴 말이고, "명성이 난다"는 것은 "聞(문)"을 옮긴 말이다. 달인(達人)은 겸허하나 성실하고, 명성을 날리는

사람은 남의 면전에서는 부드럽게 구나 돌아서서는 성실성이 없어 면대할 때와는 판이하게 자기 멋대로 행동하고 또 그것을 반성하는 일조차도 하지 않는다. 공자는 자장에게 허명(虛名)보다는 성실하고 겸허한 인물이 되기를 완곡하게 권한 것이다.

　…

21. 번지(樊遲)가 무우(舞雩) 밑에서 노닐 때에, "덕을 숭상하는 것, 사특한 것을 바로잡는 것, 모순됨을 가려내는 것을 감히 여쭈어보려고 합니다" 하고 말씀드렸다. 선생님께서 말씀하셨다. "좋은 질문이다. 일은 먼저 하고 소득은 뒤로 미루는 것이 덕을 숭상하는 것이 아니겠느냐? 자기의 악(惡)을 공격하고 남의 악을 공격하지 않는 것이 사특한 것을 바로잡는 것이 아니겠느냐? 하루아침의 분함으로 자기 몸과 자기 어버이를 잊어버리는 것이 모순된 짓이 아니겠느냐?"

樊遲從遊於舞雩之下, 曰: 敢問崇德, 脩慝, 辨惑. 子曰: 善哉問! 先事後得, 非崇德與? 攻其惡, 無攻人之惡, 非脩慝與? 一朝之忿, 忘其身以及其親, 非惑與?

解説　무우는 기우제를 지내는 제단. 그곳에는 수목이 있어 그 밑에서 공자가 번지를 데리고 산보한 것이다. 제11의 25 참조. 덕을 숭상하고 모순됨을 가려내는 것에 관해서는 본편 10 참조.

...

22. 번지가 인에 관해서 여쭈어보았다. 선생님께서, "사람들을 사랑하는 것이다"라고 말씀하셨다. 지혜로운 것에 관해서 여쭈어보았다. 선생님께서는, "사람을 알아보는 것이다"라고 말씀하셨다. 번지가 그 뜻을 파악하지 못하자 선생님께서, "곧은 사람을 등용하여 굽은 사람들 위에 놓으면 못된 사람들을 곧게 만들 수 있다"고 말씀하셨다. 번지가 물러나와 자하를 만나서, "아까 내가 선생님을 뵙고 지혜로운 것에 관하여 여쭈어보니까, 선생님께서는 '곧은 사람을 등용하여 굽은 사람들 위에 놓으면 못된 사람들을 곧게 만들 수 있다'고 말씀하셨는데 무슨 뜻이오?" 하고 물었다. 자하가 대답하기를, "그 말씀은 정말 넓은 뜻을 지니고 있습니다. 순(舜) 임금이 천하를 차지하자 여러 사람들 중에 골라서 고요(皐陶)를 등용하였는데, 인자하지 않은 사람들이 멀리 물러나 버렸습니다. 또한 탕(湯) 임금이 천하를 차지하자 여러 사람들 중에 골라서 이윤(伊尹)을 등용하였는데, 인자하지 않은 사람들이 멀리 물러나 버렸습니다."

樊遲問仁. 子曰: 愛人. 問知. 子曰: 知人. 樊遲未達. 子曰: 擧直錯諸枉, 能使枉者直. 樊遲退. 見子夏曰: 鄕也, 吾見於夫子而問知. 子曰: '擧直錯諸枉, 能使枉者直.' 何謂也? 子夏曰: 富哉言乎! 舜有天下, 選於衆, 擧皐陶, 不仁者遠矣. 湯有天下, 選於衆, 擧伊尹, 不仁者遠矣.

解說　순이나 탕이 등용한 인물은 하나 둘에 그치는 것이 아니나, 그중에도 곧은 사람의 예를 들기 위해 자하는 고요와 이윤을 말한 것이다.

...

23. 자공이 벗에 관해서 여쭈어보았다. 선생님께서 말씀하셨다. "성실하게 일러 주어서 잘 이끌어 주되, 그것이 잘 안 될 것 같으면 그만두고 자기가 욕을 보도록까지는 하지 말 것이다."

子貢問友. 子曰: 忠告而善道之, 不可則止, 毋自辱焉.

解說　"잘 안 될 것 같으면 그만두라"고 한 것은 절교해 버리라는 것은 아니고, 성의껏 바른길로 인도하여 주어도 도저히 그것에 따라 행해 낼 가능성이 보이지 않으면 강요하거나 오해를 받아 도리어 자기가 욕을 보게까지는 이르지 않도록 일단 중지하고 그가 스스로 깨닫게 되기를 기다리라는 뜻으로 말한 것이라 하겠다.

...

24. 증자께서 말씀하셨다. "군자는 글을 가지고 벗을 모으고, 벗을 통하여 인(仁)의 향상을 도모한다."

曾子曰: 君子以文會友, 以友輔仁.

解說　여기에서 글이라 한 것은 육경(六經)으로 불리는 유가 경전으로 보는 것이 보통이다. 글을 가지고 벗을 모은다는 것은 그러한 글

을 연구하는 이른바 학문을 중심으로 하여 모이는 것을 말한 것이고, 이것은 곧 벗들이 모여서 서로 절차탁마(切磋琢磨)하는 것을 의미하고, 그렇게 학문을 중심으로 하여 벗들과 사귀는 동안에 자기의 향상을 기한다는 것이다.

13. 자로(子路)

...

1. 자로가 정치에 관해서 여쭈어보았다. 선생님께서 말씀하시기를, "먼저 나서서 하고, 힘들여 일하라"고 하셨다. 더 말씀해 주시기를 청하자, "지쳐 버리지 말아라"라고 말씀하셨다.

子路問政. 子曰: 先之勞之. 請益. 曰: 無倦.

解說 나라를 다스리는 일에 종사하는 사람은 솔선궁행(率先躬行)하고 참을성 있게 꾸준히 해 나가야 함을 말한 것이라 하겠다.

...

2. 중궁(仲弓)이 계씨(季氏)의 가재(家宰)가 되어 정치에 관해 여쭈어보았다. 선생님께서, "먼저 유사(有司)들에게 일을 시키고, 작은 잘못은 용서해 주고, 좋은 인재를 등용하여라"라

고 말씀하셨다.

"어떻게 좋은 인재를 알아서 등용합니까?" 하고 말씀드리
자, "네가 아는 사람을 등용하여라. 네가 모르는 사람이라고
남들이 버려 두겠느냐?" 하고 말씀하셨다.

仲弓爲季氏宰. 問政. 子曰: 先有司, 赦小過, 擧賢才. 曰: 焉知賢才
而擧之? 子曰: 擧爾所知. 爾所不知, 人其舍諸?

解説　중궁은 염옹(冉雍)의 자(字). 노나라 사람으로 공자보다
29세 연소하였다. 중궁은 당시 노나라의 실권을 장악하고 있던 계씨
가문의 일을 총관하는 일을 맡게 되었는데, 공자에게 정치를 잘하는
길을 물었다. 공자는 증세에 따라 약을 주는 격으로 중궁에게는 계씨
가문의 일을 다스리는 것을 전제로 한 방법을 일러 주었다. 유사는 각
종의 직분을 분담하여 관리하는 사람이다. 이들에게 덮어 놓고 일을
잘하기를 책할 것이 아니라, 먼저 한계를 밝혀서 일을 시켜 놓고 그 성
과를 기대하되 사소한 과오는 용서해 주고, 사람을 쓸 때에는 똑똑한
사람을 쓰도록 일러 준 것이다. 자기가 모르는 사람들 가운데 똑똑한
인물이 있을 경우를 우려하는 중궁에게 공자는 우선 자기가 아는 똑
똑한 사람을 등용하면, 자기가 모르는 인재라 하더라도 주위에서 천
거하거나 하여 자연히 알게 될 것이므로, 똑똑한 인재를 쓰겠다는 생
각만 가지고 있다면 인재를 놓치게 될 근심은 그리 하지 않아도 좋다
는 뜻을 알려 준 것이다.

...

3. 자로가 "위나라의 임금이 선생님께서 정치를 하여 주시기를 기다리고 있다고 하면 선생님께서는 무슨 일부터 먼저 하시겠습니까?" 하고 말씀드렸다. 선생님께서, "반드시 이름을 바로잡을 게다"라고 말씀하셨다. 자로가, "그러한 생각을 가지고 계십니까? 선생님께서는 일에 뜨십니다. 이름을 바로잡아서 무엇하시겠습니까?" 하고 말씀드렸다. 선생님께서 말씀하셨다. "야비하구나, 유(由)는. 군자는 자기가 모르는 것에 관해서는 보류하여 두는 법이다. 이름이 바르지 않으면 말이 맞지 않고, 말이 맞지 않으면 일이 제대로 되어지지 않는다. 일이 제대로 되어지지 않으면 예(禮)와 악(樂)이 성행하지 않는다. 예와 악이 성행하지 않으면 형벌이 바로 가해지지 않는다. 형벌이 바로 가해지지 않으면 국민들은 손발을 들 데가 없어진다. 그러므로 군자는 이름을 붙이게 되면 반드시 그것에 관해 말할 수 있게 되고, 말하면 반드시 그것을 실행할 수 있게 되는 것이다. 군자는 자기의 말에 구차한 점이 없을 따름이다."

子路曰: 衛君待子而爲政, 子將奚先? 子曰: 必也正名乎. 子路曰: 有是哉? 子之迂也. 奚其正? 子曰: 野哉! 由也. 君子於其所不知, 蓋闕如也. 名不正, 則言不順. 言不順, 則事不成. 事不成, 則禮樂不興. 禮樂不興, 則刑罰不中. 刑罰不中, 則民無所錯手足. 故君子名之必可言也, 言之必可行也. 君子於其言, 無所苟而已矣.

 공자는 노 소공 10년에 위나라에 가 있었다. 이때 자로는 위나라 대부 공리(孔悝) 밑에서 일하고 있었다. 이때의 위나라 임금은 출공(出公) 첩(輒)이었는데, 출공은 당시 망명중이던 친부 괴외(蒯聵)의 귀국을 거부하는 등 대의명분에 어긋나는 일을 많이 하였다. 그래서 공자는 우선 이름을 바로잡겠다는, 다시 말하면 대의명분을 세우겠다는 말을 하게 된 것이다. 자로는 그 의도를 살피지 못하고 오히려 공자를 일에 소원하다고 비난하였을 정도였다. "이름이 바르지 않으면 말이 맞지 않고"의 연환논법(連環論法)은 공자 시대보다 훨씬 후에 유행한 문체이므로 『논어』에 이러한 것이 나오는 것을 이상하게 생각하는 사람도 있다. "군자는 자기가 모르는 것에 관해서는 보류하여 두는 법이다"는 자로가 알지도 못하고 도리어 비난하는 말을 책망하는 말이다. 자기가 모르는 것은 덮어 두고 이러쿵저러쿵 논란하지 않는 것이 군자다운 태도라는 것이다.

…

4. 번지가 곡식 농사에 관해서 가르쳐 주시기를 청했다. 선생님께서, "나는 늙은 농부만 못하다"라고 말씀하셨다. 그러면 채소 농사에 관해서 가르쳐 주시기를 청했다. 선생님께서, "나는 채소 붙이는 늙은 사람만 못하다"고 말씀하셨다. 번지가 나가자, 선생님께서 말씀하셨다. "소인(小人)이로다, 번지는. 윗사람이 예(禮)를 좋아하면 백성들이 감히 불경(不敬)하게 굴지 못할 것이고, 윗사람이 정의를 좋아하면 백성들이 감히 복종하지 않을 수 없을 것이고, 윗사람이 신용을 좋아하면 백성들이 감히 사실을 어기지 못할 것이다. 이렇게 한다면 사

방의 백성들이 자식을 싸 업고 모여들 것이다. 농사는 해서 무
엇 하자는 거냐?"

樊遲請學稼. 子曰: 吾不如老農. 請學爲圃. 曰: 吾不如老圃. 樊遲
出. 子曰: 小人哉, 樊須也. 上好禮, 則民莫敢不敬. 上好義, 則民
莫敢不服. 上好信, 則民莫敢不用情. 夫如是, 則四方之民襁負其
子而至矣, 焉用稼?

解説　　번지의 자(字)는 자지(子遲). 제나라 사람이라고도 하고 노
나라 사람이라고도 함. 공자의 제자로 공자보다 36세 연소하였다. 번
지는 공자가 공설(空設)만 늘어놓고 자기는 도리어 남의 노동으로 만
들어진 것에 의존하여 사는 것에 불만을 품었거나 또는 그렇게 하는
것이 옳은가를 회의한 끝에 공자가 농사에 관해 아는 바 없을 것을
빤히 알면서 그것을 물어보기에 이른 것이라 하겠다. 군자는 덕으로
써 백성을 지도하고 백성들은 일하여 군자들을 먹여 살린다는 구래
(舊來)의 관념을 공자는 그대로 가지고 있었으므로 백성을 잘 다스려
진심으로 군자를 받들 백성들이 많이 모여들게 하면 군자가 직접 농
사를 짓지 않아도 절로 풍족하게 살 수 있다는 견해를 피력한 것이다.

...

5. 선생님께서 말씀하셨다. "시(詩) 300편을 외우면서, 정사
(政事)를 맡겨도 처리해 내지 못하고, 사방에 사절로 내보내져
도 재량해서 응대하지 못한다면, 많은들 무슨 쓸 데가 있겠는
가?"

子曰: 誦詩三百, 授之以政, 不達. 使於四方, 不能專對. 雖多, 亦 奚以爲?

解説 시 300편은 시경시(詩經詩)를 말한 것이다. 현재 전해지는 시경시는 305편. 300이라 한 것은 그 성수(成數)를 말한 것이다. 제2의 2 참조. 고래로 중국에서는 시는 순수한 감정에 우러나온 것이고, 사물의 이치를 살피고서야 쓰게 되고, 피치자(被治者)를 덕으로 감화시키고 위정자를 풍자하는 힘이 있는 것이어서 위정자는 시를 통해서 정치의 득실을 밝게 알 수 있는 것으로 이해되어 왔다『시경(詩經)』「대서(大序)」참조). 고대에는 대부가 외교의 임무를 띠고 외국에 갈 때에는 특별한 사령(辭令)을 일러 주지는 않고 임기응변하여 자기가 재량해서 응대하는 것으로 되어 있다. 시와 외교상의 응대를 연결시키는 것은 시의 미사여구 때문은 아니고, 시로 인정의 기미를 깨닫게 되므로 자연히 외교상의 응대에 있어서도 정세와 분위기를 살펴서 잘 처리해 나갈 수 있다는 것을 전제로 하기 때문이다. 또 당시는 외교 응대에 있어 자기의 의사를 직설하지 않고 적절한 시를 가지고 완곡하게 표명했다. 이러한 외교상의 임무를 수행하기 위해서는 시를 단순히 외우는 데 그친다면 아무 소용이 없고 시를 철저하게 이해하고 그것이 완전히 자기의 것이 되어 버리지 않으면 안 된다.

...

6. 선생님께서 말씀하셨다. "(위정자) 자신이 올바르면 명령을 내리지 않아도 잘되어 나가고, 자신이 올바르지 않으면 명

령을 내린다 하여도 복종하지 않는다."

子曰: 其身正, 不令而行, 其身不正, 雖令不從.

...

7. 선생님께서 말씀하셨다. "노나라와 위나라의 정치는 형제다."

子曰: 魯衛之政, 兄弟也.

解説   주나라가 초기에 문왕의 넷째 아들인 주공을 노나라에 봉했고, 일곱째 아들인 강숙(康叔)을 위나라에 봉했으니 노와 위는 형제의 나라다. 그런데 공자 때에 와서는 두 나라의 정치가 모두 혼란해졌다. 두 나라는 쇠란한 꼴마저 형제 같다고 공자는 개탄한 것이다.

...

8. 선생님께서 위나라의 공자(公子) 형(荆)이 집안을 잘 다스린다고 말씀하셨다. 살림이 잘되기 시작하자 그는, "그렁저렁 어울리게 되었다"고 말하였고, 살림이 좀 늘자 그는, "그렁저렁 갖추어지게 되었다"고 말하였고, 살림이 부유해지자 그는, "그렁저렁 좋게 되었다"고 말하였다.

子謂衛公子荆善居室. 始有, 曰: 苟合矣. 少有, 曰: 苟完矣. 富有,
曰: 苟美矣.

解説   공자(公子)는 국군의 서자. 형(荆)은 공자의 지위에 있으면서 욕심이 적고 겸손하여 공자(孔子)가 그를 찬양하기에 이른 것이다.

...

9. 선생님께서 위나라에 가실 때 염유(冉有)가 수레를 몰았다. 선생님께서, "사람들이 많구나" 하고 말씀하셨다. 염유가, "사람들이 많으면 또 무엇을 보태야 합니까?" 하고 말씀드렸다. "부유하게 만들어야 한다"고 말씀하셨다. "부유해지면 또 무엇을 보태야 합니까?" 하고 말씀드렸다. "가르쳐야 한다"고 말씀하셨다.

子適衛, 冉有僕. 子曰: 庶矣哉! 冉有曰: 旣庶矣, 又何加焉? 曰: 富之. 曰: 旣富矣, 又何加焉? 曰: 敎之.

解説　공자가 위나라로 들어가는 길에 인구가 많은 것을 보고 한 말을 단서로 하여 나라 다스리는 단계를 밝히기에 이른 것이다.

...

10. 선생님께서 말씀하셨다. "나를 등용하는 사람이 있다면 만 1년이 되면 벌써 괜찮아질 것이고, 3년이 되면 치적(治積)이 오를 것이다."

子曰: 苟有用我者, 期月而已可也, 三年有成.

解説　공자가 당시 국군들이 자기의 능력을 인정하여 국정을 맡긴다면 1년이 되면 벌써 자기의 시책이 효과가 나타나기 시작하고, 3년이 되면 나라를 잘 다스려 놓을 자신이 있다고 말한 것이다. 주희는 공자가 이 말을 한 것은 위 영공이 공자를 등용하지 못하였기 때문

이라고 하였다.

...

11. 선생님께서 말씀하셨다. "'선한 사람이 백 년 동안 나라
를 다스린다면 또한 잔인한 것을 극복하고 살육을 제거 할 수
있게 된다.' 이는 참 잘한 말이다."

子曰: '善人爲邦百年, 亦可以勝殘去殺矣.' 誠哉是言也.

解説　선한 사람이 백 년 동안 정치의 책임을 맡고 나라를 다스
려도 그렇다면, 성인의 경우에는 백 년도 기다릴 것이 없다는 것이다.

...

12. 선생님께서 말씀하셨다. "왕자(王者)가 나타난다면 반드
시 일세대(一世代) 이후에는 세상이 인자해진다."

子曰: 如有王者, 必世而後仁.

解説　왕자라 함은 천하를 다스리는 이른바 천명을 받든 성인(聖
人)을 말한다. 일세대는 30년.

...

13. 선생님께서 말씀하셨다. "자기 몸을 바로 갖는다면 정치
에 종사하는 데 무슨 힘든 일이 있겠는가? 자기 몸을 바로 갖
지 못한다면 어떻게 남을 바로 잡겠는가?"

子曰: 苟正其身矣, 於從政乎何有? 不能正其身, 如正人何?

...

14. 염유가 조회(朝會)에서 물러나오자 선생님께서, "왜 그렇게 늦었느냐?" 하고 말씀하셨다. "나랏일이 있었습니다." 하고 대답하였다. 선생님께서 말씀하셨다. "그(계씨)의 개인 일이었을 게다. 나랏일이 있었다면 내가 등용되지 않았다고는 하지만 나도 그 일을 들었을 것이다."

冉子退朝. 子曰: 何晏也? 對曰: 有政. 子曰: 其事也. 如有政, 雖不吾以, 吾其與聞之.

解説　당시 노나라의 정권은 계씨가 잡고 있었고, 염유가 나간 것은 계가(季家)의 공조(公朝)에 불과했다. 나랏일을 처리하기 위해 늦었다고 했는데, 그것이 나랏일이 아니고 대부가(大夫家)의 일에 불과하다는 의미로, 나랏일이 있으면 자기도 들어서 알고 있을 거라고 공자는 말한 것이다. 물론 국정에 관한 것을 논의하였겠으나 국정을 일개 대부가에서 전단하는 것을 기자(譏刺)한 것이라 하겠다. "내가 등용되지 않았다"는 것은 이때 공자가 노나라에서 벼슬을 하지 않고 있음을 말한 것인데, 일설에는 공자는 대부로 있었으나 국정에 참여시켜 그의 의견을 써 주지 않는다는 뜻으로 취하기도 한다. 일본(一本)에는 '염유(冉有)'가 '염자(冉子)'로 되어 있어 그것을 근거로 이 장이 본래 염유의 제자의 기록이었다고 설명하기도 한다.

...

15. 정공(定公)께서 한마디로 나라를 잘되게 할 만한 것이 있는가를 물으셨다. 공자께서, "말은 그와 같을 수는 없습니다, 그와 가까운 것으로는, 사람들의 말에 '임금 노릇 하기는 어렵고 신하 노릇 하기는 쉽지 않다'고 한 것이 있습니다. 임금 노릇하는 것의 어려움을 안다면 한마디로 나라를 잘되게 하는데 가깝지 않겠습니까" 하고 대답하셨다.

"한마디로 나라를 망하게 할 만한 것이 있을까요?" 하고 물으셨다. 공자께서, "말은 그와 같을 수는 없습니다. 그와 가까운 것으로는, 사람들의 말에 '나는 임금 노릇을 하는 데에 다른 낙(樂)은 없고, 다만 말을 하면 나를 어기지 못한다는 것이 낙이라'고 한 것이 있습니다. 만약에 좋은 말을 어기지 못한다면 좋지 않겠습니까마는, 좋지 않은 말을 어기지 못한다면 한마디로 나라를 망치게 하는 데 가깝지 않겠습니까" 하고 대답하셨다.

定公問一言而可以興邦, 有諸? 孔子對曰: 言不可以若是其幾也, 人之言曰: '爲君難, 爲臣不易.' 如知爲君之難也, 不幾乎一言而興邦乎? 曰: 一言而喪邦, 有諸? 孔子對曰: 言不可以若是其幾也. 人之言曰: '予無樂乎爲君, 唯其言而莫予違也.' 如其善而莫之違也, 不亦善乎? 如不善而莫之違也, 不幾乎一言而喪邦乎?

解説 노나라 정공은 공자에게 난문(難問)을 제기했는데, 공자는 당시 사람들의 입에 올라 있는 말을 가지고 올바른 임금 노릇을 하는

데 필요한 마음가짐을 일러 준 것이다. 두 번째 질문에 대한 대답에 인용한 말은 『한비자(韓非子)』에도 나오는데, 진(晉) 평공(平公)의 말로 되어 있다. "말은 그와 같을 수는 없습니다, 그와 가까운 것으로는"을 '말에는 그 같은 효과를 기대할 수는 없습니다'로 풀이하기도 하나 여기서는 취하지 않았다.

...

16. 섭공(葉公)이 정치에 관해서 물었다. 선생님께서 말씀하셨다. "가까운 데서는 기뻐하고, 먼 데서는 오는 것입니다."

葉公問政. 子曰: 近者說, 遠者來.

解説 섭공에 관해서는 제7의 18 참조. 정치를 잘하면 인접 국가에서 그 은택(恩澤)을 입어 기뻐하고, 먼 나라에서는 그 정치를 잘하는 것을 사모하여 수호하러 온다는 것이다. 이 공자의 말을 일국(一國) 내의 일로 보는 사람도 있다.

...

17. 자하가 거보(莒父)의 읍재(邑宰)로 있을 때 정치에 관해서 여쭈어보았다. 선생님께서 말씀하셨다. "일을 속히 하려고 하지 말고, 작은 이익을 돌보지 말아라. 속히 하려고 들면 철저해지지 않고, 작은 이익을 돌보면 큰일이 이루어지지 않는다."

子夏爲莒父宰, 問政. 子曰: 無欲速, 無見小利. 欲速則不達, 見小利則大事不成.

거보는 노나라의 읍, 지금의 산둥 성 근주부 거주(莒州).

...

18. 섭공이 공자에게, "우리 사람들 가운데 몸을 곧게 갖는 사람이 있습니다. 제 아비가 양을 훔쳤는데 자식이 그것을 증언했습니다" 하고 말했다. 선생님께서 말씀하셨다. "우리들의 곧은 사람은 그와는 다릅니다. 아비는 자식을 위해서 숨기고, 자식은 아비를 위해서 숨기면 곧은 것이 그 가운데 있는 것입니다."

葉公語孔子曰: 吾黨有直躬者, 其父攘羊, 而子證之. 孔子曰: 吾黨之直者異於是, 父爲子隱, 子爲父隱, 直在其中矣.

解説 "몸을 곧게 갖는 사람"을 직(直)이라는 고장의 궁(躬)이라는 이름을 가진 사람으로 보는 설도 있다. 『여씨춘추』에 다음과 같은 직궁자(直躬者)의 이야기가 나온다. 초나라에 직궁자가 있었다. 자기 아비가 양을 훔쳤는데 그것을 임금에게 고발했다. 임금은 아비를 잡아다 사형에 처하려고 하였는데 직궁자가 대신 죽기를 청원했다. 그래서 그를 처형하려고 하였다. 그가 형리에게 "아비가 양을 훔쳤는데 그것을 고발한 것은 믿음성이 있지 아니하오?" 하고 말했다. 초왕이 그 말을 듣고서 그를 죽이지 않았다. 『한비자』에도 이 이야기가 나오는데 임금에게는 곧았으나 아비에게는 억울한 짓을 했다고 하여 직궁자를 잡아다 처벌한 것으로 되어 있다.

...

19. 번지가 인에 관해서 여쭈어보았다. 선생님께 말씀하셨다. "집에 거처하는 데 공손히 하고, 공사를 처리하는 데 조심스럽게 하고, 남과 사귀는 데 성실하게 한다는 것은 미개인들 틈에 간다 하더라도 버릴 수 없는 것이다."

樊遲問仁. 子曰: 居處恭, 執事敬, 與人忠, 雖之夷狄, 不可棄也.

解說 "미개인들"은 "夷狄(이적)"을 옮긴 말. 이(夷)는 동쪽 오랑캐, 적(狄)은 북쪽 오랑캐를 뜻한다. 세 가지 일은 문명한 중국에서는 말할 것도 없고, 미개한 야만 민족 사이에 간다 하더라도 지켜야 할 것임을 말해서 그러한 일이 인을 실천하는 기본임을 일러 준 것이다.

...

20. 자공이, "어떻게 해야 선비라고 할 수 있습니까?" 하고 여쭈어보았다. 선생님께서 말씀하시기를, "자기 자신의 행동에 있어 수치스러운 짓을 하지 않고, 외국에 사신으로 파견되어 임금이 준 사명을 욕되게 하지 않는다면 선비라고 할 수 있다."

"감히 그다음 가는 것을 여쭈어볼까요?" 하자, "친척들이 효성 있다고 칭찬하고, 한 마을 사람들이 우애스럽다고 칭찬하는 것이다"라고 말씀하셨다.

"감히 그다음 가는 것을 여쭈어볼까요?"

"말에는 반드시 신용이 있고, 행하는 일은 반드시 다 해치우는 것은 완고한 소인(小人)이기는 하나 그래도 역시 그다음은될 수 있다."

"지금 정치에 종사하고 있는 사람들은 어떠합니까?"하
자, 선생님께서 말씀하셨다. "아아, 째째한 인간들이니 축에
끼을 것도 못 된다."

子貢問曰: 何如斯可謂之士矣? 子曰: 行己有恥, 使於四方, 不辱
君命, 可謂士矣. 曰: 敢問其次. 曰: 宗族稱孝焉, 鄕黨稱弟焉. 曰:
敢問其次. 曰: 言必信, 行必果, 硜硜然小人哉, 抑亦可以爲次矣.
曰: 今之從政者何如? 子曰: 噫! 斗筲之人, 何足算也.

解説   자공은 외교사령에 능숙하였으므로 그에게 먼저 자기 자
신의 행동을 바로 할 것을 말하고, 그다음에 외교적 사명을 완수할 것
을 말한 것이라 하겠다.

...

21. 선생님께서 말씀하셨다. "중도(中道)를 가는 사람을 얻어
서 가르치지 못한다면 나는 반드시 과격한 사람과 고집 센 사
람을 택할 것이다. 과격한 사람은 진취적이고, 고집 센 사람
은 하지 않는 일이 있으니까."

子曰: 不得中行而與之, 必也狂狷乎狂者進取, 狷者有所不爲也.

解説   중도를 가는 사람은 과격하지도 않고 완고하지도 않은 조
화된 성격을 가진 사람이다. 과격한 사람이나 완고한 사람은 적극적
이고 소극적인 차이는 있으나, 그래도 다 자기가 옳다고 생각하는 일

에 대해서는 확신을 가지고 임한다는 점을 밝힌 것이라 하겠다.

...

22. 선생님께서 말씀하셨다. "남쪽 나라 사람들이 이런 말을 했다. '사람이 꾸준한 점이 없으면 (그런 사람에게는) 무당과 의원 노릇을 시킬 수가 없다.' 잘한 말이다. '자기의 덕(德)을 꾸준히 지켜 나가지 않으면 모욕을 당하는 수가 있다.'"

선생님께서, "점(占)이 되지 않을 따름이다"라고 말씀하셨다.

子曰: 南人有言曰:'人而無恆, 不可以作巫醫.' 善夫, '不恆其德, 或承之羞.' 子曰: 不占而已矣.

解說   남쪽 나라 사람의 말을 '사람이 꾸준한 점이 없으면 그런 사람은 무당과 의원 노릇을 할 수 없다'고 보는 사람도 있다. 또 무당과 의원을 무당 의원으로 풀이하는 설도 있다. "자기의 덕을"은 본래 역(易) 항괘(恒卦)의 괘사(卦辭)인데, 그것을 그대로 남쪽 나라 사람들의 말의 뜻을 받은 말로 쓴 것이다. "점이 되지 않을 따름이다"라고 말한 것은 사람이 꾸준하지 않고 변덕스러우면 길흉을 판단하는 점(占)이 성립될 수 없음을 말한 것인데, 이 말에 관해서는 해석이 여러 가지가 있다.

...

23. 선생님께서 말씀하셨다. "군자는 화합하기는 하나 뇌동(雷同)하지는 않고, 소인(小人)은 뇌동하기는 하나 화합하지는

않는다."

子曰: 君子和而不同, 小人同而不和.

解説　　군자는 남과 대처할 때 소신이 다르다고 남의 기분을 상하게 하지 않으며, 그렇다고 자기의 소신을 굽히고 명리를 위해 뇌동하는 일이 없다. 소인은 이와 반대로 자기의 명리를 위해서는 남에게 곧잘 뇌동하나 남과 화합하지는 않는다.

...

24. 자공이, "동네 사람들이 어떤 사람을 다 좋아한다면 어떻겠습니까?" 하고 여쭈어보았다. 선생님께서, "그래서는 안 된다"고 말씀하셨다.

"동네 사람들이 다 그를 미워한다면 어떻겠습니까?" 하고 여쭈어보았다. 선생님께서 말씀하셨다. "그래서는 안 된다. 동네 사람들 중의 선한 사람들은 그를 좋아하고 나쁜 사람들은 그를 미워하느니만 못하다."

子貢問曰: 鄕人皆好之, 何如? 子曰: 未可也. 鄕人皆惡之, 何如?
子曰: 未可也. 不如鄕人之善者好之, 其不善者惡之.

...

25. 선생님께서 말씀하셨다. "군자는 섬기기는 쉬우나 기뻐하게 하기는 어렵다. 그를 기뻐하게 하는데 정당한 방법을 가지고 하지 않는다면 그는 기뻐하지 않는다. 그가 사람을 부

리게 되면 그 사람의 재능을 살펴서 한다. 소인을 섬기기는 어려우나 기뻐하게 하기는 쉽다. 그를 기뻐하게 하는 데 비록 정당한 방법을 가지고 하지 않는다 하더라도 그는 기뻐한다. 그가 사람을 부리게 되면 그 사람이 갖은 짓을 다 해 주기를 바란다."

子曰: 君子易事而難說也, 說之不以道, 不說也. 及其使人也, 器之. 小人難事而易說也, 說之雖不以道, 說也. 及其使人也, 求備焉.

...

26. 선생님께서 말씀하셨다. "군자는 태연하나 교만하지는 않다. 소인은 교만하나 태연하지는 않다."

子曰: 君子泰而不驕, 小人驕而不泰.

...

27. 선생님께서 말씀하셨다. "강직하고 과감하고 질박하고 어늘하면 인에 가깝다."

子曰: 剛·毅·木·訥近仁.

...

28. 자로가, "어떻게 해야 선비라고 할 수 있습니까?" 하고 여쭈어보았다. 선생님께서 말씀하셨다. "절실하고 자상하면서 화락(和樂)하면 선비라고 할 수 있다. 벗들과 절실하고 자

상하며 형제들과는 화락하게 된다."

子路問曰: 何如斯可謂之士矣? 子曰: 切切偲偲, 怡怡如也, 可謂
士矣. 朋友切切偲偲, 兄弟怡怡."

解説　본편(本篇) 20의 자공의 질문과 같으나 자로에게는 다르게
말한 것은 역시 자로의 성격에 비추어서 일러 준 것이라 하겠다.

...

29. 선생님께서 말씀하셨다. "선한 사람이 국민을 7년 동안 가
르친다면 역시 그 국민을 가지고 전쟁에 나설 수 있을 것이다."

子曰: 善人敎民七年, 亦可以卽戎矣.

解説　탁월한 인물이 아니고 다만 양심적인 사람이 국민을 가르
친다면, 공자나 자로가 자신한 것 같은 3년이라는 짧은 기간에 국민
을 나라를 위해 합심해서 봉사하도록까지는 만들 수 없겠지만 7년이
라는 상당히 긴 세월 동안 계속하면 그렇게 할 수 있다는 것이다.

...

30. 선생님께서 말씀하셨다. "가르치지 않은 국민을 가지고
전쟁을 한다는 것은 국민을 버리려는 것이다."

子曰: 以不敎民戰, 是謂棄之.

14. 헌문(憲問)

「헌문」편은 서술에 원헌(原憲)의 이름이 직접 쓰인 것으로 보아 본
래 원헌의 기록이었다고 보고 있다. 물론 『논어』 편찬자들에 의해 다
소의 조절이 가해졌을 것이다. 모두 47장이다.

   ...

1. 내가(헌이) 수치에 관해서 여쭈어보았다. 선생님께서 말씀
하셨다. "나라가 정도(正道)에 의해 다스려지면 녹(祿)을 받
을 것이나, 나라가 정도에 의해 다스려지지 않는데 녹을 받는
것은 수치스러운 일이다."

憲問恥. 子曰: 邦有道, 穀, 邦無道, 穀, 恥也.

解説   원헌의 자(字)는 자사(子思). 노나라 사람(송나라 사람이라고
도 함). 공자의 제자로 공자보다 36세 연소하였다.

...

2. "기승한 짓, 뽐내는 일, 원한을 품는 일, 욕심 부리는 일을
하지 않으면 인자하다고 할 수 있을 것입니다."

　　선생님께서 말씀하셨다. "그렇게 하는 것은 어렵다고는 할
수 있으나 인자한지는 나는 모르겠다."

克伐怨欲不行焉, 可以爲仁矣. 子曰: 可以爲難矣, 仁則吾不知
也.

　　解説　　이 장은 전장(前章)부터 계속한 공자와의 대화다. 그러한
짓을 하지 않는다는 것은 어렵기는 하지만, 그것만으로 인자하다고는
할 수 없음을 일러 준 것이다.

...

3. 선생님께서 말씀하셨다. "선비로서 편안히 있기만을 생각
한다면 선비랄게 못 된다."

子曰: 士而懷居, 不足以爲士矣.

　　解説　　편안하게 있기만을 생각한다면 정의를 위해 마땅히 해야
할 일을 선뜻 나서서 하지 못한다.

...

4. 선생님께서 말씀하셨다. "나라에 정도(正道)가 행해질 때
에는 대담하게 말하고 대담하게 행동할 것이고, 나라에 정도

236

가 행해지지 않을 때에는 대담하게 행동할 것이나 말은 부드
러워야 한다."

子曰: 邦有道 危言危行, 邦無道, 危行言孫.

...

5. 선생님께서 말씀하셨다. "덕이 있는 사람은 반드시 주장할
말이 있을 것이나, 주장할 말이 있는 사람이라고 해서 반드시
덕이 있는 것은 아니다. 인자한 사람은 반드시 용기가 있을 것
이나, 용감한 사람이라고 해서 반드시 인자한 것은 아니다."

子曰: 有德者必有言, 有言者不必有德. 仁者必有勇, 勇者不必有
仁.

...

6. 남궁괄(南宮适)이 공자에게 이렇게 물었다. "예(羿)는 활
을 잘 쏘았고, 오(奡)는 배를 잘 뒤집었으나 다 올바른 죽음을
하지 못하였습니다. 그러나 우(禹)와 직(稷)은 몸소 농사를 지
었는데도 천하를 차지하였습니다."

　선생님께서 이 말에 대답을 하시지 않으셨다. 남궁괄이 나
가자 선생님께서 말씀하셨다. "군자로다, 그 사람은. 덕을 숭
상하는구나, 그 사람은."

南宮适問於孔子曰: 羿善射, 奡盪舟, 俱不得其死然. 禹稷躬稼
而有天下. 夫子不荅. 南宮适出, 子曰: 君子哉! 若人. 尙德哉! 若
人.

남궁은 복성, 괄은 이름[그의 이름을 도(韜)·열(閱) 또는 열(說)이라는 데도 있다], 자는 자용(子容). 맹희자(孟僖子)의 아들(제2의 5 참조), 노나라 사람으로 공자의 제자. 나이는 미상. 남궁괄의 말에는 묻는 내용이 없는데 "물었다"고 한 것은 기록한 사람의 잘못으로 보인다. 예(羿)는 유궁국(有窮國)의 임금의 호. 하(夏)의 말세(末世)에 정권을 빼앗았으나 활 잘 쏘는 것만 믿고서 정치는 돌보지 않고 사냥에만 열중했다. 예의 재상 한착(寒浞)이 예의 첩을 가까이하고, 유력자들을 매수하여 그 백성들을 우롱하고 드디어는 나라를 빼앗아 버렸다. 예는 그것도 모르고 사냥에서 돌아왔는데, 여러 사람들이 달려들어 그를 죽인 다음 삶아서 그의 아들에게 먹이려고 했다. 그의 아들은 차마 그것을 먹지 못하고 궁문(窮門)에서 죽었다. 이때의 예의 사람 미(靡)는 유력(有鬲) 씨의 고장으로 도망가 버렸다. 착(浞)은 예의 처를 데리고 살면서 오(奡)와 희(豷)를 낳았다. 착은 오를 시켜 군사를 일으켜 짐관(斟灌) 씨와 짐심(斟鄩) 씨를 토멸시켰다. 오는 짐심 씨와 유(濰)에서 대전을 했는데, 이때 오는 짐심의 배를 뒤집어 엎어 대승리를 거두었다. 그 후 오는 과(過)라는 곳에 있게 되었고, 착은 역시 자기의 수단만 믿고 백성을 돌보지 않았다. 미(靡)가 유력 씨의 고장에서 유궁과 유력 두 나라의 남은 힘을 모아 착을 토멸해 버리고 소강(小康)을 임금으로 세웠다. 소강이 과에서 오를 토멸해 버렸다.

우는 몸소 관개 사업에 종사하여 농사를 할 수 있도록 만들었다. 그 후 순 임금의 선양을 받아 천하를 차지하게 되었다. 후직(后稷)은 곡식을 심어서 농사를 짓는 데 성공하였고, 그의 자손은 후에 주나라를 세워 천하의 종주(宗主)가 되었다. 덕의 근본은 자기 개인의 욕망을 억제하고 남을 위해 일하는 데 있다. 예와 오는 다 자기의 욕망을 위주로 한 대표적인 인간들이고, 우와 직은 자기를 희생시키고 남을 위해 일한 대표적인 인물들이다. 그 보답은 전자에게는 일신의 멸망이었고, 후자에게는 온 천하를 차지하는 것이었으니, 덕이 있는 사람은 목전의 이익은 없지만 결국 자기를 크게 만드는 힘이 된다. 남궁괄이 이러한 점을 깨달은 것을 찬양한 것이다.

...

7. 선생님께서 말씀하셨다. "군자이면서 인자하지 않은 사람은 있었지만, 소인이면서 인자한 사람은 있은 적이 없다."

子曰: 君子而不仁者有矣夫, 未有小人而仁者也.

...

8. 선생님께서 말씀하셨다. "사랑하면서 애쓰지 않을 수 있겠느냐? 충성을 바치면서 가르쳐 주지 않을 수 있겠느냐?"

子曰: 愛之, 能勿勞乎? 忠焉, 能勿誨乎?

解説   사랑한다면 잘 되도록 보아 주어야 하므로 자연 힘이 들게 마련이고, 충성을 바친다면 올바로 되도록 힘써야 하므로 자연 올바른 길을 일러 주게 마련이다.

...

9. 선생님께서 말씀하셨다. "(정나라에서) 외교 문서를 만들

때에는 비심(裨諶)이 초안을 작성하였고, 세숙(世叔)이 그것을 검토·수정하였고, 행인(行人) 자우(子羽)가 그것에 수식을 가했고, 동리(東里)의 자산(子產)이 그것을 윤색하였다."

子曰: 爲命, 裨諶草創之, 世叔討論之, 行人子羽修飾之, 東里子產潤色之.

解説   정나라에서 제후와 응대하기 위한 외교 문서를 만들 때에는 당시 정나라의 인물 중에서 출중한 재능을 가진 사람들이 각각 자기의 특장(特長)에 따라 그 작성에 참획(參劃)하여 외교상의 실패를 초래하지 않기에 이르렀다는 것이다. 좌씨(左氏) 양공(襄公) 30년전(傳)에 의하면 자산은 이렇듯 인물을 잘 동원하여 정치를 했던 것이다. 비심[裨諶: 이름은 조(竈), 자는 심(燖). 諶과 燖은 통용자], 세숙[世叔: 자태숙(子太叔)으로 불리기도 한다. 이름은 유길(游吉)], 자우[子羽: 공손휘(公孫揮)의 자(字)], 자산은 다 정나라의 유능한 대부들로, 자산이 집정할 때에 이러한 사람들의 재능을 잘 발휘시켰다. 행인은 외국 사신을 접대하는 벼슬. 동리(東里)는 이명(里名). 이곳에서는 자산을 비롯한 많은 인재가 배출되었다.

...

10. 어떤 사람이 자산에 관해서 여쭈어보았다. 선생님께서 말씀하셨다. "남을 아끼는 사람이다."

자서(子西)에 관해서 여쭈어보았더니, "그 사람, 그 사람!" 하고 말씀하셨다.

관중(管仲)에 관해서 여쭈어보았더니 말씀하셨다. "인물이
다. 그가 백씨(伯氏)의 병읍(騈邑) 300호(戶)를 빼앗아 거친
음식을 먹기에까지 만들었으나, 백씨는 평생토록 원망하는
말이 없었다."

或問子産. 子曰: 惠人也. 問子西, 曰: 彼哉! 彼哉! 問管仲. 曰: 人
也. 奪伯氏騈邑三百, 飯疏食, 沒齒無怨言.

解説　정나라의 대부 자산은 그 정치가 관후하지는 않았으나 사
람을 아끼는 마음을 가지고 있었다. 그는 다리를 수리했어야 하지만
그것은 내버려 두고 자기 수레로 사람들을 강 건너까지 데려다 주었
다는 것이다. 자서는 초나라의 공자(公子) 신(申). 『사기』에 의하면 초 소
왕이 서사(書社) 700리(里)로 공자를 봉해 주려고 하였는데, 자서가 초
나라를 위해 좋지 않을 것이라고 하여 그만두게 하였다고 한다. 백씨
(伯氏)의 병읍(騈邑)은 지금의 산동 성 임구현에 있었다. 백씨가 죄과
를 저질러 관중이 제나라 환공(桓公)에게 청하여 병읍을 빼앗아 버려
빈궁 속에 빠져 버렸으나 백씨는 그것이 자기의 죄과에 대한 당연한
조처로 생각하여 관중을 원망하는 말을 평생토록 입 밖에 내지 않았
다는 것이다. 제나라 환공이 백씨의 봉읍(封邑)을 빼앗아 관중에게 주
었다는 설도 있다. "인물이다"를 '그 사람은'으로 풀이하기도 한다.

...

11. 선생님께서 말씀하셨다. "빈한(貧寒)하면서 원망하는 일이
없기는 어렵고, 부유하면서 교만하게 구는 일이 없기는 쉽다."

子曰: 貧而無怨難, 富而無驕易.

 이 장은 위의 10과 관련해서 한 말로 생각된다.

...

12. 선생님께서 말씀하셨다. "맹공작(孟公綽)은 조씨(趙氏)나 위씨(魏氏)의 가노(家老) 노릇을 하기엔 넉넉하지만 등(滕)나라나 설(薛)나라의 대부 노릇은 할 수 없다."

子曰: 孟公綽爲趙魏老則優, 不可以爲滕薛大夫.

 맹공작은 노나라 대부로 염정하고 과욕했으나 국정을 맡아 볼 만한 재능은 없었던 것으로 전해진다. 조·위는 진나라의 경(卿)의 집안이므로 그런 집안 가신(家臣)의 장(長) 노릇을 하면 명망은 있으나 일에 큰 책임이 없으므로 맹공작 같은 인물은 그러한 가노(家老)의 직위는 감당하고 남음이 있었다. 그러나 나랏일을 처리해 나가는 데 있어서는 노나라 같은 큰 나라는 말할 것도 없고 등(지금의 산둥 성 등현)이나 설(등현 남쪽 40리에 있는 설성) 같은 작은 나라의 대부 노릇도 감당해 내지 못한다는 것이다. 결국 노나라에서 재능을 헤아리지 않고 사람을 쓰는 것을 풍자한 말이다.

...

13. 자로가 완성된 인간에 관해서 여쭈어보았다. 선생님께서 말씀하셨다. "만약에 장무중(臧武仲)의 지혜와 맹공작(孟公

緯)의 과욕(寡慾)과 변장자(卞莊子)의 용기와 염구(冉求)의 재주에다가 예(禮)와 악(樂)으로 윤색한다면 또한 완성된 인간이라고 할 수 있다."

또 말씀하셨다. "지금의 완성된 인간이야 뭐 그러할 것까지야 있겠느냐. 이(利)를 볼 기회를 당면해서는 그것을 취하는 것이 의로운가를 생각하고, 나라가 위태로워진 것을 보고는 목숨을 내놓고, 오래된 약속에 대하여 지난날의 말을 잊지 않는다면 또한 완성된 인간이라고 할 수 있다."

子路問成人. 子曰: 若臧武仲之知, 公綽之不欲, 卞莊子之勇, 冉求之藝, 文之以禮樂, 亦可以爲成人矣. 曰: 今之成人者, 何必然. 見利思義, 見危授命, 久要不忘平生之言, 亦可以爲成人矣.

解説 장무중의 이름은 홀(紇), 무(武)는 시호, 중(仲)은 항렬. 홀은 지혜로운 사람이었으나 계씨에 아부하여 장자(長子)를 폐하고 유자(幼子)를 옹립하였는데 편을 들었다가 노나라에 있지 못하고 망명했다. 변(卞)은 지금의 산동 성 사수현 동부에 있던 노나라의 읍. 장자는 변읍의 대부였는데, 두 마리의 범을 찔러 죽였다는 용맹한 사람으로, 제나라가 노나라를 치려고 하였으나 변의 장자를 꺼려 감히 변읍을 지나가지 못했다고 한다. 『한시외전』에 의하면 변장자의 용기는 대단하였지만 그의 모친이 늘 성치 않아 세 차례 전쟁에 나가 세 차례 모두 패배했다. 그래서 친구들은 그를 비난하고 국군은 그를 욕했다. 그런데 그의 모친이 죽은 지 3년이 되자 노나라에서는 군대를 동원하여 제나라를 정벌했다. 장자는 자청해서 종군하여 적군에 달려가 싸

위 적의 요원의 목을 잘라다 바치고 "이것으로 한 번 패배한 책임을 면하게 하여 주십시오" 하고, 또 적의 요원의 목을 잘라다 바치고는 "이것으로 두 번 패배한 책임을 면하게 하여 주십시오" 했다. 장군이 그를 말리고 "그만하면 충분하오" 하고 말했으나 그만두지 않고 또 적의 요원의 목을 잘라다 바치고 " 이것으로 세 번 패배한 책임을 면하게 하여 주십시오" 했다. 장군은 그를 말리고 "그만하면 충분하오. 나하고 형제를 맺읍시다" 했다. 장자는 "세 번 패배한 것은 어머님을 봉양하기 위해서였습니다. 이제 어머님은 돌아가시고 내 책임은 면했습니다. 제가 듣건대 절개 있는 사나이는 오명을 지니고 살지는 않는다고 합니다" 하고 마침내 적군 있는 데로 달려가서 70명을 죽이고 죽었다. 세 번 패배한 책임을 면하고 나서 또 나가 죽어서 자기 집안의 대를 끊어 버린 것은 사나이의 기절(氣節)은 다소 갖추어졌다고 하지만 효도는 다한 것이 못 된다고 당시 사람들은 그를 비평했다는 것이다. 공자는 염구가 재주 있다고는 하였으나 정치에 종사할 자질이 없다고 평했고, 그가 자기의 포부를 말할 때에도 자기가 3년을 다스리면 국민을 유족(裕足)하게 만들 수 있으나 예와 악에 관해서는 군자를 기다려야 한다고 했다. 일설에는 제2단에 "지금의 완성된 인간"이라는 말이 나오는 것을 공자의 제자인 염구를 마치 지난날의 사람인 것같이 말한 것은 기록자의 잘못이고, 염족(冉族) 중의 다른 인물을 말한 것이었으리라고 보기도 하나 행문상(行文上)으로 보아 그렇게 고집할 것까지는 없다.

...

14. 선생님께서 공명가(公明賈)에게 공숙문자(公叔文子)에 관해서 물어보셨는데, "사실입니까? 그분은 말도 하지 않고 웃지도 않고 물건을 받지도 않습니까?" 하고 말씀하셨다. 공명가가 대답하기를, "말을 전한 사람이 지나치게 말한 탓입니다. 그분은 해야 할 때가 되면 말하므로 사람들이 그분의 말을 싫어하지 않고, 즐거워지면 웃으므로 사람들이 그분의 웃음을 싫어하지 않고, 의로워야 물건을 받으므로 사람들이 그분이 받는 것을 싫어하지 않습니다." 선생님께서 말씀하셨다. "그래요? 정말 그렇단 말인가요?"

子問公叔文子於公明賈曰: 信乎, 夫子不言不笑不取乎? 公明賈對曰: 以告者過也. 夫子時然後言, 人不厭其言 樂然後笑, 人不厭其笑 義然後取, 人不厭其取. 子曰: 其然, 豈其然乎?

解説　공숙문자는 위나라의 대부 공손지(公孫枝). 공명(公明)은 복성, 가(賈)는 이름, 공숙문자의 측근자였던 것으로 짐작된다. 공자는 문자가 그렇게까지 완벽할 수 있으리라고는 믿어지지 않았던 것이다.

...

15. 선생님께서 말씀하셨다. "장무중(臧武仲)이 방읍(防邑)의 힘을 가지고 거기에 자기의 후계자를 세워 주기를 노나라에 요구하였으니, 임금에게 강요하지는 않았다고 말한다 하여도 나는 그것을 믿지 않는다."

子曰: 臧武仲以防求爲後於魯, 雖曰不要君, 吾不信也.

解説　장무중은 노나라의 대족(大族) 맹씨(孟氏)와 계씨(季氏) 사이에 끼어서 여러 가지 꾀를 부리다가 원수를 사서 주(邾)로 망명하였다. 그는 다시 그의 봉읍(封邑)이었던 방읍(防邑)으로 돌아와 자기는 후사가 끊길 만한 죄는 저지르지 않았으니 자기 대신 이복형 장위(臧爲)를 방읍의 후계자로 봉해 달라고 청했다. 속읍(屬邑)의 후계자를 세우는 것은 임금의 뜻에 의해 할 일인데, 그것을 청하는 것 부터가 대역에 속하는 짓이다. 그런데 이때 장무중은 그 청을 들어주지 않으면 방읍을 가지고 반란을 일으킬 기세였으므로, 공자는 그가 직접 노나라의 임금에게 강요하지는 않았으니 대역죄에 저촉되지 않는다고 말한다 하더라도 믿지 않겠다는 것이다.

...

16. 선생님께서 말씀하셨다. "진(晉) 문공(文公)은 임기응변으로 꾸며 나갔으나 올바른 법도(法度)에 의하지는 못하였고, 제 환공(桓公)은 올바른 법도에 의해서 해 나갔으므로 임기응변으로 꾸며 나가지는 못했다."

子曰: 晉文公譎而不正. 齊桓公正而不譎.

解説　제 환공과 진 문공은 다 춘추시대의 패제후(霸諸侯)다. 공자는 이 두 사람의 정치 방법을 비평한 것이다. 정치를 하는 데는 올바른 법도에 따라서 대의를 지켜 나가는 것과 임기응변하여 비상사

태를 타개해 나가는 것 모두 필요하다. 제 환공은 후자가 부족하였고, 진 문공은 전자가 부족하였다고 본 것이다. 그러나 모든 일은 결국 올바른 법도를 따라 처리되어야 하므로 뒤의 인물인 진 문공을 먼저 이야기하여 그래도 같은 패제후지만 그보다 먼저의 인물인 제 환공이 올바른 법도에 따라 일을 처리한 것을 높이 평가한 것이라 하겠다. 제 환공은 강소백(姜小白)·관중(管仲)의 힘을 얻어 주(周) 천자(天子)를 종주로 받들고 제후에 호령하였다. 초를 공벌(攻伐)할 때에도 주 소왕이 남정(南征)하여 돌아오지 않은 책임을 초에게 물었다는 것을 그가 올바른 법도에 따른 예로 들고 있다. 진 문공은 희중이(姬重耳), 43세 때 외국에 망명하였다가 19년 후에 돌아와 62세의 연로한 몸으로 패를 칭하기 위해 그는 많은 권모(權謀)를 쓰고 올바른 법도에 의해 일을 처리하는 여유를 갖지 못했다. 그가 초를 공벌할 때에 주 천자를 순수(巡狩)라는 명목으로 하양(河陽)에 불러다 놓고 제후들로 하여금 천자를 만나게 한 것을, 신하로서 천자를 불러왔다 하여 올바른 법도에 따르지 않은 예로 든다.

...

17. 자로가, "환공이 공자(公子) 규(糾)를 죽이자 소홀(召忽)은 규를 위해 죽었는데 관중(管仲)은 죽지 않았습니다"라고 말하고, "인자하지는 아니하겠습지요?" 하고 말씀드렸다. 선생님께서 말씀하셨다. "환공이 제후들을 규합하는 데 전차(戰車)를 쓰지 않고 한 것은 관중(管仲)의 힘이다. 이것이 곧 관중의 어짊이다. 이것이 곧 관중의 어짊이다."

子路曰: 桓公殺公子糾, 召忽死之, 管仲不死. 曰: 未仁乎? 子曰:
桓公九合諸侯, 不以兵車, 管仲之力也. 如其仁. 如其仁.

解説　장공 8년『좌전』에 의하면 제 양공 때 태자 책립을 둘러싼
대혼란이 일어났는데, 포숙아는 공자(公子) 소백(小白)을 받들어 거
(莒)로 망명하고, 관중은 소홀과 함께 공자 규를 받들어 노나라로 망
명하였다. 한편 제나라에서는 양공이 무지(無知)의 손에 죽었다. 공자
소백이 거에서 먼저 제나라로 돌아와서 계위(繼位)하였는데 바로 환
공이다. 노나라에서는 공자 규를 받아들였으나 제나라와의 건시(乾
時)에서의 전투에서 패전하여 결국 제나라의 요구에 의해 공자 규를
죽였고, 또 관중과 소홀 두 사람은 죄수 차에 실어 제나라로 보내야
했다. 소홀은 자살했고 관중은 죄수 차에 실려 갔다. 포숙아의 천거
로 환공은 관중을 기용하여 결국 패권을 잡기에 이르렀다. "제후들을
규합하다"를 '제후를 아홉 번 모으다'로 풀이하는 설도 있다.

...

18. 자공이, "관중은 인자한 사람은 아닐 것입니다. 환공이
공자(公子) 규(糾)를 죽였는데, 규를 위해 죽지 못하고 또 환
공의 재상(宰相) 노릇을 하였습니다" 하고 말씀드렸다. 선생님
께서 말씀하셨다. "관중이 환공의 재상이 되어 환공은 제후
를 거느려 천하를 통일하고 바로잡아 놓았고 사람들은 지금
까지도 그 혜택을 입고 있다. 관중이 없었다면 나는 머리를 풀
고 옷섶을 왼쪽으로 여미고 살 뻔했다. 어찌 필부필부(匹夫匹

婦)가 자자한 신의(信義)를 지키는 것과 같겠느냐? 개천에서
제 손으로 목매어 죽어도 알아 줄 사람은 없다."

子貢曰: 管仲非仁者與? 桓公殺公子糾, 不能死, 又相之. 子曰:
管仲相桓公, 霸諸侯, 一匡天下, 民到于今受其賜. 微管仲, 吾其
被髮左衽矣. 豈若匹夫匹婦之爲諒也? 自經於溝瀆而莫之知也.

解説　머리를 풀고 옷섶을 왼쪽으로 여미고 사는 것은 미개민(未
開民)의 풍속을 말한 것으로, 관중의 힘이 아니었다면 중국이 미개민
의 지배를 받아, 중국의 예제(禮制)는 다 없어져 버렸을 것이라는 뜻
을 나타낸 것이다. 필부필부는 서인의 남녀. 개천에서 목매어 죽는 것
은 필부의 자자한 신의에 따른 행위. 공자는 관중이 공자(公子) 규를
위해 죽어 버렸다면 그것도 그런 부류에 속하는 것에 지나지 않는다
고 본 것이다.

...

19. 공숙문자의 가신(家臣)이었던 대부(大夫) 선(僎)은 문자
(文子)와 함께 위공(衛公)의 조정에 나가 벼슬을 살았다. 선생
님께서 이 이야기를 들으시고 말씀하셨다. "(시호를) 문(文)이
라고 할 만하다."

公叔文子之臣大夫僎, 與文子同升諸公. 子聞之曰: 可以爲文矣.

解説　공숙문자는 위나라의 대부로서, 자기의 가신이었던 선이
인물임을 알고 자기의 지위도 잊고 선을 위공에 천거하여 자기와 동

렬(同列)의 대부로 일하게 하였다. 시법(諡法)에 의하면 평민에게 작위를 준 인물을 문(文)이라고 한다. 공자는 공숙문자의 그러한 언행만으로도 문이라는 시호를 받기에 합당하다고 지적한 것이다. 위군(衛君)이 공숙문자를 위해 정해 준 시호는 정혜문자(貞惠文子)였는데, 열거한 사항에는 자기의 가신을 자기와 동렬의 대부로 천거한 일은 들어 있지 않으므로 공자는 특히 그러한 점을 지적한 것이라 하겠다.

...

20. 선생님께서 위 영공(靈公)의 무도(無道)함을 말씀하시자 계강자(季康子)가, "대체 그러하면서 왜 국군의 자리를 잃지 않고 있나요?" 하고 말했다. 공자께서 말씀하셨다. "중숙어(仲叔圉)가 빈객(賓客)을 맡아 보고, 축타(祝鮀)가 종묘 일을 맡아 보고, 왕손가(王孫賈)가 군대를 맡아 봅니다. 이같이 하는데, 왜 국군의 자리를 잃겠습니까?"

子言衛靈公之無道也. 康子曰: 夫如是, 奚而不喪? 孔子曰: 仲叔圉治賓客, 祝鮀治宗廟, 王孫賈治軍旅, 夫如是, 奚其喪?

解説 위 영공은 무도하였으나 인재를 적소에 쓰고 있기 때문에 그의 국군의 지위를 잃지 않고 있음을 말한 것이다. 계강자는 계씨의 장으로 노나라의 집권자. 중숙어는 공문자(제5의 14 참조). 민첩하고 배우기를 좋아하여 아랫사람에게 묻기를 부끄러워하지 않았다. 학문이 있는 사람은 외국에서 찾아온 빈객과 응대하는 책임을 잘 감당할 수 있다. 축타는 제6의 14 참조. 정공 3년 『좌전』에 의하면, 소릉(昭陵)의

회맹(會盟)에서 채나라를 위나라의 상위에 두려고 하자 축타는 위나라의 시조 강숙(康叔)을 내세우고 다투어서 위후(衛侯)를 상위에 세우는데 성공하였다. 왕손가(제3의 13 참조)는, 전택(鄟澤)의 회맹에서 위후가 진에게 모욕당하는 것을 위국인(衛國人)을 격동시켜 설욕하는데 성공하였다.

...

21. 선생님께서 말씀하셨다. "말을 앞세우는 것을 부끄러워하지 않으면 말을 실천하기는 힘이 든다."

子曰: 其言之不怍, 則爲之也難.

...

22. 선생님께서 말씀하셨다. "진성자(陳成子)가 제나라의 간공(簡公)을 살해하였다." 공자께서는 목욕을 하시고 조정에 나가셔서 애공(哀公)께, "진항(陳恒)이 그의 임금을 살해하였습니다. 그를 토벌하시기 바랍니다" 하고 말씀하셨다. 공(公)이, "그것을 삼자(三子)에게 말하시오" 하고 말씀하셨다. 공자께서, "대부(大夫)의 말석(末席)에 있었기 때문에 감히 말씀드리지 않을 수 없었던 것입니다" 하고 말씀하셨다. 삼자에게 가서 말씀하셨는데 안 된다고 하자 공자께서, "제가 대부의 말석에 있었기 때문에 감히 말씀드리지 않을 수 없었던 것입니다" 하고 말씀하셨다.

陳成子弑簡公. 孔子沐浴而朝, 告於哀公曰: 陳恆弑其君, 請討

之. 公曰: 告夫三子. 孔子曰: 以吾從大夫之後, 不敢不告也. 君曰
告夫三子者. 之三子告, 不可. 孔子曰: 以吾從大夫之後, 不敢不
告也.

解説　진항은 제나라의 대부, 성(成)은 그의 시호. 제 간공(簡公)의
이름은 임(壬), 노 애공(哀公) 14년(기원전 481년) 4월에 진항이 그의 임
금을 잡아서 서주(舒州)에 두었다가 6월에 살해했다. 동년(同年)『좌
전』참조. 신하가 그 임금을 살해하면 타국이라 하더라도 그 죄를 묻
고 토벌하는 것이 정의였으므로 공자는 노나라의 대부로 있었던 의리
상, 목욕재계하고 노 애공을 찾아가 대의를 위해 진항을 토멸하기를
청원 하였던 것이다. 당시 노나라의 실권은 계씨를 두목으로 하는 3가
(三家)의 손에 있었으므로 애공은 자기 마음대로 결정을 내리지도 못
하고 도리어 공자에게 그 일을 3가에 말하라고 하였던 것이다. 계씨는
그 입장이 진항의 경우와 비슷하므로 진항 토벌을 저지시켰던 것이다.
공자가 대부로 있던 의리상 그 말을 했다고 3가에 말한 것은 그들을
풍자한 것이다.

　　…
**23. 자로가 임금을 섬기는 것에 관해서 여쭈어보았다. 선생님
께서 말씀하셨다. "기만하지 말고 임금 앞에서 간쟁(諫諍)하
여라."**
子路問事君. 子曰: 勿欺也, 而犯之.

解說　기만하지 말라는 것은 임금이 그릇된 줄 알면서 그 기분을 상하지 않게 하기 위해서 덮어 둔다든지 하는 따위의 짓을 하지 말라는 뜻이다.

...

24. 선생님께서 말씀하셨다. "군자는 위로 올라가고 소인은 밑으로 내려간다."

子曰: 君子上達, 小人下達.

解說　군자는 정대(正大)한 도리에 따라 살아가므로 날로 향상하여 고명한 경지에 도달하는데, 소인은 이와 반대로 사소한 이욕에 좌우되어 살기 때문에 저열해져 더러운 지경에 들어가고 만다는 것이다.

...

25. 선생님께서 말씀하셨다. "옛날의 공부하는 사람들은 자기 때문에 하였고, 지금의 공부하는 사람들은 남 때문에 한다."

子曰: 古之學者爲己, 今之學者爲人.

解說　자기 때문에 공부한다는 것은 마땅히 해야 할 것을 배워서 자기를 향상시키기 위한 일이고, 남 때문에 한다는 것은 자기가 남에게 알려지기 위한 일이다. 공자는 자기의 향상을 위해서 공부하던 옛사람의 태도를 군자답게 본 것이다. 『순자』「권학」편에 군자지학(君子之學)과 소인지학(小人之學)을 대조시켜 논술한 것이다.

...

26. 거백옥(遽伯玉)이 공자께 사람을 보내와, 공자께서 그와 함께 앉으셔서, "선생께서는 무엇을 하고 계시오?" 하고 물으셨다.

"저의 선생께서는 자기의 허물을 덜게 하려 하시지만 진전이 없으십니다" 하고 대답했다. 그 심부름 온 사람이 나가자 선생님께서는, "(훌륭한) 심부름꾼이다! (훌륭한) 심부름꾼이다!" 하고 말씀하셨다.

遽伯玉使人於孔子; 孔子與之坐而問焉, 曰: 夫子何爲? 對曰: 夫子欲寡其過而未能也. 使者出. 子曰: 使乎! 使乎!

解說 거원(遽瑗)의 자는 자옥(子玉), 백(伯)은 항렬, 위나라의 대부. 공자가 위나라에 가 있을 때 백옥의 집에 머물러 있었다. 공자는 백옥과의 그러한 관계로 그의 사자(使者)를 정중히 다루어 같이 앉아 백옥의 근황을 물은 것이다. 사자가 자기 주인이 자기 향상을 위해 노력하고 있는 것을 말하고, 또 그것이 뜻대로 되지 않고 있다고 덧붙인 것이 주인을 위한 가장 적절한 말임에 탄복한 것이다. 월리(A. Waley)는 사자의 말에 다른 뜻이 함축되어 있는 것이 아닌가 하고 생각했다. 거백옥이 공자에게 위나라의 벼슬자리를 얻어 주기로 약속하였던 것을 실행하지 못해서, 사자가 백옥이 여전히 힘쓰고 있으나 아직 성공하지 못하고 있다는 뜻을 그렇게 말한 것이 아닌가 하는 것이다.

···

27~28. 선생님께서 말씀하셨다. "그 직위에 있는 것이 아니면 그 직무를 논의하지 않는 것이다."

증자께서 말씀하셨다. "군자는 생각하는 것이 자기의 벼슬자리의 범위를 벗어나지 않는다."

子曰: 不在其位, 不謀其政.

曾子曰: 君子思不出其位.

解説 전단(27)은 제8의 14에 이미 나온 말이다. 그리고 후단(28)은 증자가 그 뜻을 부연하기 위해서 역(易) 간괘(艮卦)의 단사(彖辭)를 인용한 것이다.

···

29. 선생님께서 말씀하셨다. "군자는 자기가 말한 것이 실행하는 것보다 지나치는 것을 부끄러워한다."

子曰: 君子恥其言而過其行.

···

30. 선생님께서 말씀하셨다. "군자의 도(道)는 셋인데, 내가 해낼 수 있는 것은 하나도 없다. 인자한 사람은 근심하지 않고, 지혜로운 사람은 의혹에 빠지지 않고, 용감한 사람은 두려워하지 않는다."

자공이 "선생님께서 자겸(自謙)하신 말씀이시다"라고 말했다.

子曰: 君子道者三, 我無能焉, 仁者不憂, 知者不惑, 勇者不懼. 子
貢曰: 夫子自道也.

…

31. 자공이 남을 비교 논평했다. 선생님께서 말씀하셨다. "사
(賜)는 (나보다) 나은가 보다. 대체로 나는 (그런 일을 하고 있
을) 여가가 없었다."

子貢方人. 子曰: 賜也賢乎哉? 夫我則不暇.

解説   남을 비교하여 그들의 장점과 단점을 따지는 것도 사리를
밝히는 일이기는 하나 그것에만 전력을 기울이면 자신을 향상시키는
일에 소홀해지기 쉽다. 자기는 그러한 여가가 없었는데, 사가 그것을
해내니 사는 자기보다 나을 거라고 말한 것은 자공을 완곡하게 경계
한 것이다.

…

32. 선생님께서 말씀하셨다. "남이 자기를 알아주지 않는 것
을 근심할 게 아니라 자기의 무능함을 근심할 것이다."

子曰: 不患人之不己知, 患其不能也.

解説   제1의 1과 16 참조. "자기의 무능함을 근심할 것이다"는 황
간본 "患己之無能也(환기지무능야)"에 따른 것이다. 사병본에는 "患其

不能也(환기불능야)"로 되어 있어 "자기가 그렇게(즉, 남을 알아 줌) 하지
못하는 것을 근심할 것이다"로 풀이된다.

...

33. 선생님께서 말씀하셨다. "자기를 속일 것이라고 미리 방
비하지 않고, 신용을 지키지 않을 것이라고 억측하지 않을 것
이나, 그러면서도 (그런 일이 일어나면) 먼저 깨닫는 사람 편이
낫다."

子曰: 不逆詐, 不億不信, 抑亦先覺者, 是賢乎?

解説　남을 앞질러서 의심하는 것은 좋지 않으나 그렇다고 그대
로 속임을 당하는 것은 취하지 않는 것이다. 성심으로 매사에 대처하
면 속임수나 거짓은 그 앞에서는 미리 나타나게 된다는 뜻에서 한 말
이라 하겠다. 이 말을 "속일 것이라고 미리 방비하지 않고, 신용을 지
키지 않을 것이라고 억측하지 않을 일이다. 그렇지 않다면 먼저 그런
것을 깨닫고 있는 사람이라야 낫다는 건가?"로 풀이하는 설도 있다.

...

34. 미생무(微生畝)가 공자께, "구(丘)야, 무엇하러 여기에 머
물렀다 저기에 머물렀다 하는 거냐? 말재간을 피우기 위해서
가 아니냐?" 하고 말했다. 공자께서 말씀하셨다. "감히 말재
간을 피우기 위해서는 아니옵고 고집을 피우는 것을 미워해서
입니다."

微生畝謂孔子曰: 丘, 何爲是栖栖者與? 無乃爲佞乎? 孔子曰: 非
敢爲佞也, 疾固也.

解説 　미생(微生)은 복성, 무(畝)는 이름[『한서』 「고금인표(古今人表)」
에는 '미생무(尾生畝)'라 되어 있음]. 그의 오만한 말투로 보아 공자보다
나이가 많은 은자(隱者)였던 것으로 짐작된다. 미생무의 말은 공자가
이 나라 저 나라로 두루 다니는 것을 말재간 피우기 위한 것 이외에
무슨 의의가 있느냐고 비웃은 것인데, 공자는 고집을 피우는 것을 미
워해서 그것을 타파하려고 그러는 것이라고 말하여 그것으로 완곡하
게 미생무가 고집불통인 것을 지적한 것이다. 은자란 자기의 한 가지
생각에 사로잡혀 고집불통하여 드디어 세상을 등져 버리고 남을 기
롱(譏弄)하는 것이 일쑤다. 공자는 고집불통한 것을 경계하고, 이룩하
기 어려우리라는 것을 알면서도 세상을 구하려고 노력한 사람이다.
일설에는 "고집 피우는 것을 미워한다"는 것은 한 나라의 임금에게 자
기의 정치 이념을 피력하여 그것이 받아들여지지 않으면 기어이 굴복
시키고 말겠다고 끝까지 고집을 피워 머물러 있는 것을 미워해서, 결
국 이 나라에서 저 나라로 옮겨 다닌다는 뜻으로 말한 것으로 보기도
한다.

...

**35. 선생님께서 말씀하셨다. "천리마(千里馬)는 그 힘을 일러
주는 것이 아니고 그 덕(德)을 일러 주는 것이다."**

子曰: 驥不稱其力, 稱其德也.

解説　천리마는 하루에 천 리를 달릴 수 있는 힘 때문에 높이 평가해 주는 것이 아니다. 길이 잘 들어서 모는 사람이 지시하는 데에 따라 하루에 천 리를 달리는 힘을 발휘할 수 있는 덕을 높이 평가해 준다는 것이다. 사람의 경우도 능력만으로는 폐단을 일으키기 쉬우므로 덕이 없으면 취할 것이 못 됨을 암시한 것이라 하겠다.

...

36. 어떤 사람이, "'덕을 가지고 원수에게 대해 주라'고 한 것은 어떻습니까?" 하고 말했다. 선생님께서 말씀하셨다. "무엇을 가지고 덕에 대해 줄 것인가? 곧은 것을 가지고 원수에게 대해 주고, 덕을 가지고 덕에 대해 주라."

或曰: 以德報怨, 何如? 子曰: 何以報德? 以直報怨, 以德報德.

解説　"덕을 가지고 원수에게 대해 주라[以德報怨(이덕보원)]"는 『노자』제55장[淸魏源撰 老子本義本(청위원찬 노자본의본)]에 역설적인 이론 전개의 일부로 '報怨以德(보원이덕)'이라 나온다. 덕은 여기서는 은혜를 베푸는 것을 의미한다. 어떤 사람이 그러한 말에 대해 공자의 의견을 물은 것이다. 공자는 은인과 원수를 대하는 데 구별이 있기를 주장했다. 그러나 원수를 갚는 데 있어 원한에 사무쳐 과격한 보복을 할 것이 아니라 원수가 당해서 마땅할 한계를 넘어서지 않도록 곧게 대해 줄 것을 일러 주었다.

...

37. 선생님께서, "나를 아는 사람은 없구나" 하고 말씀하셨다. 자공이, "무엇 때문에 선생님을 아는 사람이 없다는 것입니까?" 하고 말씀드렸다. 선생님께서 말씀하셨다. "하늘을 원망하지 않고, 남을 허물하지 않고, 밑에서부터 배워서 위로 통달하거니와, (이러한) 나를 아는 것은 하늘일 것이다."

子曰: 莫我知也夫! 子貢曰: 何爲其莫知子也? 子曰: 不怨天, 不尤人, 下學而上達. 知我者其天乎!

解説   "나를 아는 사람은 없구나"는 자기를 잘 알아 주어 등용해 자기의 이념을 실제로 발휘시켜 줄 임금이 없다는 것을 말한 것이다. "밑에서부터 배워서 위로 통달한다"는 말은 밑의 인간 세사의 일을 배워서 위의 하늘의 이치에 통달함을 말한 것이나, 일설에는 인간이 사는 아래 땅에서 배웠으나 그것이 하늘에 알려지게 된다는 뜻으로 풀이하기도 한다.

...

38. 공백료(公伯寮)가 계손씨(季孫氏)에게 자로를 참소(讒訴)했다. 자복경백(子服景伯)이 그 일을 선생님께 보고하고, "그분(계손씨)은 틀림없이 (공백료의 말로) 마음이 동요되기는 하였습니다마는, 제 힘은 그래도 (료를 죽여서) 그 시체를 저자에 내걸 수 있습니다"라고 말했다. 선생님께서 말씀하셨다. "정도(正道)가 행해지려는 것도 운명이고, 정도가 없어져 버리는

것도 운명인데, 공백료가 운명을 어쩌겠소!"

公伯寮愬子路於季孫. 子服景伯以告, 曰: 夫子固有惑志於公伯寮, 吾力猶能肆諸市朝. 子曰: 道之將行也與, 命也. 道之將廢也與, 命也. 公伯寮其如命何!

解説 공백은 복성, 료(寮, 繚라고 한 데도 있음)는 이름, 자는 자주(子周), 공자의 제자(제자가 아니었다는 설도 있음). 자복(子服)은 복성, 경은 시호, 백(伯)은 자, 이름은 하[何: 일설에는 경백(景伯)이 이름이라고도 함]. 노나라의 대부. 공백료가 당시 노나라의 집권자 계손씨에게 자로를 참소하여 계손씨의 마음이 그로 말미암아 동요되었다. 이 일을 노나라의 대부인 자복하(子服何)가 공자에게 일러 주고, 자기는 아직 공백료를 제거할 만한 세력을 가지고 있다는 말을 했다. 그러나 공자는 그렇게 정도가 행해지지 않는 것은 운명의 소치이지 일개 공백료의 힘에 의한 것이 아니므로 공백료를 제거한들 대세를 바꾸기에는 이르지 못할 것임을 말한 것이다. 공자의 말에는 대체로 계손씨라는 존재가 생긴 것부터가 운명의 소치라는 뜻이 들어 있다. 운명을 천명, 즉 하늘의 의사로 풀이하기도 한다.

...

39. 선생님께서 말씀하셨다. "현명한 사람은 세상을 피하고, 그다음은 땅을 피하고, 그다음은 안색(顏色)을 피하고, 그다음은 말을 피한다."

子曰: 賢者辟世, 其次辟地, 其次辟色, 其次辟言.

解說 이것은 위의 장의 운명론과 결부된 말이라 하겠다. 정도가 행해지지 않게 되면 현명한 사람은 세상을 피해서 퇴은(退隱)해 버린다. 그렇게 하면 임금이 그를 등용할 수 없게 된다. 땅을 피한다 함은 혼란한 나라를 피해서 잘 다스려진 나라로 가는 것. 안색을 피한다 함은 임금(내지는 주인)이 자기를 대하는 예모가 쇠하면 물러가 버린다는 것. 말을 피한다 함은 임금의 말이 자기가 이념으로 하는 바와 어긋나게 되면 물러나 버리는 것.

...

40. 선생님께서 말씀하셨다. "이것을 해낸 인물은 일곱 사람이다."

子曰: 作者七人矣.

解說 전장(前章)에 연결시켜, 정도가 행해지지 않는 것을 보고 피해 간 사람이 일곱이라고 말한 것이다. 일곱 사람의 이름이 명시되어 있지 않으므로 은자(隱者)의 이름 일곱을 드는 것이 주가(注家)에 따라 일정하지 않다. 이를테면 포함(包咸)은 장저(長沮)·걸익(桀溺)·장인(丈人)·석문[石門, 신문(晨門)]·하괴(荷蕢)·의봉인(儀封人)·초광접여(楚狂接輿)를 들었고, 왕필(王弼)은 백이(伯夷)·숙제(叔齊)·우중(虞仲)·이일(夷逸)·주장(朱張)·유하혜(柳下惠)·소련(少連)을 들었고, 정현(鄭玄)은 '七'이 '十'의 오자라고 보고, 백이·숙제·우중[피세자(避世者)], 하조(荷蓧)·장저·걸익[피지자(避地者)], 유하혜·소련[피색자(避色者)], 하귀·초광접여[피언자(避言者)] 10인을 들고 있다. 문물제도를 창

262

제한 인물이 일곱 사람이라 풀이하는 설도 있다.

...

41. 자로가 석문(石門)에서 묵었다. 문지기가, "어디에서 오시는 거요?" 하고 말했다. 자로가 "공씨(孔氏) 댁에서 오는 겁니다" 하고 말하자, 그는 "안 될 줄 알면서도 하는 사람 말이지요?" 하고 말했다.

子路宿於石門. 晨門曰: 奚自? 子路曰: 自孔氏. 曰: 是知其不可而爲之者與?

解説 석문은 노나라의 성문이 있는 고장의 지명. 문지기는 현명한 인물로, 자기의 능력을 감추고 세상을 피해서 지내던 은사(隱士)로 생각되어 왔다.

...

42. 선생님께서 위나라에 계실 적에 경(磬)을 치셨는데, 어떤 삼태기를 지고 공씨(孔氏)의 문을 지나가던 사람이, "마음속에 생각하는 일이 있는 게로구나, 그 경 치는 소리는" 하고 말하고, 그 소리가 끝나자 그는 "야비하다. 그 땡땡 하는 소리는 자기를 알아 주는 사람이 없으면 그것으로 그쳐 버릴 따름이다. '깊으면 가슴까지 벗고 건너가고, 얕으면 옷을 걷어 올리고 건너간다.'"

선생님께서 "과감하구나. (그렇게 산다면야) 어려울 게 없겠다"고 말씀하셨다.

子擊磬於衛, 有荷蕢而過孔氏之門者, 曰: 有心哉, 擊磬乎, 旣而
曰: 鄙哉, 硜硜乎, 莫己知也, 斯己而已矣. '深則厲, 淺則揭' 子曰:
果哉! 末之難矣.

解説　경(磬)은 타악기. 중국에서는 악기를 연주하면 연주자의
감정이나 심사가 음악에 나타나는 것으로 이해되고 있다. 공자가 자
기의 실력을 알아 주어 등용해 주는 임금이 없어 자기의 이념을 실현
하여 세상을 구해 볼 길이 없음을 안타까워하는 심사가 경 소리에 나
타나 있는 것을 들은 삼태기 진 은사(隱士)는 그러한 체념을 하지 못
하는 공자를 대단치 않게 여기고 세태 돌아가는 대로 적응해서 사는
것이 마땅하다고 일러 준 것이다. 공자는 그렇게 살기로 요량하면 어
려울게 없다는 말로 은사를 다시 비판한 것이다. 자기 혼자만에 그친
다면 쉬운 일이지만 세상을 바른길로 이끄는 것을 자기의 사명으로
하고 있으므로 어렵고 안타까워진다는 뜻이다.

...

43. 자장이, "『서경』에, 고종(高宗)이 여막에 있을 때 3년 동
안 말을 하지 않았다고 하였사온데, 무엇을 말한 것입니까?"
하고 말씀드렸다. 선생님께서 말씀하셨다. "하필 고종만이 그
러했겠느냐? 옛날 사람들은 다 그러했다. 임금이 세상을 떠나
면 모든 관원들은 자기의 직책을 맡아 보고 3년동안 몽재(冢
宰)의 지휘에 따랐던 것이다."

子張曰: 書云, '高宗諒陰, 三年不言.' 何謂也? 子曰: 何必高宗, 古
之人皆然. 君薨, 百官總己以聽於冢宰三年.

解説　『서경』의 말이라고 한 것은 『주서(周書)』 「무일(無逸)」 편에
상나라 고종을 기리는 말 가운데에 나온다. 상중(喪中)은 여막에서 지
낸다. 임금이 상중이라 하여 3년 동안이나 말을 하지 않으면 국정이
말이 아닐 것이 아닌가 생각하여 자장이 공자에게 물어본 것이다. 몽
재는 지금의 국무총리와 같은 관직이다.

...

44. 선생님께서 말씀하셨다. "윗자리에 있는 사람이 예를 좋
아하면 국민들을 부리기 쉽게 된다."

子曰: 上好禮, 則民易使也.

解説　"윗자리에 있는 사람"은 임금과 집정자를 두루 포함시켜
한 말이다.

...

45. 자로가 군자에 관해서 여쭈어보았다. 선생님께서, "경건
한 마음으로 자기 수양을 하느니라"라고 말씀하셨다.

"그러할 따름입니까?"

"자기 수양을 해서 그 힘으로 남을 편안하게 하여 주느니라."

"그러할 따름입니까?"

"자기 수양을 해서 그 힘으로 백성들을 편안하게 해 주느니라. 자기 수양을 해서 그 힘으로 백성을 편안하게 해 주는 일은 요 임금이나 순 임금도 힘들었던 것이다."

子路問君子. 子曰: 脩己以敬. 曰: 如斯而已乎? 曰: 脩己以安人. 曰: 如斯而已乎? 曰: 脩己以安百姓. 脩己以安百姓, 堯舜其猶病諸.

 제6의 28 참조.

...

46. 원양(原壤)이 쭈그리고 앉아서 선생님을 기다렸다. 선생님께서 "어려서 겸손하게 굴지 않으면 자라서는 일러 줄 만한 일을 한 것이 없고, 늙어 가고 죽지 않으면 도둑이 된다"라고 말씀하시고, 지팡이를 가지고 그의 정강이를 두드리셨다.

原壤夷俟. 子曰: 幼而不孫弟, 長而無述焉, 老而不死, 是爲賊. 以杖叩其脛.

 원양은 노나라 사람, 공자의 지인. 『예기』 「단궁(檀弓)」 하에는 원양이 그의 모상(母喪)에 그를 위해 공자가 관을 손질해 줄 때, 관재 위에 올라서서 노래를 불렀다는 기록이 있다. 그때 공자는 의절하지 않기 위해서 일부러 못 들은 체했다는 것이다. 고대 중국에서는 바닥에 자리를 깔고 앉았는데, 무릎을 꿇고 엉덩이를 발뒤꿈치 위에 올려놓는 것이 공손한 좌법(坐法)이었고, 쭈그리고 앉는 것은 불손한 좌

266

법이었다.

...

47. 궐당(闕黨)의 동자(童子)가 손님 안내하는 일을 했다. 어떤 사람이 그 동자에 관해서 여쭤보기를, "배우려고 하는 사람입니까?" 하였더니, 선생님께서 말씀하셨다. "그 아이가 어른들 자리에 끼어 앉고, 손위의 사람들과 나란히 걸어가는 것을 보면 배우기를 바라는 녀석은 아니고, 속히 하나 구실을 해보기를 바라는 녀석이오."

闕黨童子將命. 或問之曰, 益者與? 子曰: 吾見其居於位也, 見其與先生並行也. 非求益者也, 欲速成者也.

 궐리(闕里)는 공자의 집이 있던 곳. 당(黨) 안에 리(里)가 있다.

15. 위영공(衛靈公)

...

1. 위(衛) 영공(靈公)이 공자에게 전진(戰陣)에 관한 일을 물었다. 공자께서 대답하셨다. "조두(俎豆)를 다루는 일은 들은 일이 있습니다만 군대에 관한 일은 배우지 못했습니다."

그 이튿날 길을 떠나셨다. 진나라에서 양식이 떨어지고 수종(隨從)하던 사람들은 병들어 일어서지를 못했다. 자로가 성이 나서 선생님을 뵈옵고, "군자도 곤궁할 때가 있습니까?" 하고 말했다. 선생님께서 말씀하셨다. "군자는 곤궁에 굳게 견디어 나가지만, 소인(小人)은 곤궁해지면 마구 군다."

衛靈公問陳於孔子. 孔子對曰: 俎豆之事, 則嘗聞之矣, 軍旅之事, 未之學也. 明日遂行. 在陳絶糧, 從者病, 莫能興. 子路慍見曰: 君子亦有窮乎? 子曰: 君子固窮, 小人窮斯濫矣.

조두는 예기(禮器). 『사기세가』에 의하면 염유가 계씨를 위
해 군대를 거느리고 제나라와 싸워서 이겼는데, 계강자가 "당신은 군
대 다루는 것을 배운 것입니까?" 하고 묻자, 염유는 "공자한테서 배웠
습니다" 하고 대답하였다. 그렇다면 공자는 군대에 관한 일도 알고 있
었던 것이다. 위 영공에게 예로 나라를 다스릴 것을 함축시켜서 모른
다고 한 것이라 하겠다. 주희는 이 장을 계속된 이야기로 보고 공자가
진나라에서 액(厄)을 당한 것은 노 애공 2년(기원전 493년)이라고 보았
다. 『좌전』과 『사기세가』를 근거로 하여 이 일이 노 애공 4년(기원전
491년)에 있었던 것으로 보기도 한다. 형병(邢昺)은 이 장의 "진나라
에서" 이하를 별장으로 독립시켜서 다뤘다. "군자는 곤궁에 굳게 견
디어 나가지만"을 '군자는 본래 곤궁할 때가 있게 마련이다'로 풀이하
는 사람도 있다.

...

2. 선생님께서 "사(賜)야, 너는 내가 많이 배워 그것들을 기억
하는 사람이라고 생각하느냐?" 하고 말씀하셨다.

"그렇습니다. 그렇지 않으십니까?" 하고 대답하였다.

"그렇지 않다. 나는 하나로써 관철하고 있다."

子曰: 賜也, 女以予爲多學而識之者與? 對曰: 然, 非與? 曰: 非也.
予一以貫之.

 사는 자공의 이름. 제4의 15 참조.

...

3. 선생님께서 말씀하셨다. "유(由)야, 덕을 이해하는 사람은 적구나."

子曰: 由, 知德者鮮矣.

 유는 자로의 이름.

...

4. 선생님께서 "몸소 하는 일이 없이 천하를 다스린 사람은 순 임금이었을 게다. 대체 무엇을 몸소 하였겠는가? 자기 몸을 공손하게 가지고 남면(南面)하고 있었을 따름이었는데" 하고 말씀하셨다.

子曰: 無爲而治者, 其舜也與? 夫何爲哉? 恭己正南面而已矣.

解説 순 임금은 인재를 적재적소에 등용하여 직책에 진력하도록 하였으므로, 자기는 몸가짐을 공손히 하고 그들을 통솔하는 자리만을 지키고 있으면 되었다는 것이다. 몸소 하는 일이 없다는 것은 신하에게 위임한 일은 자기가 나서서 하지 않으므로 하는 일이 없다는 뜻이다.

...

5. 자장이 사람들 사이에 통할 수 있게 되는 데 관해서 여쭈어 보았다. 선생님께서 말씀하셨다. "말이 성실하면 신용이 있

고, 행동이 진지하고 조심스러우면 미개민족(未開民族)의 나라라 할지라도 통하게 될 것이다. 말이 성실하지 않으면 신용이 없고, 행동이 진지하지 않고 조심스럽지 않다면 제 고장에서라 한들 통하게 되겠느냐? 서 있을 때는 이 말이 네 앞에 늘어서 있음을 보고, 수레 안에 있을 때는 이 말이 멍에채에 기대어 있음을 보라. 그렇게 된 후에야 통하게 될 것이다."

자장은 이 말씀을 띠 자락에다 썼다.

子張問行. 子曰: 言忠信, 行篤敬, 雖蠻貊之邦行矣. 言不忠信, 行不篤敬, 雖州里行乎哉? 立則見其參於前也, 在輿則見其倚於衡也, 夫然後行, 子張書諸紳.

解説 "사람들 사이에 통할 수 있게 되는 것"은 "行(행)"을 옮긴 것이다. 사회에서 받아들여짐을 말한다. 공자는 올바른 언행이 그 요건임을 극도로 강조한 것이다. 서 있을 때, 수레에 탔을 때를 들어서 말한 것은 언제나 언행을 조심해야 함을 일러 준 것이다. 띠 자락에다 쓴 것은 잊지 않고 늘 스스로를 일깨우기 위한 것이다.

...

6. 선생님께서 말씀하셨다. "곧도다, 사어(史魚)는. 나라에 정도(正道)가 행해져도 살대같이 곧았고, 나라에 정도가 행해지지 않아도 살대같이 곧았으니. 군자로다, 거백옥은. 나라에 정도가 행해지면 벼슬살이를 하고, 나라에 정도가 행해지지 않으면 거두어 감추어 둘 수 있으니."

子曰: 直哉! 史魚. 邦有道, 如矢, 邦無道, 如矢. 君子哉! 蘧伯玉,
邦有道則仕 邦無道則可卷而懷之.

解說　　사어의 사(史)는 관명(관명으로 성을 삼은 것이라고도 함). 어
(魚)는 성, 이름은 추(鰌). 위나라의 대부. 사추의 고사는 대략 다음과
같다. 위나라의 거백옥은 현명한데 영공이 등용하지 않고, 미자하(彌
子瑕)는 불초한데 도리어 임용했다. 사어는 자주 간(諫)하였으나 따르
지 않았다. 사어가 병이 들어 죽었다. 임종 때에 아들에게 이르기를
"내가 위나라 조정에서 거백옥을 내세우고 미자하를 물리치는 일을
못했으니, 이것은 내가 신하 노릇을 하면서 임금을 바로잡지 못한 것
이다. 살아서 임금을 바로잡지 못했으니 죽어도 예를 닦을 보람이 없
다. 내가 죽으면 너는 내 시체를 엇창살 밑에다 놓아 주면 그만이다"라
고 했다. 아들이 그대로 했다. 영공이 조문을 갔다가 이상하게 여기고
물었더니 아들이 부언(父言)을 일러 주었다. 영공은 놀라고 질려서 "이
것은 과인의 잘못이다"라고 말하고, 사어의 시체를 객위(客位: 작은 문
안의 자리)에다 놓게 했다. 그러고는 거백옥을 등용하고 미자하를 물
리쳤다는 것이다. 그래서 공자는 사어의 곧은 데에 탄복한 것이다. 이
것이 이른바 사어의 시간(屍諫)이다. 공자는 거백옥의 처세를 한층 더
좋게 본 것이다. 거둬서 감춰 둔다는 것은, 자기의 재능이 도저히 통용
되지 못할 것을 애써서 내세우지 않고 가만히 있는다는 뜻이다. 다시
말하면 시정(時政)에 간여하지 않고 유순하게 굴면서 남에게 거슬리
지 않게 사는 것이다. 거백옥이 재능을 거둬서 감춰 둔 것은 위 헌공
때라고 한다.

...

7. 선생님께서 말씀하셨다. "함께 말할 만한 사람인 데도 그와 함께 말하지 않는 것은 사람을 잃는 것이다. 함께 말할 수 없는 사람인데도 그와 함께 말하는 것은 말을 잃는 것이다. 지혜로운 사람은 사람을 잃지 않고 또 말도 잃지 않는다."

子曰: 可與言而不與言, 失人. 不可與言而與之言, 失言, 知者不失人, 亦不失言.

...

8. 선생님께서 말씀하셨다. "지사(志士)와 인인(仁人)은 살기 위해 인을 해치는 일이 없고, 몸을 죽이면서 인을 이룩하는 일은 있다."

子曰: 志士仁人, 無求生以害仁, 有殺身以成仁.

解説   지사는 인을 이룩할 뜻을 지닌 사나이. 인인(仁人)은 인을 실천하는 덕이 갖추어져 있는 사람. 지사는 강개(慷慨)에 차서 죽음에 나아가고, 인인은 조용히 죽음에 나간다[호인(胡寅)의 설].

...

9. 자공(子貢)이 인에 관해서 여쭈어보았다. 선생님께서 말씀하셨다. "공인(工人)이 그 일을 잘 하려고 하면 먼저 그 연장을 날카롭게 해야 한다. 한 나라에 사는 데는 그 나라의 대부(大夫) 중의 현량한 사람을 섬기고, 그 나라의 사(士) 중의 인

자한 사람을 벗으로 삼아라."

子貢問爲仁. 子曰: 工欲善其事, 必先利其器. 居是邦也, 事其大
夫之賢者, 友其士之仁者.

 공인은 목수·석공·철공 등을 총칭한 것.

...

10. 안연(顔淵)이 나라 다스리는 일에 관해서 여쭈어보았다.
선생님께서 말씀하셨다. "하나라의 역법(曆法)을 쓰고, 은나
라의 큰 수레를 타고, 주나라의 관면(冠冕)을 착용할 것이며,
음악은 소무(韶舞)로 할 것이다. 정나라의 음악을 금지하고,
말 잘 둘러대는 사람을 멀리 할 것이다. 정나라의 음악은 음탕
하고, 말 잘 둘러대는 사람은 위험하다."

顔淵問爲邦. 子曰: 行夏之時, 乘殷之輅, 服周之冕, 樂則韶舞.
放鄭聲, 遠佞人. 鄭聲淫, 佞人殆.

 하대(夏代)에는 인월(寅月)을 정월로 하였다. 은나라 때에
큰 수레를 창제하였다고 하는데, 그 장식이 주나라의 그것보다 덜 화
려했다고 한다. 면복(冕服)의 제도는 주나라 때에 와서 완비되었다. 소
무는 순 임금과 주 무왕의 음악(제3의 25 참조). 『시경』 「국풍(國風)」의
일곱째가 정풍(鄭風)인데, 여자가 남자를 꼬이는 내용의 시가 많다. 그
러나 그 말보다도 그 음악이 음탕한 기분을 자아내는 것이 아니었나
생각된다.

274

...

11. 선생님께서 말씀하셨다. "사람이 먼 일을 생각하지 않으면 반드시 가까운 우환이 생긴다."

子曰: 人無遠慮, 必有近憂.

 먼 일은 시간과 장소를 겸한 말.

...

12. 선생님께서 말씀하셨다. "다 되었나 보다. 여태껏 나는 덕을 좋아하기를 여색(女色)을 좋아하듯 하는 사람을 보지 못했으니."

子曰: 已矣乎! 吾未見好德 如好色者也.

 제9의 17 참조.

...

13. 선생님께서 말씀하셨다. "장문중(臧文仲)은 벼슬자리를 훔친 사람이라고나 할까. 유하혜가 현명함을 알면서도 함께 조정에 서지 아니하였으니."

子曰: 臧文仲, 其竊位者與? 知柳下惠之賢而不與立也.

 장문중(제5의 17 참조)과 유하혜는 노나라의 대부. 유하혜의 성은 전(展), 이름은 획(獲), 자는 금(禽), 유하는 식읍(食邑), 혜는 시호. 유하혜는 유능하고 유덕한 인물이었는데, 장문중은 권문인 계씨에 아부하고 유하혜의 공명정대한 의견을 따르지 않았다. 문공 2년 『좌전』과 제18의 2 참조.

...

14. 선생님께서 말씀하셨다. "자기 자신을 많이 책하고 남을 적게 책하면 원한을 사는 일이 멀어질 것이다."

子曰: 躬自厚而薄責於人, 則遠怨矣.

解説 "자기 자신을 많이 책하고"를 '자기 자신에게 후덕하게 굴고'로 풀이하는 설도 있다.

...

15. 선생님께서 말씀하셨다. "'어떻게 할까, 어떻게 할까?' 하고 말하지 않는 사람에게는 어떻게 해 볼 길이 없다."

子曰: 不曰如之何 如之何者, 吾末如之何也已矣.

解説 속으로 염려하는 경우와 직접 해결할 방도를 남에게 묻는 경우 두 가지로 생각할 수 있다. 자기 스스로 문제를 해결하려고 애쓰지 않는 사람은 어떻게 해 볼 도리가 없다는 말이다.

...

16. 선생님께서 말씀하셨다. "종일토록 여럿이 모여서 하는

말이 의(義)에 관해서는 언급되지 않고 잔 지혜를 피우기만 좋아한다면 (올바른 사람이 되는 것은) 어렵다."

子曰: 羣居終日, 言不及義, 好行小慧, 難矣哉!

...

17. 선생님께서 말씀하셨다. "군자는 의를 바탕으로 삼고, 예에 따라서 그것(義)을 행하고, 겸손한 태도로 그것을 남 앞에 내놓고, 신용을 가지고 그것을 성사시킨다. 그래야 군자인 것이다."

子曰: 君子義以爲質, 禮以行之, 孫以出之, 信以成之. 君子哉!

...

18. 선생님께서 말씀하셨다. "군자는 자기가 재능이 없는 것을 고민하지 남이 자기를 알아 주지 않는 것을 고민하지는 않는다."

子曰: 君子病無能焉, 不病人之不己知也.

...

19. 선생님께서 말씀하셨다. "군자는 죽은 후에도 이름이 일컬어지지 않는 것을 고민한다."

子曰: 君子疾沒世而名不稱焉.

 왕양명(王陽明)은 "이름이 일컬어지지 않는 것"을 '명성이 사실과 부합하지 않는 것'으로 풀이했다[『전습록(傳習錄)』 참조]. 『사기 세가』에는 공자가 죽은 후에 이름이 일컬어지기를 생각하여 『춘추』를 지었다는 말이 보인다.

...

20. 선생님께서 말씀하셨다. "군자는 자기에게 책임을 추궁하고, 소인은 남에게 추궁한다."

子曰: 君子求諸己, 小人求諸人.

...

21. 선생님께서 말씀하셨다. "군자는 긍지를 가지나 다투지 않고, 여러 사람과 어울리기는 하나 편당적(偏黨的)으로 굴지는 않는다."

子曰: 君子矜而不爭, 羣而不黨.

...

22. 선생님께서 말씀하셨다. "군자는 말[言]을 가지고는 사람을 천거하지 않고, 사람을 가지고는 말을 없애지 않는다."

子曰: 君子不以言擧人, 不以人廢言.

解説   말을 가지고서는 인물을 판단하지 않고, 사람이 대단하지 않다고 해서 그가 한 좋은 말까지 버리지는 않는다는 뜻이다.

...

23. 자공이 "한마디로 평생토록 행할 만한 것이 있습니까?" 하고 여쭈어보았다. 선생님께서 말씀하셨다. "서(恕)일 게다. 자기가 원하지 않는 것을 남에게 베풀지 말아라."

子貢問曰: 有一言而可以終身行之者乎? 子曰: 其恕乎. 己所不欲, 勿施於人.

解説　고대 중국에서는 한 글자가 한 낱말이라는 관념을 가지고 있었으므로, 여기서 '한 마디'라고 한 것은 곧 한 글자를 의미한다. 그래서 공자는 '서(恕)' 자 하나로 자공의 물음에 대답한 것이다. 제4의 15 참조.

...

24. 선생님께서 말씀하셨다. "내가 남을 말할 때 누구를 훼방하고 누구를 칭찬하더냐? 칭찬해 준 사람이 있었다면 그것은 시험한 바가 있어서이다. 지금의 백성들은 삼대(三代)에 곧은 길을 따라 걸어온 사람들이다."

子曰: 吾之於人也, 誰毀誰譽? 如有所譽者, 其有所試矣. 斯民也, 三代之所以直道而行也.

解説　사감(私感)에 의해서 남을 고의로 훼방하거나 칭찬한 일은 하지 않고, 칭찬한 일이 있다 하더라도 그것은 실제로 겪어 보고 좋은 점을 알게 되어서 칭찬한 것이라는 뜻. 지금 자기 주위에 있는 백성들

은 하·은·주 3대에 걸쳐 곧은 길을 따라 살아온 사람들이므로 사감에 따라 훼예(毀譽)를 자행한다 하더라도 그것은 용납되지 않는다는 것이다.

...

25. 선생님께서 말씀하셨다. "나는 그래도 사서(史書)에 (분명하지 않은 곳을) 그대로 남겨 두는 일과, 말을 가진 사람이 남에게 빌려 주어 타게 하는 일을 말할 수 있다."

子曰: 吾猶及史之闕文也. 有馬者, 借人乘之, 今亡矣夫.

解説　말을 빌려 주어 타게 한다는 것은 말에 직접 타는 것이 아니라, 말은 수레를 끌게 하고 타기는 수레에 탄다는 뜻이다. 아는 것과 모르는 것을 구별하지 않고 글을 쓰는 망령된 기풍과 남과 거마(車馬)를 같이 쓰는 것은 생각도 못할 각박한 세태를 개탄한 말로 취한다. 주희의 집주(集注)에 인용된 호씨(胡氏)의 말에는, 이 장에는 의문되는 점이 있으므로 억지로 풀이해서는 안 된다고 하였다.

...

26. 선생님께서 말씀하셨다. "약빠른 말은 덕의 혼란을 가져오고, 작은 것을 참지 않으면 큰 계획에 혼란을 가져온다."

子曰: 巧言亂德, 小不忍則亂大謀.

...

27. 선생님께서 말씀하셨다. "많은 사람들이 미워하면 그것을 반드시 살펴야 하고, 많은 사람들이 좋아해도 그것을 반드시 살펴야 한다."

子曰: 衆惡之必察焉, 衆好之必察焉.

...

28. 선생님께서 말씀하셨다. "사람이 도를 넓힐 수 있는 것이지, 도가 사람을 넓혀 주는 것은 아니다."

子曰: 人能弘道, 非道弘人.

解説   도는 변하지 않고 존재하므로 사람이 그것을 개척해야 한다는 뜻.

...

29. 선생님께서 말씀하셨다. "과오를 저지르고도 고치지 않는 것, 그 자체가 과오라 하겠다."

子曰: 過而不改, 是謂過矣.

...

30. 선생님께서 말씀하셨다. "나는 종일 먹지 않고 밤새 자지 않으면서 생각한 일이 있었으나 그것은 쓸데없었고 배우느니만 못했다."

子曰: 吾嘗終日不食, 終夜不寢, 以思, 無益, 不如學也.

...

31. 선생님께서 말씀하셨다. "군자는 도를 위해서 일을 계획하지 먹는 것을 위해서 일을 계획하지는 않는다. 농경(農耕)에는 그 가운데 굶주림이 있을 것이나, 학문은 그 가운데 녹(祿)이 있을 것이다. (그렇다고) 군자는 도를 위해 근심하지 가난을 근심하지는 않는다."

子曰: 君子謀道不謀食. 耕也, 餒在其中矣. 學也, 祿在其中矣. 君子憂道不憂貧.

...

32. 선생님께서 말씀하셨다. "지력(智力)이 그것에 미쳐도 인자함이 그것을 지켜 내지 못하면 비록 그것을 얻었다 하더라도 반드시 그것을 잃게 될 것이다. 지력이 그것에 미치고 인자함이 그것을 지켜 내어도 장중한 태도로 그것에 임하지 않으면 백성들이 존경하지 않는다. 지력이 그것에 미치고, 인자함이 그것을 지켜 내고, 장중한 태도로 그것에 임해도 그것을 다루는 데 예(禮)로써 하지 않는다면 잘된 것은 못 된다."

子曰: 知及之, 仁不能守之, 雖得之, 必失之. 知及之, 仁能守之. 不莊以涖之, 則民不敬. 知及之, 仁能守之, 莊以涖之, 動之不以禮, 未善也.

解説 열한 번을 되풀이한 "그것"은 막연하다. 이치 또는 일로 풀이하는데, 여기서는 나라 다스리는 일로 봄이 가장 무난할 것이다. 이러한 논법은 비교적 늦게 나온 것이어서 공자 본래의 말은 아니었을 것이라고 보는 학자도 있다.

...

33. 선생님께서 말씀하셨다. "군자에게는 잔지혜를 기대할 수 없으나 큰일을 맡을 것을 기대할 수는 있다. 소인에게는 큰일을 맡을 것을 기대할 수 없으나 잔 지혜를 기대할 수는 있다.

子曰: 君子不可小知而可大受也. 小人不可大受而可小知也.

...

34. 선생님께서 말씀하셨다. "사람들에게는 인(仁)이 물과 불보다 더 중요한 것이다. 나는 물과 불을 밟고 죽은 사람은 보았으나 인을 밟고 죽은 사람은 보지 못했다."

子曰: 民之於仁也, 甚於水火. 水火, 吾見蹈而死者矣, 未見蹈仁而死者也.

解説 물과 불은 인보다는 덜 중요한데 목숨을 잃을 정도까지 그것에 접근하고, 인에는 도리어 그렇게까지 접근하려 들지 않는다는 뜻으로, 역시 인을 위한 열성이 부족함을 개탄한 말이다. 일설에는 인은 물이나 불과 같이 사람을 죽이지는 않는데, 무엇을 꺼려서 가까이하려 들지 않는지 의아해하는 말로 설명하기도 하나 적절하다고는 할 수 없다.

...

35. 선생님께서 말씀하셨다. "인을 실천하는 마당에서는 스승에게도 사양하지 않는다."

子曰: 當仁不讓於師.

...

36. 선생님께서 말씀하셨다. "군자는 곧기는 하나 덮어 놓고 믿음성 있게 굴지는 않는다."

子曰: 君子貞而不諒.

...

37. 선생님께서 말씀하셨다. "임금을 섬기는 데는 자기가 맡은 일은 조심해서 하고, 녹(祿) 먹는 일은 둘째 문제로 한다."

子曰: 事君, 敬其事而後其食.

...

38. 선생님께서 말씀하셨다. "가르침을 받는 데는 선인(善人)과 악인(惡人)의 구별이 없다."

子曰: 有教無類.

...

39. 선생님께서 말씀하셨다. "지향하는 도가 다르면 같이 일을 계획하지 않을 것이다."

子曰: 道不同, 不相爲謀.

...

40. 선생님께서 말씀하셨다. "문장이란 뜻을 전달하기 위한 것일 따름이다."

子曰: 辭, 達而已矣.

...

41. 악사(樂師) 면(冕)이 만나 뵈러 왔다. 그가 층계까지 오자 선생님께서는 "층계요" 하고 말씀하시고, 자리까지 오자 선생님께서는 "자리요" 하고 말씀하시고, 다들 앉자 선생님께서 그에게 "누구는 여기 있고, 누구는 여기 있소" 하고 일러 주셨다. 악사 면이 나가자 자장이 "그것이 악사와 이야기하는 방법입니까?" 하고 여쭈어보았다. 선생님께서 말씀하셨다. "그렇다. 다름 아닌 악사를 도와주는 방법이다."

師冕見, 及階. 子曰: 階也. 及席. 子曰: 席也. 皆坐. 子告之曰: 某在斯, 某在斯. 師冕出. 子張問曰: 與師言之道與? 子曰: 然, 固相師之道也.

解説 악사는 맹인이었으므로 그렇게 하나하나 일러 주어서 실수 없도록 도와준 것이고, 또 그것이 맹인을 접견할 때의 올바른 예법이었다.

16. 계씨(季氏)

...

1. 계씨가 전유(顓臾)를 정벌하려고 하자 염유(冉有)와 계로(季路)가 공자를 뵙고, "계씨가 전유와 사단을 일으키려고 합니다" 하고 말씀드렸다. 공자께서 말씀하셨다. "구(求)야, 네가 잘못을 저지른 것이 아니냐? 전유로 말하자면 옛날에 선왕(先王)이 그를 동몽산(東蒙山)의 제주(祭主)로 삼으셨고, 또 그의 봉지가 노나라의 역내(域內)에 있다. 그러니 그는 사직지신(社稷之臣)이다. 무슨 이유로 그를 정벌하려는거냐?"

염유가, "그분이 그렇게 하시려는 것이지, 저희들 두 가신(家臣)은 원하지 않는 것입니다" 하고 말씀드렸다. 공자께서 말씀하셨다. "구야, 주임(周任)이 한 말이 있거니와 '자기 힘을 발휘하게 되면 벼슬자리에 나아가고, 그렇게 할 수 없는 사람은 그만둔다'고 하였다. 위험해졌는데도 잡아 주지 않고 엎어지는 데도 붙잡아 주지 않는다면 그러한 도와주는 사람을 어디다 쓰겠느냐? 그리고 또 네 말은 잘못이다. 범이나 외뿔소가 우리에서 나오고 귀갑(龜甲)이나 옥(玉)이 궤 안에서 깨진다면 그것은 누구의 잘못이냐?"

염유가 "전유는 단단한데다가 비읍(費邑)에 가까이 있어서, 지금 빼앗아 두지 않으면 후세(後世)에 반드시 자손들의 우환거리가 될 것입니다" 하고 말씀드렸다. 공자께서 말씀하셨다. "구야, '원한다'고 말하기를 거부하면서도 꼭 그 일을 말하려는 것을 군자는 미워한다. 내가 듣건대는 '나라나 가문(家門)을 지니고 있는 사람은 (백성이) 적은 것을 근심하지 않고 (수입이) 고르지 않은 것을 근심하며, 가난한 것을 근심하지 않고 불안한 것을 근심한다'는 것이다. 대체로 수입이 고르면 가난함이 없을 것이고, 화평(和平)하면 백성이 적을 일이 없을 것이고, 안정하면 나라가 기울어지는 일이 없을 것이다. 그렇기 때문에 먼 곳의 사람들이 복종하지 않으면 문화의 힘을 발휘해서 그들을 따라오도록 하고, 그들을 따라오게 하였으면 그들을 안정시켜 주는 것이다. 이제 유(由)하고 구(求)는 그분을 도와주면서 먼 곳의 사람들이 복종하지 않아도 따라오게 하지 못하고, 나라가 갈라져 무너지고 흩어져 쪼개지는데 지켜 내지 못하고 나라 안에서 군대를 움직여 싸울 준비를 하니, 내 생각으로는 아마도 계손(季孫)의 근심은 전유에 있는 것이 아니고 그의 담장 안에 있는 성싶다."

季氏將伐顓臾, 冉有季路見於孔子曰: 季氏將有事於顓臾. 孔子

曰: 求, 無乃爾是過與? 夫顓臾, 昔者先王以爲東蒙主, 且在邦域
之中矣, 是社稷之臣也, 何以伐爲? 冉有曰: 夫子欲之, 吾二臣者,
皆不欲也. 孔子曰: 求, 周任有言曰: '陳力就列, 不能者止.' 危而
不持, 顚而不扶, 則將焉用彼相矣? 且爾言過矣, 虎兕出於柙, 龜
玉毀於櫝中, 是誰之過與? 冉有曰: 今夫顓臾, 固而近於費. 今不
取, 後世必爲子孫憂. 孔子曰: 求, 君子疾夫舍曰欲之, 而必爲之
辭. 丘也聞有國有家者, 不患寡而患不均, 不患貧而患不安. 蓋均
無貧, 和無寡, 安無傾. 夫如是, 故遠人不服, 則脩文德以來之.
旣來之, 則安之. 今由與求也相夫子, 遠人不服而不能來也, 邦
分崩離析而不能守也, 而謀動干戈於邦內, 吾恐季孫之憂, 不在
顓臾, 而在蕭牆之內也.

解説   전유는 복희(伏羲)의 후예로 알려진 노나라의 경내에 있던
풍성(風姓)의 부용국(附庸國)이다(『좌전』 희공 21년조 참조). 그 봉지는
계씨의 사읍(私邑)이었던 비(費)에 가까이 있었고, 성곽이 견고했다.
당시 노나라를 좌우하던 계씨는(이때는 계강자, 기원전 492년에 계씨의 가
문을 계승하였음) 그의 자손대의 후환을 없애 주기 위해 전유를 쳐 없
애려고 한 것이다. 그때 계씨의 가신으로 있던 염유와 자로가 그 일을
그들의 스승인 공자에게 알린 것이다. 공자는 두 사람이 가신으로서
주인의 잘못된 생각을 바로잡아 주지 못했기 때문에 계씨가 그런 천
부당 만부당한 일을 하려 들게 된 것이라고 비판한 것이다. 선왕은 주
(周) 천자(天子). 본래 주 천자는 전유를 동몽산 밑에 봉하고, 그 제사
를 주관하게 하였던 것이다. 사직지신(社稷之臣)은 공가(公家) 내지 공

신(公臣)이라는 뜻. 노나라의 4분의 2는 계씨가 차지하고 나머지는 맹손씨(孟孫氏)와 숙손씨(叔孫氏)가 반씩 차지했으므로 부용국인 전유만이 공신으로 남아 있었다. "그분"은 "夫子(부자)"를 옮긴 말인데, 여기서는 계씨를 가리킨다. "周任(주임)"은 고대의 양사(良史). "위험해졌는데도"를 눈먼 사람을 도와 주는 일에 비유한 말로 보는 학자도 있으나 고집할 것이 못 된다. "외뿔소"를 '들소'로 옮기기도 하나 옳지 않다. 들소가 우리에서 나오는 것은 큰 문제가 되지 않는다. 범이나 외뿔소가 우리에서 나오고 귀갑(龜甲: 고대에는 점을 치는 데에 쓰이고 소중히 보관되었음)이나 옥이 궤 안에서 깨지는 것은 우리나 궤를 맡아서 지키는 사람이 잘못했기 때문이다. 이것으로 가신의 소임을 올바로 하지 못해서 계씨가 공가(公家)를 쳐 없애려 들기에 이르도록 만든 염유와 자로를 힐난한 것이다. "나라나 가문을 지니고"에는 원문에 착오가 있는 듯하나 여기서는 천착하지 않기로 한다. "계손(季孫)의 근심은 (……) 그의 담장 안에 있는 성싶다"는 그 가신들이 변변치 못한 데에 있다는 말이다. 공자의 이러한 말 때문이었는지는 모르겠으나, 계손씨는 전유를 실제로 정벌하기에는 이르지 않았던 것 같다.

…

2. 공자께서 말씀하셨다. "천하에 정도(正道)가 행해지면 예악(禮樂)과 정벌에 관한 명령은 천자(天子)로부터 나온다. 천하가 무도(無道)하면 예악과 정벌에 관한 명령은 모두 제후로부터 나온다. 제후로부터 나오면 대체로 10대(代)에 이르도록 그 나라가 유지되는 일이 드물다. 대부(大夫)로부터 나오

면 5대에 이르도록 그 권세가 유지되는 일이 드물다. 가신이
국권(國權)을 잡으면 3대에 이르도록 그 권력이 유지되는 일
이 드물다. 천하에 정도가 행해지면 정권이 대부에 가 있지 않
는다. 천하에 정도가 행해지면 평민들이 국사(國事)를 의논하
지 않는다."

孔子曰: 天下有道, 則禮樂征伐自天子出. 天下無道, 則禮樂征伐
自諸侯出. 自諸侯出, 蓋十世希不失矣. 自大夫出, 五世希不失矣.
陪臣執國命, 三世希不失矣. 天下有道, 則政不在大夫. 天下有
道, 則庶人不議.

解説　앞의 장과 연결시켜 보면 그 뜻이 더 명확해질 것이다. 가
신이었던 양화는 노나라에서 정권을 잡았다(기원전 505년).

...

3. 공자께서 말씀하셨다. "작녹(爵祿)을 주는 권한이 공실(公
室)에서 떨어져 나간 지 5대가 되었다. 정권이 대부의 손에 들
어간 지 4대가 되었다. 그래서 3환(三桓)의 자손들이 쇠미(衰
微)해 가는 것이다."

孔子曰: 祿之去公室, 五世矣. 政逮於大夫, 四世矣. 故夫三桓之
子孫微矣.

解説　공자가 이 말을 한 것은 노 정공 때였던 것으로 추산된다.
공실은 노나라의 국군을 가리켜서 한 말. 동문양중(東門襄仲)이 문공

290

의 아들 적(赤)을 죽이고, 선공(宣公)을 세워서부터는 정권이 대부의
손에 들어가고 국군은 작록(爵祿)을 주는 권한을 상실한 것이다. 성
(成)·양(襄)·소(昭)·정(定)을 거쳐 5대가 된 것이다. 노나라 대부 계무
자가 국정을 전단하면서부터 도자(悼子)·평자(平子)·환자(桓子)를 거
쳐 4대만에 가신 양화가 정권을 잡게 되었다. 3환은 중손(仲孫)·숙손
(叔孫)·계손[季孫, 중손은 맹씨(孟氏)로 개성(改姓)] 3가(家)로, 다 노 환
공에서 나왔으므로 그렇게 합칭한 것이다.

···

4. 공자께서 말씀하셨다. "유익한 벗이 세 가지 있고, 해로운
벗이 세 가지 있다. 곧은 사람을 벗으로 사귀고, 신용 있는 사
람을 벗으로 사귀고, 견문(見聞)이 많은 사람을 벗으로 사귀
면 유익하다. 아첨하는 사람을 벗으로 사귀고, 부드럽게 굴기
를 잘하는 사람을 벗으로 사귀고, 말 잘 둘러대는 사람을 벗
으로 사귀면 해롭다."

孔子曰: 益者三友, 損者三友. 友直, 友諒, 友多聞, 益矣. 友便辟,
友善柔, 友便佞, 損矣.

···

5. 공자께서 말씀하셨다. "유익한 즐거움이 세 가지 있고, 해
로운 즐거움이 세 가지 있다. 예악(禮樂)의 절도(節度)를 맞추
기를 즐거워하고, 남의 좋은 점 말하기를 즐거워하고, 좋은
벗 많이 갖기를 즐거워하면 유익하다. 교만하게 구는 것을 즐

거워하고, 절제 없이 쏘다니는 것을 즐거워하고, 놀이하는 것
을 즐거워하면 해롭다."

孔子曰: 益者三樂, 損者三樂. 樂節禮樂, 樂道人之善, 樂多賢友,
益矣. 樂驕樂, 樂佚遊, 樂晏樂, 損矣.

...

6. 공자께서 말씀하셨다. "군자를 모시고 있을 때에 저지르는
세 가지 허물이 있다. 자기한테 말이 돌아오지 아니하였는데
말하는 것은 바스대는 것이라고 한다. 자기한테 말이 돌아왔
는데 말하지 않는 것은 숨기는 것이라 한다. 얼굴빛을 알아보
지 않고서 말하는 것은 눈치 없는 것이라고 한다."

孔子曰: 侍於君子有三愆, 言未及之而言謂之躁, 言及之而不言
謂之隱, 未見顏色而言謂之瞽.

...

7. 공자께서 말씀하셨다. "군자에게는 경계해야 할 것이 세
가지 있다. 젊을 때 혈기(血氣)가 잡히지 않아서 경계할 것으
로는 여색(女色)이 있다. 장년이 되어서 혈기가 왕성해지면 경
계할 것으로는 싸움이 있다. 늙어서 혈기가 약해지면 경계할
것으로는 물욕(物慾)이 있다."

孔子曰: 君子有三戒, 少之時, 血氣未定, 戒之在色, 及其壯也, 血
氣方剛, 戒之在鬪, 及其老也, 血氣旣衰, 戒之在得.

혈기는 생리적 기운.

...

8. 공자께서 말씀하셨다. "군자에게는 두려워하는 것이 세 가지 있다. 천명(天命)을 두려워하고, 큰 인물을 두려워하고, 성인(聖人)의 말씀을 두려워한다. 소인은 천명을 몰라서 두려워하지 않고, 큰 인물에게 가까이 굴며 경시하고, 성인의 말씀을 조롱한다."

孔子曰: 君子有三畏: 畏天命, 畏大人, 畏聖人之言. 小人不知天命而不畏也, 狎大人, 侮聖人之言.

 천명은 모든 사물의 존재 의식(제2의 4 참조).

...

9. 공자께서 말씀하셨다. "나면서부터 아는 사람은 상등(上等)이다. 배워서 아는 사람은 그다음이다. 곤란해져서 배우는 사람은 또 그다음이다. 곤란해져도 배우지 아니하면 그러한 사람이 곧 하등(下等)이 된다."

孔子曰: 生而知之者, 上也. 學而知之者 次也. 困而學之, 又其次也. 困而不學, 民斯爲下矣.

...

10. 공자께서 말씀하셨다. "군자에게는 생각하는 일이 아홉

가지 있다. 보는 데는 뚜렷이 보기를 생각하고, 듣는 데는 똑
똑하게 듣기를 생각하고, 안색에는 부드럽기를 생각하고, 용
모에는 공손하기를 생각하고, 말에는 성실하기를 생각하고,
일에는 조심하기를 생각하고, 의심나는 것에는 묻기를 생각하
고, 분(忿)이 날 적에는 어려운 일을 당할 것을 생각하고, 이
득이 있을 것을 알면 그것이 의로운가를 생각한다."

孔子曰: 君子有九思, 視思明, 聽思聰, 色思溫, 貌思恭, 言思忠,
事思敬, 疑思問, 忿思難, 見得思義,

…

11~12. 공자께서 말씀하셨다. "'선(善)한 일을 보고서는 그것
에 미치지 못해 하는 것같이 하고, 선하지 않은 일을 보고서
는 끓는 물에 손을 넣었을 때같이 한다.' 나는 그렇게 하는 사
람을 보았고, 나는 그런 말을 들었다. '숨어 살면서 자기의 뜻
한 바를 추구하고, 의를 행해 자기의 도(道)를 달성한다.' 나
는 그런 말을 들었으나, 그렇게 하는 사람은 보지 못했다. '제
나라 경공(景公)은 말 4,000필을 가지고 있었으나, 그가 죽은
날에는 사람들이 그를 칭송할 만한 덕이 없었다. 백이와 숙제
는 수양산 밑에서 굶주리고 살았으나, 사람들은 지금까지도
그들을 칭송한다'고 한 것은 이를 두고 한 말일 것이다."

孔子曰: 見善如不及, 見不善如探湯. 吾見其人矣, 吾聞其語矣.
隱居以求其志, 行義以達其道. 吾聞其語矣, 未見其人也. 齊景公
有馬千駟, 死之日民無德而稱焉. 伯夷叔齊, 餓于首陽之下, 民到

于今稱之. 其斯之謂與?

解說　11~12는 본래 한 장이었던 것을 집해(集解)·집주(集注) 등에서 "제나라 경공" 이하를 따로 한 장으로 하여 분장(分章)했다. 착간(錯簡)이 있는 것이 아닌가 의심하는 학자들도 있으나 그럴 만한 근거는 없다. "그런 말을 들었다"는 옛날에 그렇게 산 인물에 관한 이야기를 들었다는 뜻으로 한 말이고, "그렇게 하는 사람은 보지 못했다"는 것은 자기 생전에 직접 보지 못했다는 뜻으로 한 말이다. 공자의 제자들 중에는 안회·증삼·민자건·염유와 같이 성심으로 선을 좋아하고 악을 미워할 수 있는 인물들이 있었다. 제 경공은 구마(狗馬)를 모으기 좋아하여(『사기세가』 참조), 천자가 가질 수 있는 말 3,456필보다 많은, 4,000필에 달하는 말을 가졌으나 후세에 칭송될 만한 덕은 아무것도 없었다. 인용 부호를 묶인 것은 공자 당시 널리 알려진 말들이다.

...

13. 진항(陳亢)이 백어(伯魚)에게, "당신은 또 다른 말씀을 들은 게 있는가요?" 하고 물었다.

"아직 없습니다. 한번은 혼자 서 계실 때 제가 종종걸음으로 마당을 지나갔는데, '시를 배웠느냐?' 하고 말씀하셨습니다. '아직 안 배웠습니다' 하고 대답하였습니다. '시를 배우지 않으면 말을 할 길이 없느니라' 하고 말씀하셨습니다. 저는 물러나와 시를 배웠습니다. 다른 날 또 혼자서 계실 때에 제가 종종걸음으로 마당을 지나갔는데 '예(禮)를 배웠느냐?' 하고 말씀하셨습니다. '아직 안 배웠습니다' 하고 대답하였습니다. '예를 배우지 않으면 남 앞에 나설 길이 없느니라' 하고 말씀하셨습니다. 저는 물러나와 예를 배웠습니다. 이 두 가지 말씀을 들었습니다" 하고 대답하였다. 진항이 물러나와 기뻐서 말했다. "한 가지를 물었다가 세 가지를 알게 되었다. 시에 관한 것을 들어서 알았고, 예에 관한 것을 들어서 알았고, 또 군자는 아들을 멀리 한다는 것을 들어서 알았다."

陳亢問於伯魚曰: 子亦有異聞乎? 對曰: 未也. 嘗獨立, 鯉趨而過庭. 曰: 學詩乎? 對曰: 未也. 不學詩, 無以言, 鯉退而學詩. 他日又獨立, 鯉趨而過庭. 曰: 學禮乎? 對曰: 未也. 不學禮, 無以立. 鯉退而學禮. 聞斯二者. 陳亢退而喜曰: 問一得三, 聞詩聞禮, 又聞君子之遠其子也.

解説 진항의 자는 자금(子禽). 제1의 10 참조. 백어는 공자의 아들 이(鯉)의 자. 진항은 공자가 친자(親子)에게는 문인들에게 가르쳐 주는 것 이외에 또 다른 교훈을 일러 준 것이 없나 하여 물어본 것이다. 종종걸음으로 지나가는 것은 어른 앞에서 경의를 표하는 것이다. 중국의 고례(古禮)에는 사(士) 이상은 부자가 딴 채에 떨어져 살도록 되어 있다[『예기』 「내칙(內則)」 편 참조]. "혼자서 계시다"는 좌우에 사람이 없었다는 것이다. 주희는 시를 배우면 사리에 통달하고 심기가 화평해지기 때문에 말을 잘할 수 있게 된다고 설명했다. 예법을 모르면 남과 올바로 대처하고 공적인 행사에 참여하기 어려운 것에는 고금이 없다. 『예기』 「곡례(曲禮)」 편에는 군자는 손자는 안아 주나 아들은 안

지 않는다는 말이 나온다.

...

14. 국군(國君)의 아내는 임금이 호칭하면 '부인(夫人)'이라 하고, 부인은 '소동(小童)'이라 자칭한다. 나라 사람들이 호칭하면 '군부인(君夫人)'이라 한다. 다른 나라 사람을 보고 그를 호칭하면 '과소군(寡小君)'이라 한다. 다른 나라 사람들이 그를 호칭하면 역시 '군부인'이라 한다.

邦君之妻, 君稱之曰夫人, 夫人自稱曰小童. 邦人稱之曰君夫人. 稱諸異邦, 曰寡小君. 異邦人稱之, 亦曰君夫人.

解説 호칭 문제는 예법에 관련이 있으므로 이러한 호칭법을 부록한 것으로 생각된다. 일설에는 공자 당시에 국군의 처첩(妻妾)의 호칭에 혼동이 있어 그것을 시정하기 위해 공자가 특히 이런 호칭법을 일러 준 것이라고도 하나 사실 여부를 지금은 알 길이 없다.

17. 양화(陽貨)

...

1. 양화(陽貨)는 공자를 만나려고 하였으나, 공자께서는 그를
만나 주지 않아 공자에게 새끼 돼지를 보내주었다. 공자께서
는 그가 없는 틈을 타서 그의 집에 가셔서 사의(謝意)를 표명
하셨는데, 돌아오시는 길에 그를 만나셨다. 그가 공자에게 말
하기를, "오라, 내가 너에게 이야기하겠다" 하고, "자기의 보
배를 품 안에다 감춰 두고서 자기 나라를 어지럽게 하는 것을
인자하다고 말할 수 있는가? 그렇다고 할 수 없다. 정치에 종
사하기를 좋아하면서도 자주 그 기회를 잃는 것을 지혜롭다고
말할 수 있는가? 그렇다고 할 수 없다. 날과 달은 지나가고 세
월은 우리와 함께 머물러 있어 주지 않는다"라고 하자 공자께
서 말씀하셨다. "예, 나는 장차 벼슬을 살겠소이다."

陽貨欲見孔子, 孔子不見, 歸孔子豚. 孔子時其亡也而往拜之, 遇諸塗. 謂孔子曰: 來, 予與爾言. 曰: 懷其寶而迷其邦, 可謂仁乎?
曰: 不可. 好從事而亟失時, 可謂知乎? 曰: 不可. 日月逝矣, 歲不
我與, 孔子曰: 諾, 吾將仕矣.

解說　양화의 이름은 호(虎), 화(貨)는 그의 자(字). 계씨의 가신
이었는데, 노 정공 5년에 계환자(季桓子)를 가두고 국정을 전단했다
(제16의 2 참조). 양화는 공자가 자기를 찾아와서 만나 주기를 원했으
나 공자는 그를 만나러 가지 않았다. 그래서 공자에게 선물을 주면
자기를 찾아와 사례할 것이라 생각하여 거절할 기회를 주지 않기 위
해 공자가 집에 없는 때를 보아서 삶은 새끼 돼지를 한 마리 보냈다.
공자는 선물을 받았으나 사례하러 가지 않을 수 없고, 또 양화를 만
나기는 싫었기 때문에 그가 집에 없는 틈을 타서 찾아갔던 것이나 공
교롭게도 공자가 집으로 돌아오는 노상에서 양화를 만나게 되었던
것이다. 양화는 공자가 나와 자기를 협조하여 주기를 바라고 있었기
때문에 장광설을 늘어놓은 것이다. "보배"는 재능. 공자는 가부간에
따지는 일은 하지 않고 다만 "장차 벼슬을 살겠다"는 막연한 말로 간
단히 대꾸하고 말았다. 공자는 벼슬 살기를 싫어한 것이 아니고 양화
를 도와서 일하기가 싫었던 것이다.

…

2. 선생님께서 말씀하셨다. "본성(本性)으로는 서로 가까우
나 습관으로 서로 멀어진다."

子曰: 性相近也, 習相遠也.

解説　사람이 선천적으로 타고난 본성은 서로 비슷하지만, 후천적으로 형성되는 습관에 따라 사람의 선악의 차이가 생겨 서로간의 거리가 멀어진다는 것이다.

...

3. 선생님께서 말씀하셨다. "오직 가장 지혜로운 사람과 가장 어리석은 사람만이 옮기지 않는다."

子曰: 唯上知與下愚不移.

解説　옮기지 않는다 함은 자기의 하는 바를 고치지 않는다는 말. 가장 지혜로운 사람이라 함은 제16의 9에 말한 이른바, 나면서부터 아는 사람에 해당한다고 하겠고, 가장 어리석은 사람은 이른바 곤란해져도 배우지 않는 사람이라 하겠다. 본래 위의 장과 계속된 말이라고 보는 설도 있다.

...

4. 선생님께서 무성(武城)에 가셨을 때 현악(絃樂)에 맞춰서 부르는 노랫소리를 들으셨다. 선생님께서 빙그레 웃으시며, "닭을 잡는데 어찌 소 잡는 칼을 쓰겠는가?" 하고 말씀하셨다. 자유(子游)가 대답하기를, "전에 제가 선생님께서 '군자가 도(道)를 배우면 사람을 아끼고, 소인이 도를 배우면 부리기 쉽다'고 말씀하신 것을 들었습니다" 하였다. 선생님께서 말씀하셨다. "애들아, 언(偃)의 말이 옳다. 내가 전에 한 말은

300

농담이다."

子之武城, 聞弦歌之聲. 夫子莞爾而笑曰: 割雞焉用牛刀? 子游
對曰: 昔者偃也聞諸夫子曰: 君子學道則愛人, 小人學道則易使
也. 子曰: 二三者, 偃之言是也. 前言戱之耳.

解說   자유[이름은 언(偃)]가 무성에 읍재로 있었다. 제6의 12 참
조. 자유는 예악을 가르치는 등 무성을 잘 다스렸으며, 마침 그곳에
들어서다 보니 가성(歌聲)이 들려왔다. 공자는 자유와 같은 큰 나라
를 다스릴 만한 인재가 무성 같은 소읍(小邑)을 다스리고 있는 것을
가석(可惜)하게 여겨서 소 잡는 칼로 닭을 잡는다는 비유를 말한 것이
다. 자유는 자기가 예악을 가르치는 등 성심성의로 무성을 다스리는
것이 지나친 짓이라고 평한다고 생각하여 그러한 말을 한 것이다. "애
들아"는 "二三子(이삼자)"를 옮긴 것으로, 수종하던 제자들을 부른 말
이다.

...

5. 공산불요(公山弗擾)가 비읍(費邑)을 가지고 반기(叛旗)를
들었는데, 그가 부르자 선생님께서는 가시려고 하셨다. 자로
는 그것을 기뻐하지 않고, "가실 곳이 없으시면 그만두실 것
이지 하필 공산씨(公山氏)한테 가십니까? 하고 말씀드렸다.
선생님께서 말씀하셨다. "나를 부르는 사람이라면 어찌 부질
없이 부르겠느냐? 나를 써 주는 사람이 있다면 나는 그 나라
를 동쪽의 주나라로 만들 것이다."

公山弗擾以費畔, 召, 子欲往. 子路不說, 曰: 末之也已, 何必公山
氏之之也. 子曰: 夫召我者, 而豈徒哉! 如有用我者, 吾其爲東周
乎.

解説 공산불요[弗擾(불요)를 不紐(불뉴)로 적은 데도 있음]는 노 정
공 5년(기원전 509년)에 비읍의 읍재가 되었는데, 양화 등과 함께 계씨
에 항거하고 드디어는 반기를 들었다. 공자가 이때 공산씨의 부름에
응하고자 한 것은 그 기회를 이용하여 노나라 국군의 실권을 회복하
고 이상적인 정치를 해 볼 생각 때문이었던 것 같다. 동쪽의 주나라를
만들겠다고 한 것은 노나라가 동방에 위치하였으므로 그곳에다가 주
나라의 성왕들이 이룩한 것 같은 황금시대를 가져오도록 하겠다는
뜻으로 이해되나 제가(諸家)의 견해가 구구하다. 공자가 양화도 만나
려 하지 않았는데, 공산불요를 만나려 했을 까닭이 없다고 주장하는
학자도 있다.[청(淸) 최술(崔述)의 『수사고신록(洙泗考信錄)』 권(卷)2 「변공
산불요소공자지설(辨公山弗擾召孔子之説)」 참조].

...

6. 자장이 공자에게 인에 관해서 여쭈어보았다. 공자께서
"다섯 가지를 천하 어느 곳에서나 행할 수 있는 것이 인이다"
라고 말씀하셨다.
"그것을 여쭈어보아도 좋겠습니까?"
"공손(恭遜)·관대(寬大)·신용(信用)·민첩(敏捷)·은혜(恩
惠)다. 공손하면 모욕을 당하지 않고, 관대하면 많은 사람들

의 지지를 받고, 신용이 있으면 남이 일을 맡기고, 민첩하면 공적을 올리게 되고, 은혜로우면 사람을 부릴 수 있게 된다"고 말씀하셨다.

子張問仁於孔子. 孔子曰: 能行五者於天下, 爲仁矣. 請問之. 曰: 恭·寬·信·敏·惠. 恭則不侮, 寬則得衆, 信則人任焉, 敏則有功, 惠則足以使人.

...

7. 필힐(佛肸)이 부르자 선생님께서는 가시려고 하셨다. 자로가 "전에 제가 선생님께서 '직접 그 자신의 악(惡)한 일을 한 사람의 집에는 군자는 들어가지 않는다'고 말씀하신 것을 들었습니다. 필힐이 중모읍(中牟邑)을 가지고 반기를 들었는데, 선생님께서 가시면 어떻게 하십니까?" 하고 말씀드렸다. 선생님께서 말씀하셨다. "그렇다. 그 말을 한 일이 있다. 굳다고 하지 않겠느냐? 갈아도 엷어지지 아니한다면, 희다고 하지 않겠느냐? 물들여도 검어지지 아니한다면, 내가 어찌 박[포과(匏瓜)]이겠느냐? 어찌 달려 있고 먹지 않을 수 있겠느냐?"

佛肸召, 子欲往. 子路曰: 昔者由也聞諸夫子曰: 親於其身爲不善者, 君子不入也. 佛肸以中牟畔, 子之往也, 如之何? 子曰: 然, 有是言也. 不曰堅乎, 磨而不磷. 不曰白乎, 涅而不緇. 吾豈匏瓜也哉, 焉能繫而不食?

 필힐은 진나라의 대부 조앙의 가신으로 중모(中牟)의 읍재로 있었다. 지금의 허난 성 탕음현 서부에 중모성이 있었다. 중모엔 범인(范寅)의 세력이 뻗혀 있었는데, 범씨(范氏)의 세력을 꺾기 위해 조앙이 위나라를 정벌하던 끝에 중모를 포위하자 필힐은 반기를 들고 항거하였던 것이다. 굳지 않느냐, 희지 않느냐고 한 것은 악한 짓을 직접 행한 사람들 틈에 간다 하더라도 변하지 않을 자신이 있음을 피력하기 위해서 한 말이다. 필힐이 중모를 가지고 반기를 든 일은 공자 서거(逝去) 후에 있었으므로, 이 장의 이야기는 믿을 수 없다는 의견을 제시하는 학자도 있다.

···

8. 선생님께서, "유(由)야, 너는 여섯 가지 말에 따르는 여섯 가지 폐단에 관해서 들은 일이 있느냐?" 하고 말씀하셨다.

"아직 듣지 못했습니다" 하고 대답하였다. 그러자 대답하셨다. "거기 있거라. 내가 너에게 말해 주마. 인자하게 굴기를 좋아하면서 배우기를 싫어하면 그 폐단은 어리석어지는 것이다. 지혜롭게 굴기를 좋아하면서 배우기를 싫어하면 그 폐단은 무절제해지는 것이다. 신용 있게 굴기를 좋아하면서 배우기를 싫어하면 그 폐단은 의(義)를 해치게 되는 것이다. 곧게 굴기를 좋아하면서 배우기를 싫어하면 그 폐단은 가혹해지는 것이다. 용맹하게 굴기를 좋아하면서 배우기를 싫어하면 그 폐단은 난폭해지는 것이다. 굳세게 굴기를 좋아하면서 배우기를 싫어하면 그 폐단은 무모해지는 것이다."

子曰: 由也, 女聞六言六蔽矣乎? 對曰: 未也. 居, 吾語女. 好仁不好學, 其蔽也愚. 好知不好學, 其蔽也蕩. 好信不好學, 其蔽也賊. 好直不好學, 其蔽也絞. 好勇不好學, 其蔽也亂. 好剛不好學, 其蔽也狂.

...

9. 선생님께서 말씀하셨다. "너희들은 왜 시(詩)를 배우지 않느냐? 시는 그것으로 감흥을 자아낼 수 있고, 그것으로 살필 수 있고, 그것으로 여럿이 모일 수 있고, 그것으로 풍자할 수 있으며, 가까이는 아버지를 섬기고, 멀리는 임금을 섬기고, 조수(鳥獸)와 초목의 이름을 많이 알게 된다."

子曰: 小子何莫學夫詩? 詩, 可以興, 可以觀, 可以羣, 可以怨, 邇之事父, 遠之事君, 多識於鳥獸草木之名.

 시는 『시경』.

...

10. 선생님께서 백어에게 이르셨다. "너는 주남(周南)과 소남(召南)을 공부하였느냐? 사람으로서 주남과 소남을 공부하지 않으면, 그것은 마치 담에 맞대고 서 있는 것과 같을 것이다."

子謂伯魚曰: 女爲周南召南矣乎? 人而不爲周南召南, 其猶正牆面而立也與?

 백어는 공자의 아들 이(鯉)의 자. 제16의 13 참조. 주남과 소남은 『시경』 「국풍(國風)」 첫 번의 둘. 시서(詩序)에 주남과 소남은 처음을 바로잡게 하는 도리가 들어 있고, 왕의 교화의 기본이 되어 있음을 말하고 있다. 담에 맞대고 서 있으면 아무것도 볼 수 없고 한 걸음도 내디딜 수 없다. 이 장은 위의 장과 합쳐서 한 장으로 다루기도 하나, 앞의 장은 시 전체에 관한 것을 논한 것이고, 이 장은 주남과 소남만을 말한 것이므로, 따로 독립시켜서 보는 편이 타당하다.

...

11. 선생님께서 말씀하셨다. "예(禮)라 예라 하지만 그것이 옥(玉)과 집을 말하는 것이기야 하겠느냐? 음악이라 음악이라 하지만 그것이 종과 북을 말하는 것이기야 하겠느냐?"

子曰: 禮云禮云, 玉帛云乎哉! 樂云樂云, 鐘鼓云乎哉!

解説 예의 기본은 질서에 있고 음악의 기본은 조화에 있으므로. 그 기본이 되는 정신을 망각하지 않는 것이 중요하지 말단적인 구체물에만 집착할 것이 아니라는 뜻으로 말한 것이라 하겠다. 옥과 집은 예를 차릴 때에 폐백으로 드리는 물건. 종과 북은 악기.

...

12. 선생님께서 말씀하셨다. "얼굴빛은 위엄이 있으면서 속이 유약한 것은, 그것을 영세민(零細民)들에 비유한다면, 마치 벽을 뚫고 담을 넘는 도둑과 같은 것이다."

子曰: 色厲而內荏, 譬諸小人, 其猶穿窬之盜也與?

解説 군자는 겉과 속이 같아야 하는데, 겉으로는 위엄을 보이고 속은 그와 반대로 겁이 나서 어쩔 줄 몰라 하는 것은 외모와 내심이 일치하지 않는 것이므로 배격의 대상이 된다. 벽을 뚫거나 담을 넘어가는 것은 절도(竊盜)들의 행위다. 그러나 그러한 도둑들은 외면으로는 태연하고 아무렇지 않은 체하고 당당하게 꾸미고 살지만 속으로는 자기가 한 짓이 드러나서 욕을 보게 되지나 않을까 하여 조마조마하다는 것이다.

...

13. 선생님께서 말씀하셨다. "시골에서 후(厚)하고 틀림없는 듯이 구는 것은 덕을 해치는 짓이다. 시골 사람들은 사람을 그 외면을 가지고 평하므로 가식(假飾)을 잘하고 내심(內心)이 흉악한 인간을 그대로 후덕한 사람으로 보는 수가 많다.

子曰: 鄉愿, 德之賊也.

解説 "시골에서 후하고 틀림없는 듯이 구는 것"은 "鄉原(향원)"을 옮긴 것인데, 이것을 '시골 사람의 원헌(原憲)', '가는 고장마다 그 고장의 마음에 따라서 그것에 영합하는 것', '사람을 만나면 곧 그의 취향에 따르는 것' 등으로 풀이하기도 한다. 그러나 여기서는 맹자의 설에 따랐다[『맹자(孟子)』 「진심하(盡心下)」 참조].

...

14. 선생님께서 말씀하셨다. "큰 길에서 듣고 작은 길에서 말

하고 하는 것은 덕(德)을 버리는 것이다."

子曰: 道聽而塗說, 德之棄也.

 『순자』「권학」편에 "소인이 배운다는 것은 귀로 들어가서 입으로 나오는 것이다. 입과 귀의 사이는 네 치뿐이니 어찌 그것으로 일곱 자의 몸을 아름답게 해내겠는가? 옛날의 배우는 사람들은 자기를 위해서 했고, 지금의 배우는 사람들은 남을 위해서 한다"는 말이 있다.

...

15. 선생님께서 말씀하셨다. "비루한 사나이와 함께 임금을 섬길 수 있겠는가? 그것을 얻지 못했을 때는 그것을 얻으려고 근심하고, 그것을 얻고 나서는 그것을 잃게 될까 근심한다. 진실로 그것을 잃게 될까 근심한다면 못하는 일이 없게 되는 것이다."

子曰: 鄙夫可與事君也與哉? 其未得之也, 患得之. 既得之, 患失之. 苟患失之, 無所不至矣.

解說 여러 번 나오는 "그것"은 벼슬자리.

...

16. 선생님께서 말씀하셨다. "옛날에 사람들에게는 세 가지 병폐가 있었는데, 지금은 그것이 없어진 것 같다. 옛날의 성급

한 사람은 자자한 예절에 구애받지 않았을 뿐인데, 지금의 성급한 사람은 큰 법도마저 무시한다. 옛날의 뽐내는 사람은 한계가 분명하였는데, 지금의 뽐내는 사람은 분해하고 성낸다. 옛날의 어리석은 사람은 곧았는데, 지금의 어리석은 사람은 속임수로 그러할 따름이다."

子曰: 古者民有三疾, 今也或是之亡也. 古之狂也肆, 今之狂也蕩. 古之矜也廉, 今之矜也忿戾. 古之愚也直, 今之愚也詐而已矣.

...

17. 선생님께서 말씀하셨다. "'약빠른 말과 좋은 듯이 꾸미는 얼굴'에는 인(仁)이 적다."

子曰: 巧言令色, 鮮矣仁.

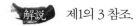 解説　제1의 3 참조.

...

18. 선생님께서 말씀하셨다. "자줏빛이 붉은빛의 자리를 빼앗은 것을 미워한다. 정나라의 소리가 아악(雅樂)을 어지럽히는 것을 미워한다. 날카로운 입이 나라와 가문을 뒤집어 엎는 것을 미워한다."

子曰: 惡紫之奪朱也. 惡鄭聲之亂雅樂也. 惡利口之覆邦家者.

解説 자줏빛은 간색(間色) 중의 볼 만한 것, 붉은빛은 정색(正色). 간색이 정색을 밀어 내고 도리어 정색인 듯이 나타내는 것. 정나라의 소리는 음탕하고 슬픈 것으로 알려졌다. 날카로운 입을 가진 인간은 말은 많으나 성실하지 못해서 임금이나 주인에게 아첨하여 기쁘게 만들어 드디어는 나라나 가문을 망친다.

...

19. 선생님께서 말씀하시기를, "나는 말하는 일이 없기를 바란다"고 하셨다. 자공이 "선생님께서 말씀하시지 않으신다면 저희들이 무엇을 전하겠습니까?" 하고 물었다. "하늘이 무엇을 말하느냐? 그래도 네 시절이 운행하고 모든 것이 생겨난다. 하늘이 무엇을 말하느냐?"

子曰: 予欲無言. 子貢曰: 子如不言, 則小子何述焉? 子曰: 天何言哉? 四時行焉, 百物生焉. 天何言哉?

解説 말보다도 실행이 중요함을 말한 것이다.

...

20. 유비(孺悲)가 공자를 뵙고자 하였으나 공자께서는 병이 났다고 하여 면회를 거절하셨다. 말을 전해 온 사람이 문을 나가자 슬(瑟)을 집어 드시고 노래를 부르셔서 그로 하여금 노랫소리를 듣게 하셨다.

孺悲欲見孔子; 孔子辭以疾. 將命者出戶, 取瑟而歌, 使之聞之.

　노 애공이 유비를 시켜 공자로 사상례(士喪禮)를 배우도록 하였다는 말이 있다. 유비가 예에 어긋나는 일을 하였거나 하여 공자는 병이라 핑계하고 면회를 사절하면서도 도리어 병이 아닌 것을 알리는 방법으로 그를 뉘우치게 만들려고 한 것이다. 슬은 25현금.

...

21. 재아(宰我)가 삼년상(三年喪)에 관해서 여쭈어보면서, "1년이면 충분히 깁니다. 군자가 3년 동안 예를 차리지 않으면 예가 반드시 파괴될 것이고, 3년 동안 음악을 다루지 않으면 음악이 반드시 혼란해질 것입니다. 묵은 곡식이 다 없어지고 새 곡식이 나오고, 불 일으키는 나무에 불을 고치게 되는 것이니, 1년이 되면 상(喪)을 끝낼 만합니다" 하고 말씀드렸다. 선생님께서 물었다.

"쌀밥을 먹고 비단옷을 입으면 너의 마음이 편하겠느냐?"

"편합니다."

"네가 편하다면 그대로 하여라. 군자는 상중(喪中)에는 좋은 음식을 먹어도 맛이 없고, 음악을 들어도 즐겁지 않고, 거처하는 것이 불안하기 때문에 그렇게 하지 않는 것이다. 이제 네가 편하다면 그대로 하여라."

재아가 나가자 선생님께서 말씀하셨다. "여(予)는 인자하지 않은 것이다. 자식은 나은 지 3년이 되어야 부모의 품에서 벗어난다. 삼년상은 온천하에 공통되는 상예(喪禮)다. 여는 자기 부모한테서 3년 동안의 사랑을 받지 않았단 말인가?"

宰我問三年之喪, 期已久矣. 君子三年不爲禮, 禮必壞; 三年不爲

樂, 樂必崩. 舊穀旣沒, 新穀旣升, 鑽燧改火, 期可已矣. 子曰: 食
夫稻, 衣夫錦, 於女安乎? 曰: 安. 女安則爲之. 夫君子之居喪, 食
旨不甘, 聞樂不樂, 居處不安, 故不爲也. 今女安, 則爲之. 宰我出.
子曰: 予之不仁也. 子生三年, 然後免於父母之懷. 夫三年之喪,
天下之通喪也. 予也有三年之愛於其父母乎?

解説　재여의 자는 자아[子我, 재아(宰我)라고도 불렀다]. 제3의 21,
제5의 9 참조. 불붙이는 나무에 불을 고치게 된다는 것은 역시 1년을
경과한다는 말인데, 나무를 베어서 불을 내는 의식이 춘[유류(楡柳)]·
하[조행(棗杏)]·추[작유(柞楢)]·동[괴단(槐檀)] 4계절에 따라 상용하는
나무가 다르므로 한 해가 되면 그 나무를 다 한 차례씩 바꾸게 된다.
일설에 의하면 이 장은 후세에 삼년상을 합리화시키기 위해 공자의
말로 『논어』에 삽입한 것이라고도 한다. 삼년상이 공자 당시에 온 천
하에 공통되는 상례가 아니었던 것 같다[『맹자(孟子)』 「등문공(滕文公)」
편 상(上) 참조].

...

22. 선생님께서 말씀하셨다. "종일 배불리 먹고 마음 쓸 데가
없다는 것은 어려운 노릇이다. 박혁(博奕)이라는 게 있지 않느
냐? 그런 것이라도 하는 게 그래도 나을 것이다."

子曰: 飽食終日, 無所用心, 難矣哉! 不有博奕者乎, 爲之猶賢乎
已.

박혁은 장기나 바둑 따위.

...

23. 자로가 "군자는 용맹한 것을 승상합니까?" 하고 말씀드
렸다. 선생님께서 말씀하셨다. "군자는 정의를 승상한다. 군
자가 용맹하면서 정의를 무시하면 난동을 일으키게 된다. 소
인은 용맹하면서 정의를 무시하면 도둑질을 하게 된다."

子路曰: 君子尙勇乎? 子曰: 君子義以爲上. 君子有勇而無義爲
亂, 小人有勇而無義爲盜.

解説 여기서 군자는 벼슬자리에 있는 사람을 두고 한 말이다.

...

24. 자공이 "군자도 미워하는 것이 있습니까?" 하고 말씀드
렸다. 선생님께서 말씀하셨다. "미워하는 것이 있다. 남의 악
을 말하는 사람을 미워하고, 용맹스러우면서 무례한 사람을
미워하고, 과감하면서 막힌 사람을 미워한다." 선생님께서 또
말씀하셨다. "사야, 너도 미워하는 일이 있느냐?" 자공이 말
씀드렸다. "저도 미워하는 것이 있습니다. (비판이) 가혹한 것
을 가지고 지혜롭다 여기는 사람을 미워하고, 불손한 것을 가
지고 용맹하다고 생각하는 사람을 미워하고, (남의 비밀을) 파
내어 공격하는 것을 곧다고 여기는 사람을 미워합니다."

子貢曰: 君子亦有惡乎? 子曰: 有惡. 惡稱人之惡者. 惡居下流而

訕上者. 惡勇而無禮者. 惡果敢而窒者. 曰: 賜也, 亦有惡乎? 惡
徼以爲知者. 惡不孫以爲勇者. 惡訐以爲直者.

 과감하면서 막힌 사람은 과단성 있게 시비는 가려내지만
경우에 따라 용서할 줄 모르는 인간이다.

...

25. 선생님께서 말씀하셨다. "여자와 소인만은 다루기 힘들
다. 그들을 가까이해 주면 불손하게 굴고, 멀리하면 원망한다."

子曰: 唯女子與小人爲難養也. 近之則不孫, 遠之則怨.

 여기서 소인은 종이나 하인들.

...

26. 선생님께서 말씀하셨다. "나이가 40이 되어서도 미움을
받으면 그야말로 마지막이다."

子曰: 年四十而見惡焉, 其終也已.

18. 미자(微子)

...

1. 미자는 그를 떠나가 버렸고, 기자(箕子)는 그의 종 노릇을 하였고, 비간(比干)은 간(諫)하다가 죽었다. 공자께서 말씀하셨다. "은(殷)나라에는 인자한 사람이 셋 있었다."

微子去之, 箕子爲之奴, 比干諫而死. 孔子曰: 殷有三仁焉.

解説　　여기서 "그"는 은의 마지막 왕 주(紂). 미자는 주의 서형(庶兄)이었는데, 주가 무도한 것을 보고 주나라로 가 버렸다. 기자와 비간은 다 주의 숙부들이었는데, 주에게 간하다가 비간은 주의 손에 죽었고, 기자는 갇혀서 미친 체하고 종 노릇을 했다. 미(微)와 기(箕)는 봉국명(封國名), 자(子)는 자작(子爵).

...

2. 유하혜(柳下惠)는 사사(士師)였는데 세 차례나 물러났었다. 사람들이 "다른 데로 가 버릴 수 없었던가요?" 하고 말했다. 그는 "곧은 도리로 남을 섬기자면 어디에 간들 세 차례는 물러나지 않겠소? 정도(正道)를 굽혀서 남을 섬길진데 무엇하러 부모의 나라를 떠나야 한단 말이오?" 하고 말했다.

柳下惠爲士師. 三黜, 人曰: 子未可以去乎? 曰: 直道而事人, 焉往而不三黜? 枉道而事人, 何必去父母之邦?

解説　유하혜의 성은 전(展), 이름은 획(獲). 노나라의 대부. 제15의 13 참조. 사사는 옥관(獄官: 죄인을 다스리는 벼슬). 세 차례는 여러 차례라는 뜻으로 쓴 말.

...

3. 제(齊) 경공(景公)이 공자를 만류하고, "계씨(季氏)같이는 할 수 없고 계씨와 맹씨의 중간 정도는 대우하겠소이다" 하고 말했다가 "나는 늙어 버려서 선생을 쓰지는 못하겠소" 하고 말했다. 그래서 공자는 떠나가셨다.

齊景公待孔子曰: 若季氏, 則吾不能, 以季孟之間待之. 曰: 吾老矣, 不能用也. 孔子行.

解説　계씨는 노나라의 상경(上卿), 맹씨는 하경(下卿). 제 경공은 공자를 등용할 듯하다가 다시 번의(飜意)하기 때문에 공자는 떠나가

버렸다.

...

4. 제나라 사람들이 여자 악사(樂士)들을 (노나라에)보냈다.
계환자가 그것을 받고 나서는 사흘 동안이나 조회(朝會)가 정
지되었다. 그래서 공자는 떠나가셨다.

齊人歸女樂. 季桓子受之, 三日不朝. 孔子行.

解説　계환자는 계강자의 아버지, 기원전 492년에 죽었다. 제나
라에서 여악을 보낸 것은 노나라를 약화시키려는 의도에서였는데, 당
시의 집권자였던 계환자는 과연 제나라의 계회대로 여악에 탐닉하여
3일간이나 조회를 보지 않기에 이르렀다.

...

5. 초나라의 미치광이 접여(接輿)가 노래를 부르면 공자 곁을
지나갔다.

봉(鳳)이여, 봉이여!

그대의 덕은 어찌나 그리 쇠하였나요!

지나간 거야 말려 볼 수 없지만, 앞으로 닥쳐올 거야 그래도
따라갈 수 있을 게니, 그만두소, 그만두소, 이마적 정치에 종
사하는 사람들은 위태하외다.

공자께서 내려서서 그와 말씀하려 하셨으나 빨리 달아나
피해 버려서 말씀하지 못하셨다.

楚狂接興歌而過孔子曰: 鳳兮鳳兮, 何德之衰! 往者不可諫, 來
者猶可追. 已而已而, 今之從政者殆而. 孔子下, 欲與之言. 趨而辟
之, 不得與之言.

解説　접여는 일부러 미친 체하고 세상을 피해 살던 사람이라고
전해진다. 그의 성은 육(陸), 이름은 통(通), 접여는 그의 자(字)라고도
하고, 접(接)은 성이고, 여(興)는 이름이라고도 하나 확실치 않다. 『장
자』「인간세(人間世)」 편에도 공자가 초나라에 갔을 때에 접여가 그 문
앞에 가서 노래한 말이 나온다. 공자가 내려선 것을 수레에서 내려선
것으로 보기도 하나 집 안 대청에서 내려설 수도 있으므로 고집할 것
이 못 된다.

...

6. 장저(長沮)와 걸익(桀溺)이 나란히 서서 밭을 갈고 있었는
데, 공자께서 그곳을 지나가시다가 자로를 시켜 그들에게 나
루터 있는 곳을 물어보게 하셨다. 장저가 "저 수레에 말고삐
를 잡고 있는 사람은 누구요?" 하고 말했다. 자로가 "공구(孔
丘)올시다" 하고 말했다.
"그가 노나라의 공구요?"
"그렇습니다."
"그는 나루터 있는 곳을 알고 있소."
걸익에게 물었더니 걸익이 "당신은 뉘시오?" 하고 말했다.
"염유올시다."

"노나라 공구의 제자요?"

"그렇습니다."

"온 천하가 다 한물결에 휩쓸려 흘러가는데 누구하고 그 방향을 바꾸겠소? 또 그대는 우리 같은 사람을 피하는 인물을 따라다니기보다는 세상을 피해 사는 인물을 따르는 게 어떻소?" 하고 말하고 뿌린 씨를 덮어 가는 일을 멈추지 않았다. 자로가 가서 이 일을 말씀드렸더니 선생님께서는 서글프게 말씀하셨다. "새와 짐승들하고는 함께 떼지어 살 수 없으니, 내가 이 세상 사람들에 끼어 사는 사람이 아니라면 무엇이란 말인가? 천하에 정도(正道)가 행해지면야 나는 방향을 바꾸려 들지도 않을 것이다."

長沮桀溺耦而耕, 孔子過之, 使子路問津焉. 長沮曰: 夫執輿者爲誰? 子路曰: 爲孔丘. 曰: 是魯孔丘與? 曰: 是也. 曰: 是知津矣. 問於桀溺. 桀溺曰: 子爲誰? 曰: 爲仲由. 曰: 是魯孔丘之徒與? 對曰: 然. 曰: 滔滔者, 天下皆是也, 而誰以易之? 且而與其從辟人之士也, 豈若從辟世之士哉? 耰而不輟. 子路行以告, 夫子憮然曰: 鳥獸不可與同羣, 吾非斯人之徒與而誰與? 天下有道, 丘不與易也.

解説　장저와 걸익은 은자. "그는 나루터 있는 곳을 알고 있소"라고 한 것은 공자는 자기의 뜻을 이루어 보려고 천하를 두루 돌아다녔으므로 나루터 있는 곳 정도는 알고 있을 것이라는 뜻으로 말한 것이다. 세상이 극도로 혼란해져서 도저히 그것을 바로잡을 수 없는 마당

에는 차라리 세상을 버리고 새나 짐승들 틈에 끼어서 은자의 생활을 하는 편이 낫다는 의견에 대해서, 공자는 자기도 이 세상 사람의 하나이고 또 천하에 정도가 행해지지 않기 때문에 그 방향을 고쳐 보려고 하는 것이지 그렇지 않다면 구태여 그렇게 할 필요가 없다는 뜻을 표명한 것이다. 공자는 이른바 해낼 수 없음을 알면서도 그것을 하는 知其不可 無爲之(지기불가 무위지) 입장에 서 있었던 것이다.

...

7. 자로가 선생님을 따라가다가 뒤떨어졌다. 한 노인을 만났는데 지팡이로 멱서리를 지고 있었다. 자로가 "영감님께서는 우리 선생님을 보셨는지요?" 하고 물어보았다. 그 노인은 "손발을 근면하게 놀리지 않고, 오곡(五穀)을 분간하지 못하는 사람아, 누가 그대의 선생인가?" 하고 말하고는 그의 지팡이를 세워 놓더니 잡초를 뽑았다. 자로는 두 손을 마주 잡고 서 있었다. 자로를 묵어 가게 하고, 닭을 잡아 수수밥을 지어서 먹이고, 자기의 두 아들을 만나게 해 주었다. 그 이튿날 자로가 가서 이 일을 말씀드렸더니 선생님께서 "은자(隱者)다"라고 말씀하시고, 자로를 시켜 되돌아가서 그를 만나 보도록 하였는데, 그곳에 갔더니 그 노인은 떠나가 버리고 없었다.

자로가 말했다. "벼슬을 살지 않는 것은 의롭지 않은 일입니다. 어른과 아이의 예절은 없앨 수 없습니다. 임금과 신하의 의리야 어떻게 없앨 수 있겠습니까? 자기 몸을 깨끗이 하려다가 큰 인륜(人倫)을 어지럽힙니다. 군자가 벼슬살이를 하는 것

은 자기의 의리를 지키는 것입니다. 정도가 행해지지 않는다
는 것은 이미 알고 있습니다."

子路從而後, 遇丈人, 以杖荷蓧. 子路問曰: 子見夫子乎? 丈人曰:
四體不勤, 五穀不分. 孰爲夫子? 植其杖而芸. 子路拱而立. 止子
路宿, 殺雞爲黍而食之, 見其二子焉. 明日. 子路行, 以告. 子曰: 隱
者也. 使子路反見之, 至則行矣. 子路曰: 不仕無義. 長幼之節, 不
可廢也, 君臣之義, 如之何其廢之? 欲潔其身, 而亂大倫. 君子之
仕也, 行其義也. 道之不行, 已知之矣.

解説   오곡의 종류에 관해서는 여러 가지 설이 있다.『맹자』「등
문공」편 '수예오곡(樹藝五穀)'의 주에 의하면 벼·수수·피·보리·팥을
오곡으로 치고 있다. 오곡을 분간하지 못한다는 것은 마치 '숙맥'이라
고 하는 것과 같은 뜻이다. 두 손을 마주 잡고 서 있는 것은 어른에 대
한 공손한 태도. 먹서리를 진 노인이 자기의 두 아들을 만나게 해 준
것은 자로가 자기에게 연장자에 대한 예모를 갖추었으므로 자기의
아들들을 시켜 자로를 공손하게 대접한 것으로 이해된다. 여기에 나
오는 자로의 말은 한 판본(版本)에는 '자로가 돌아오자 선생님께서 말
씀하시기를'로 되어 있어 공자가 한 말로 다루어져 있다. 일설에는 자
로의 말은 공자가 자로에게 일러 주어 먹서리를 진 노인에게 말하도
록 한 말이라고도 한다.

...

8. 일민(逸民)은 백이·숙제·우중·이일·주장·유하혜 및 소

련이다. 선생님께서 말씀하셨다. "자기 뜻을 굽히지 않고, 자기 몸을 욕되게 하지 않은 것은 백이·숙제일 게다. 유하혜와 소련은 뜻을 굽히고 몸을 욕되게 하였다고 하거니와, 그들의 말이 조리에 맞았고 그들의 행동이 사람들의 생각에 맞았는데 그들은 그렇게 쭉 살아갔을 따름이다. 우중과 이일은 퇴은해서 살면서 하고 싶은 대로 말을 하고 살았다고 하거니와 그들은 몸을 순결하게 가질 수 있었고, 물러나 사는 것은 시의(時宜)에 합당하였다. 나로 말하면 이와는 달라서, 꼭 그래야 한다는 것도 없고 꼭 그래서 안 된다는 것도 없다."

逸民: 伯夷·叔齊·虞仲·夷逸·朱張·柳下惠·少連. 子曰: 不降其志, 不辱其身, 伯夷叔齊與? 謂柳下惠少連, 降志辱身矣, 言中倫, 行中慮, 其斯而已矣. 謂虞仲夷逸, 隱居放言, 身中淸, 廢中權. 我則異於是, 無可無不可.

解說 "일민"은 초야에 묻혀 있어서 조정이나 사회에 나와 적극적인 활동을 하지 않는 버려진 인재. 백이와 숙제에 관해서는 제5의 22 참조. 우중은 태백의 아우 중옹(仲雍), 그의 자손이 오왕(吳王)에 봉해졌다고 해서 우중이라고도 한다. 오와 우는 통용. 이일과 주장은 미상. 당 육덕명(陸德明)은 그의 『경전석문(經典釋文)』에서 글에 와오(譌誤)가 있는 것이 아닌가 하고 의심하였다. 유하혜에 관해서는 제15의 13 참조. 『예기』「잡기」에 의하면 소련은 동이의 사람으로 상중의 범절을 근엄하게 지켰다고 한다. "꼭 그래야 한다는 것"은 벼슬을 살 계제가 되면 살고, 그만두어야 할 계제가 되면 그만두어 당면한 사태

에 맞도록 매사에 대처해 나간다는 뜻으로 말한 것이다.

...

9. 대사(大師) 지(摯)는 제나라로 갔다. 둘째 식사의 음악을
맡은 간(干)은 초나라로 갔다. 셋째 식사의 음악을 맡은 요
(繚)는 채나라로 갔다. 넷째 식사의 음악을 맡은 결(缺)은 진
나라로 갔다. 고수(鼓手) 방숙(方叔)은 황하 이북 지방으로 갔
다. 작은 북을 흔드는 무(武)는 용수(溶水) 지역으로 갔다. 소
사(小師)와 양(陽)과 경(磬)을 치는 양(襄)은 바닷가로 갔다.

大師摯, 適齊. 亞飯干, 適楚. 三飯繚, 適蔡. 四飯缺, 適秦. 鼓方叔,

入於河. 播鼗武, 入於漢. 少師陽·擊磬襄, 入於海.

解説　지(제8의 15 참조) 이하는 다 공자 당시의 노나라의 악사들
인데, 노나라에 머물러 있지 못하고 외지로 흩어져 버렸다. 노 소공이
제나라로 피해 갔을 때 이렇게 악사들이 각지로 분산하였을 것이다.
작은 북에는 손잡이가 달려 있어 그것을 잡고 흔들면 북에 달린 채가
북을 쳐서 소리가 나게 되어 있었다. 소사는 대사의 보좌관. 이것은
잡기의 하나로 공자나 그 제자와는 직접 관계가 없는 것이 편말(篇末)
에 혼입된 것으로 보인다(아래 2장도 동일).

...

10. 주공(周公)이 노공(魯公)에게 말했다. "군자는 자기 친속
(親屬)을 버리지 않으나, 대신(大臣)들이 그들의 의견을 써 주

지 않는다고 원망하도록 만들지 않는다. 오랫동안 일해 온 사람은 큰 사고가 없으면 벌하지 않는다. 한 사람이 모든 재주를 다 갖추어 있기를 바라지 않는다."

周公謂魯公曰: 君子不施其親, 不使大臣怨乎不以. 故舊無大故, 則不棄也. 無求備於一人.

 주공은 주 무왕의 아우 희단(姬旦), 노공은 그의 아들 백금(伯禽).

...

11. 주나라에는 여덟 인물이 있으니, 그들은 백달(伯達)·백괄(伯适)·중돌(仲突)·중홀(仲忽)·숙야(叔夜)·숙하(叔夏)·계수(季隨)·계와(季騧)이다.

周有八士: 伯達·伯适·仲突·仲忽·叔夜·叔夏·季隨·季騧.

19. 자장(子張)

「자장」 편은 25장. 다 공자의 문인들의 말로, 그중에도 자하의 말이 가장 많고 자공의 말이 그다음으로 많다. 안회 이후에 영오한 점으로는 자공이 으뜸이었고, 증삼(曾參) 이후에 독실하기로는 자공만 한 인물이 없었다는 것이다.

...

1. 자장이 말했다. "선비로서, 위험한 일에 직면해서는 목숨을 내놓고, 소득(所得)에 직면해서는 의(義)를 생각하고, 제사에는 공경스럽기를 생각하고, 상사(喪事)에는 슬픔을 생각한다면, 그만하면 되었다."

子張曰: 士見危致命, 見得思義, 祭思敬, 喪思哀, 其可已矣.

...

2. 자장이 말했다. "덕을 지니되 그것이 크지 않고, 도를 믿
되 성실하지 않다면 (그런 사람이야) 어찌 존재한다고 할 수 있
을 것이며, 또 어찌 존재하지 않는다고 할 수 있을 것인가?"

子張曰: 執德不弘, 信道不篤, 焉能爲有? 焉能爲亡?

解說　"어찌 존재"는 경중을 가릴 여지가 없다는 뜻으로 말한 것
이다.

...

3. 자하의 제자가 자장에게 교우(交友)에 관해서 물어보았
다. 자장이 "자하는 무엇이라 하였는가?" 하고 말했다.

"자하의 말씀이 '좋은 사람과는 사귀고 좋지 못한 사람은
멀리하라'고 하셨습니다."

자장이 말했다. "내가 들은 것과는 다르다. 군자는 현인을
존경하고 여러 사람들을 포용하고, 선한 사람을 찬양하고 그
렇지 못한 사람을 불쌍하게 여긴다. 내가 정말 잘났다면 사람
으로서 용납하지 못할 것이 무엇이 있겠는가? 내가 못났다면
남이 나를 멀리할 것인데 어떻게 남을 멀리할 것인가?"

子夏之門人, 問交於子張. 子張曰: 子夏云何? 對曰: 子夏曰: 可者
與之, 其不可者拒之. 子張曰: 異乎吾所聞. 君子尊賢而容衆, 嘉
善而矜不能. 我之大賢與, 於人何所不容? 我之不賢與, 人將拒
我, 如之何其拒人也?

...

4. 자하가 말했다. "소도(小道)라 할지라도 거기에는 반드시 볼 만한 것이 있을 것이나, 그것을 멀리까지 따라간다면 집착할까 무서워서 군자는 그런 것에 종사하지 않는 것이다."

子夏曰: 雖小道, 必有可觀者焉. 致遠恐泥, 是以君子不爲也.

解說 소도는 인류의 대도(大道) 이외의 농업·의술·점술과 같은 백가중기(百家衆技)를 말한다.

...

5. 자하가 말했다. "나날이 자기에게 결여된 것을 알아가고, 달이 가도 자기가 할 수 있는 것을 잊는 일이 없다면 배우기를 좋아한다고 말할 수 있다."

子夏曰: 日知其所亡, 月無忘其所能, 可謂好學也已矣.

...

6. 자하가 말했다. "널리 배우되 (학문하는) 뜻을 독실하게 갖고, 간절하게 묻되 가까운 것부터 생각해 나간다면 인(仁)이 그 가운데 있을 것이다."

子夏曰: 博學而篤志, 切問而近思, 仁在其中矣.

...

7. 자하가 말했다. "모든 기술자들은 일터에 있어 그들의 일을

이룩하고, 군자는 배워서 그의 도(道)를 터득한다."

子夏曰: 百工居肆以成其事, 君子學以致其道.

...

8. 자하가 말했다. "소인(小人)이 허물을 저지르면 반드시 그 럴싸하게 꾸며 댄다."

子夏曰: 小人之過也必文.

...

9. 자하가 말했다. "군자에게는 세 가지 다른 면이 있다. 그를 멀리서 바라보면 의젓하고, 그에게 가까이 가면 부드럽고, 그 말소리를 들으면 엄정하다."

子夏曰: 君子有三變, 望之儼然, 卽之也溫, 聽其言也厲.

...

10. 자하가 말했다. "군자는 자기를 믿어 주게 된 후에 자기 사람에게 힘든 일을 시키거니와, 믿어 주지 않고서라면 저를 심하게 다룬다고 생각한다. 자기를 믿어 주게 된 후에 간(諫)하거니와, 믿어 주지 않고서라면 저를 헐뜯는다고 생각한다."

子夏曰: 君子信而後勞其民, 未信則以爲厲己也. 信而後諫, 未信則以爲謗己也.

...

11. 자하가 말했다. "큰 절개는 그 한계를 넘지 않지만 사소한 절개는 변동이 있어도 괜찮다."

子夏曰: 大德不踰閑, 小德出入可也.

...

12. 자유(子游)가 말했다. "자하의 제자 아이들은 물 뿌리고 쓸고, 부르는 데 응하고, 묻는 데 대답하고, 나오고 물러나고 할 때는 제법이지만 그런 것은 말단적인 일이다. 근본되는 일을 시켜보면 보잘것없다."

자하가 이 말을 듣고 말했다. "아아! 자유가 잘못 말했다. 군자의 도에 관해서 무엇을 먼저 전하고 무엇을 뒤로 미루어 게을리하겠는가? (제자를 가르치는 데 있어서는) 초목(草木)의 경우와 같이 종류에 따라서 분별되는 것이다. 군자의 도야 어찌 속일 수 있겠는가? 처음과 끝을 더 포섭하고 있는 사람은 성인(聖人)뿐일 게다!"

子游曰: 子夏之門人小子, 當洒掃應對進退則可矣, 抑末也. 本之則無, 如之何? 子夏聞之曰: 噫! 言游過矣. 君子之道, 孰先傳焉, 孰後倦焉, 譬諸草木, 區以別矣. 君子之道, 焉可誣也? 有始有卒者, 其惟聖人乎!

解說 처음과 끝을 포섭한다는 것은 말단적인 일과 근본이 되는 일을 두루 다 잘한다는 말이다.

...

13. 자하가 말했다. "벼슬을 살면서도 여력이 있으면 배울 것이고, 배우면서도 여력이 있으면 벼슬을 살 것이다."

子夏曰: 仕而優則學, 學而優則仕.

...

14. 자유가 말했다. "상사(喪事)를 당해서는 슬픔을 다하는 데서 그칠 것이다."

子游曰: 喪致乎哀而止.

 상을 당하면 슬픔을 다하는 데서 그쳐야지 그 한계를 넘어 몸을 버리는 등 지나친 데까지 이르러서는 못쓴다는 것이다. 일설에는 상사(喪事)를 당하면 슬픔을 다하는 것 외에 다른 아무런 것도 필요없다고 풀이하기도 한다.

...

15. 자유가 말했다. "내 벗인 장(張)은 하기 어려운 일을 해내기는 한다. 그렇기는 하나 아직 인자하지는 않다."

子游曰: 吾友張也, 爲難能也, 然而未仁.

解説 제14의 2 참조. 장(張)은 자장(子張)이다.

...

16. 증자께서 말씀하셨다. "당당하도다, 장(張)은. 그러나 다른 사람을 데리고 함께 인을 실천하기는 어렵다."

曾子曰: 堂堂乎張也, 難與並爲仁矣.

 "당당"은 용모가 훤칠함. "장"은 역시 자장.

...

17. 증자께서 말씀하셨다. "내가 선생님한테서 들은 것이지만 사람은 자기 힘을 다한 적이 없었다 하더라도, 친상(親喪)을 당해서는 반드시 자기 힘을 다할 것이다."

曾子曰: 吾聞諸夫子; 人未有自致者也, 必也親喪乎.

...

18. 증자께서 말씀하셨다. "내가 선생님한테서 들은 것인데, 맹장자의 효에 관해서 다른 것은 다 그대로 해낼 수 있지만, 그가 부친의 가신(家臣)과 부친의 정책을 바꾸지 않은 것만은 그대로 해내기 어렵다."

曾子曰: 吾聞諸夫子; 孟莊子之孝也. 其他可能也, 其不改父之臣與父之政, 是難能也.

 맹장자(?~기원전 550년)는 노나라의 대부로 이름은 속(速). 그의 부친 맹헌자(?~기원전 554년)의 이름은 멸(蔑), 노나라의 대부로 선공(宣公)·성공(成公)·양공(襄公) 3군을 도와서 노나라를 다스렸다. 맹헌자가 죽은 후에 맹장자는 4년 동안 노나라의 대부로서 그의 부친의 가신을 그대로 쓰고 부친의 정책을 그대로 시행했다.

...

19. 맹씨(孟氏)가 양부(陽膚)에게 사사(士師)를 시켰다. (양부가) 증자에게 그 일을 여쭈어보았다. 증자께서 말씀하셨다. "윗자리에 있는 사람이 정도(正道)를 잃어 국민들의 단합심이 없어진 지가 오래되었다. (그들의 죄를 범하게 된) 실정을 알게 된다면 슬퍼하고 불쌍하게 여길 것이지 (그것을 알아냈다고) 기뻐하지는 말 것이다."

孟氏使陽膚爲士師, 問於曾子. 曾子曰: 上失其道, 民散久矣, 如得其情, 則哀矜而勿喜.

解説 이때 맹씨는 맹무백(그의 부친 맹헌자라고 하는 설도 있으나 옳지 않다). 양부는 증자의 제자로 생각되어 왔으나 확실하지 않다. 사사는 죄인을 다스리는 벼슬인 옥관.

...

20. 자공이 말했다. "주(紂)가 나쁜 것은 그토록까지 심하지는 않았던 것이다. 그래서 군자는 하류(下流)에 처해 있기를 싫어하는 것이다. 온 천하의 악(惡)이 다 그에게로 돌아가게 되기 때문이다."

子貢曰: 紂之不善, 不如是之甚也. 是以君子惡居下流, 天下之惡
皆歸焉.

解說　주(紂)는 상나라의 마지막 왕으로 극악한 폭군으로 알려
져 있으나, 실제로는 그다지 나쁘지 않았다는 것이다. 그렇게 폭군으
로 지목되는 것은 그가 군주라는 가장 높은 자리에 있으면서 해서는
안 될 나쁜 짓을 하였기 때문에 실제로 하지 않은 악명까지도 다 뒤집
어쓰게 되었다는 것이다.

...

21. 자공이 말했다. "군자가 과오를 저지르는 것은 일식이나
월식 같다. 과오를 저지르면 아무나 다 그것을 알고, 그것을
고치면 아무나 다 그를 우러러본다."

子貢曰: 君子之過也, 如日月之食焉. 過也, 人皆見之, 更也, 人皆
仰之.

解說　군자가 과오를 범한 것은 판단을 잘못한 데서 나온 것이지
악의를 가지고 고의적으로 한 짓이 아니므로 스스로 그것을 숨기려
들지 않는다. 또 과오를 깨달았을 때에는 그것을 교묘하게 꾸미면서
합리화시키려 하지 않고 주저없이 고친다. 그래서 사람들은 그의 과
오를 뚜렷이 알게 되고, 또 그를 존경하게 된다는 것이다.

...

22. 위나라의 공손조(公孫朝)가 자공에게 "중니(仲尼)는 어디서 배웠나요?" 하고 물었다. 자공이 말했다. "문왕과 무왕의 도(道)가 아직 땅에 떨어지지 않았으므로, 사람들 가운데에는 잘난 사람은 그 큰 것을 기억하고 있고, 잘나지 못한 사람은 그 작은 것을 기억하고 있으니, 문왕과 무왕의 도를 지니고 있지 않은 사람이라고는 없는 것입니다. 저의 선생님께서야 어디에서든 배우시지 않은 데가 있겠습니까? 그리고 또 어찌 일정한 스승을 가지고 계시겠습니까?"

衛公孫朝問於子貢曰: 仲尼焉學? 子貢曰: 文武之道, 未墜於地, 在人, 賢者識其大者, 不賢者識其小者, 莫不有文武之道焉. 夫子焉不學? 而亦何常師之有?

解説 　공손조는 위나라의 대부. 같은 이름을 가진 사람이 노나라 등에도 있었는데, 위나라의 그임을 밝힌 것이다. 중니는 공자의 자(字), 문왕의 도는 주나라의 문화(예악·문물). 공자는 주나라의 문화에 따르겠다고 한 바 있다.

...

23. 숙손무숙(叔孫武叔)이 조정에서 한 대부에게 말하기를, "자공이 공자보다 잘났다"고 하였다. 자복경백(子服景伯)이 이 이야기를 자공에게 일러 주었더니, 자공이 말했다. "집의 담에다 비유한다면, 저의 담은 어깨까지 닿아서 집의 좋은 것

을 들여다보게 됩니다. 우리 선생님의 담은 여러 길이나 되어서 그 문을 찾아내서 들어가지 않는다면 그 안에 있는 종묘(宗廟)의 아름다움과 온갖 관원들의 수효가 많은 것이 보이지 않습니다. 그 문을 찾아낸 사람이 어떻게 된 노릇인지 적습니다. 그러니 그분이 그렇게 말씀하시는 것도 그럴 법한 일이 아니겠습니까?"

叔孫武叔語大夫於朝曰: 子貢賢於仲尼. 子服景伯以告子貢. 子貢曰: 譬之宮牆, 賜之牆也及肩, 窺見室家之好. 夫子之牆數仞, 不得其門而入, 不見宗廟之美, 百官之富. 得其門者, 或寡矣. 夫子之云, 不亦宜乎!

解説 숙손무숙(기원전 500년경의 사람)은 노나라의 대부. 이름은 주구(州仇), 무(武)는 시호. 숙(叔)은 자(字). 자공은 만년(晩年) 애공 때에 노나라에 등용되었는데, 제나라에 사신으로 가서 빼앗긴 땅을 찾아오는 등 어려운 일을 몇 가지 해냈다. 자복경백에 관해서는 제14의 38 참조. 자복경백은 이때 자공의 동료로 노나라에서 일했다. "우리 선생님"은 공자, "그분"은 숙손무숙.

...

24. 숙손무숙이 중니를 헐뜯어서 말했다. 자공이 말했다. "그렇게 해 보아도 소용이 없다. 중니는 헐뜯을 수 없다. 다른 사람의 잘난 것은 언덕 같아서 그래도 넘어갈 수 있다. 그러나 중니는 해와 달 같아서 넘어갈 수 없다. 사람이 스스로 그것

들과의 관계를 끊으려 든다 하더라도 그렇게 하는 것이 해와 달에 무슨 손상이 있겠는가? 단지 자기가 스스로를 헤아릴 줄 모르는 것을 나타낼 뿐이다."

叔孫武叔毀仲尼. 子貢曰: 無以爲也. 仲尼不可毀也. 他人之賢者, 丘陵也, 猶可踰也. 仲尼日月也, 無得而踰焉. 人雖欲自絶, 其何傷於日月乎? 多見其不知量也.

...

25. 진자금(陳子禽)이 자공에게 "선생이 겸손한 것이지요. 중니가 어찌 선생보다 잘났겠습니까?" 하고 말했다.

자공이 말했다. "군자는 한마디로 지혜로워지고, 한마디로 지혜롭지 않게 되는 것이니, 말은 조심하지 않을 수 없습니다. 우리 선생님을 따라갈 수 없는 것은 층계를 밟고 하늘에 올라갈 수 없는 것과도 같습니다. 우리 선생님께서 제후국이나 큰 가문을 맡아서 다스리셨다면야 그야말로 '그것을 세우면 서고, 그것을 이끌면 따라가고, 그것을 안정시키면 따라오고, 그것을 움직이면 조화를 이룬다. 그의 생애는 영광스럽고, 그의 죽음은 슬프다'는 것입니다. 어떻게 그분을 따라갈 수 있겠습니까?"

陳子禽謂子貢曰: 子爲恭也, 仲尼豈賢於子乎?

子貢曰: 君子一言以爲知, 一言以爲不知, 言不可不愼也. 夫子之不可及也, 猶天之不可階而升也. 夫子之得邦家者, 所謂立之斯立, 道之斯行, 綏之斯來, 動之斯和. 其生也榮, 其死也哀, 如之何其可及也?

 진자금에 관해서는 제1의 10과 제16의 13 참조.

20. 요왈(堯曰)

「요왈」편은 3장. 고논어(古論語)에는 「요왈」편의 일부와 「자장」편의 일부를 합쳐서 또 하나의 장편을 두어 도합 21편으로 되어 있다. 20편으로 한 것은 노논어(魯論語)에 따른 것이다.

...

1. 요(堯) 임금이 말했다.

"아아, 너 순(舜)이여! '하늘의 역수(曆數)가 네 몸에 와 있으니 진실로 그 중용(中庸)을 잡을지니라. 사해(四海)가 곤궁해지면, 하늘에서 내리는 복록(福祿)은 영영 끊어지리라.'"

순 임금도 이 말을 우 임금에게 일러 주었다.

탕왕은 말했다.

"나, 어린아이 이(履)는 감히 검은 부사리를 희생으로 바치고, 밝히 위대하고 위대한 천제(天帝)께 고하옵니다, 죄 있는 자는 감히 용서하지 못하겠나이다. 천제의 신하들을 막지 않을 것이오니, 그것을 가려내는 것은 천제의 마음에 달려 있습니다. 나 자신에 죄가 있다면 만방(萬方)을 맡아 다스리는 일을 맡기지 마사이다. 만방의 백성들에게 죄가 있다면 그 죄는 나 자신의 부덕(不德)의 탓입니다."

무왕은 말했다.

"주나라는 하늘의 큰 혜택을 입어 선한 인물이 많다. 지극히 가까운 친척이 있다 하더라도, 그것은 인자한 인물만은 못한 것이다. 백성들에게 허물이 있다면 그것은 나 한사람의 부덕한 탓이다."

(무왕은) 척도(尺度)와 양형(量衡)을 조심스럽게 다루고, 법도를 자세히 살피고, 없앴던 관서(官署)를 다시 일으켜서, 사방의 정사(政事)가 시행되게 되었다. 멸망한 나라를 일으켜 주고, 끊어진 대(代)를 이어주고, 초야에 묻혀 버린 인재를 등용해서 온 천하의 백성들이 그에게 마음을 돌리게 되었다. 그가 소중하게 여긴 것은, 백성들과 양식과 제사와 상사(喪事)였다.

관대하면 많은 사람들의 지지를 받고, 신용이 있으면 국민들이 일을 맡기고, 민첩하면 공적을 올리게 되고, 공평하면 기뻐한다.

堯曰: 咨, 爾舜. 天之曆數在爾躬, 允執其中. 四海困窮, 天祿永終. 舜亦以命禹. 曰: 予小子履, 敢用玄牡, 敢昭告于皇皇后帝. 有罪不敢赦. 帝臣不蔽, 簡在帝心. 朕躬有罪, 無以萬方, 萬方有罪, 罪在朕躬. 周有大賚, 善人是富. 雖有周親, 不如仁人. 百姓有過,

在予一人. 謹權量, 審法度, 修廢官, 四方之政行焉. 興滅國, 繼絶
世, 擧逸民, 天下之民歸心焉. 所重民·食·喪·祭. 寬則得衆, 信則
民任焉. 敏則有功, 公則說.

解説 요(堯)의 말은 그가 순(舜)에게 제위를 선양할 때에 고계
(告戒)한 말. "하늘의 역수(曆數)"는 제왕의 자리를 계승할 차례. 중용
을 잡으라고 한 것은 과불급(過不及)이 없이 가장 적절한 것을 지켜
나가라는 뜻. "사해가"를 '사해가 다 없어질지라도 하늘에서 내리는 복
록은 영원히 계속하리라'는 뜻으로 취하는 설도 있으나 적합하다고는
볼 수 없다. 이(履)는 하나라의 걸(桀)을 토멸하고 상(商)을 일으킨 탕
왕의 이름. 탕왕의 말은 그가 큰 가뭄에 비를 빌 때 한 말로 알려져 왔
다[『묵자(墨子)』 「겸애(兼愛)」편 참조].

...

2. 자장이 공자에게 "어떻게 해야 정치에 종사할 수 있겠습니
까?" 하고 여쭈어보았다. 선생님께서 말씀하셨다. "다섯 가
지 미덕을 존중하고 네 가지 악덕을 물리친다면 정치에 종사
할 수 있게 될 것이다."

자장이 "무엇이 다섯 가지 미덕입니까?" 하고 말씀드렸
다. 선생님께서 말씀하셨다.

"군자는 은혜스러우면서 낭비하지는 않고, 힘드는 일을 시
키면서도 원망을 사지는 않고, 원하기는 하나 탐내지는 않고,
태연하나 교만하지는 않고, 위엄이 있으나 사납지는 않다."

자장이 "무엇이 은혜스러우나 낭비하지는 않는다는 것입니까?" 하고 말씀드렸다. 선생님께서 말씀하셨다. "국민에게 이익이 되는 것에 따라서 그들을 이롭게 하여 주면, 이 또한 은혜스러우면서 낭비하지는 않는 것이 아니겠느냐? 힘드는 일을 시킬 만한 사람을 택해서 힘드는 일을 시킨다면 또 누가 원망하겠느냐? 인자함을 원해서 인자함을 얻는다면 또 어찌 탐내겠느냐? 군자는 사람이 많든 적든 감히 소홀하게 다루는 일이 없으니, 이 또한 태연하나 교만하지는 않은 것이 아니냐? 군자는 자기의 의관을 바로 착용하고 자기를 보는 것을 위엄 있게 하여 엄연한 것이, 남이 바라보면 그를 두려워하게 되니 이 또한 위엄이 있으나 사납지는 않은 것이 아니냐?"

자장이 "무엇이 네 가지 악덕입니까?" 하고 말씀드렸다. 선생님께서 말씀하셨다. "가르치지 않고서 죽이는 것을 잔학하다고 한다. 미리 경계해 놓지 않고서 일의 완성을 재촉하는 것을 난폭하다고 한다. 소홀하게 명령해 놓고 시기를 꼭 대도록 기대하는 것을 괴롭히는 짓이라고 한다. 고루 사람들에게 나누어 주는 데 있어 내고 들이는 것을 인색하게 하는 것을 유사(有司)라고 한다."

子張問於孔子曰: 何如斯可以從政矣? 子曰: 尊五美, 屛四惡, 斯可以從政矣. 子張曰: 何謂五美? 子曰: 君子惠而不費, 勞而不怨, 欲而不貪, 泰而不驕, 威而不猛. 子張曰: 何謂惠而不費? 子曰: 因民之所利而利之, 斯不亦惠而不費乎? 擇可勞而勞之, 又誰怨? 欲仁而得仁, 又焉貪? 君子無衆寡, 無小大, 無敢慢, 斯不亦

泰而不驕乎? 君子正其衣冠, 尊其瞻視, 儼然人望而畏之, 斯不
亦威而不猛乎? 子張曰: 何謂四惡? 子曰: 不敎而殺謂之虐. 不戒
視成謂之暴. 慢令致期謂之賊. 猶之與人也, 出納之吝, 謂之有
司.

解説 "고루 사람들에게 나누어 주는 데 있어"는, 정치를 하는
사람의 입장에서는 주기로 하였으면 선선히 주는 것이지 그것이 아
까워서 주저하는 것은 출납 책임을 맡은 일개 유사와 다를 바 없다는
뜻이다.

...

3. 공자께서 말씀하셨다. "하늘의 뜻을 모르면 군자 노릇을
할 길이 없다. 예(禮)를 모르면 남 앞에 나설 길이 없다. 말을
모르면 남을 알 길이 없다."

孔子曰: 不知命, 無以爲君子也, 不知禮, 無以立也, 不知言, 無以
知人也.

解説 "하늘의 뜻"은 "命(명)"을 옮긴 말. "말을 모르면"은 남이 하
는 말의 진의를 이해하지 못하면 그 말을 하는 사람을 올바로 이해할
길이 없다는 뜻이다.